第七届
中国农村发展研究奖
获奖作品集

北京润生农村发展公益基金会　编

中国发展出版社
CHINA DEVELOPMENT PRESS

图书在版编目（CIP）数据

第七届中国农村发展研究奖获奖作品集／北京润生农村发展公益基金会编．—北京：中国发展出版社，2017.1

ISBN 978-7-5177-0606-9

Ⅰ.①第…　Ⅱ.①北…　Ⅲ.①农村经济发展—中国—文集　Ⅳ.①F32-53

中国版本图书馆 CIP 数据核字（2016）第 269323 号

书　　　　名：第七届中国农村发展研究奖获奖作品集
著作责任者：北京润生农村发展公益基金会
责任编辑：孙　勇
装帧设计：北京中源太行文化创意有限公司
出版发行：中国发展出版社
　　　　　　　（北京市西城区百万庄大街 16 号 8 层　100037）
标准书号：ISBN 978-7-5177-0606-9
经销者：各地新华书店
印刷者：三河市东方印刷有限公司
开　　　　本：880×1230mm　1/32
印　　　　张：12
字　　　　数：270 千字
版　　　　次：2017 年 1 月第 1 版
印　　　　次：2017 年 1 月第 1 次印刷
定　　　　价：69.00 元
联系电话：（010）88913231　68990692
购书热线：（010）68990682　68990686
网络订购：http://zgfzchbs.tmall.com//
网购电话：（010）68990639　88333349
本社网址：http://www.develpress.com.cn
电子邮件：sunyongcdp@126.com

北京润生农村发展公益基金会
第七届"中国农村发展研究奖"
专家评审委员会

序

党的十八大以来，中央作出一系列对农村改革发展具有重大指导意义的理论创新。新的发展理念，正确引领了新时期"三农"领域的深刻变革，为农村改革发展指明了前进方向；发挥市场在资源配置中的决定性作用，极大促进了资源要素优化配置，为农村经济繁荣注入了强大动力；农村土地"三权分置"创新，准确界定了农民与土地的关系，为进一步解放农村生产力提供了科学方法；农业供给侧结构性改革，明确提出了新时期农业改革发展主线，为有效化解农业供求矛盾构建了基本思路。农村改革发展面临新机遇。

新时期，农村改革发展实践并非一帆风顺，面临不少矛盾和问题。农业资源开发利用过度，生态环境堪忧，永续利用遇到现实难题；农业劳动力年龄和知识老化，"谁来种地"成为普遍担忧；农产品生产成本高、效益低，整体竞争力不高，农民增收压力增大；一些重要农产品供给过剩与短缺同在、价低与卖难并存，供求结构矛盾突显；以及乡村治理中的干群关系难题、集体经济组织成员界定困境、城乡户籍困扰等等。农村改革发展面临新挑战。

新机遇新挑战，需要新的实践探索，也为我们农村发展研究事业提供了更加丰富的内容、更为广阔的舞台。广大农村发展研究工作者，要不断增强责任感、使命感、紧迫感，以科学的研究方法、明确的问题导向、扎实的调研基础，深入研究新的农村改革发展实践面临的老问题和引发的新问题，进一步推进农村改革发展的理论创新、制度创新和技术创新，为建设美丽乡村、发展强大农业、更加富裕农民，再行新努力，再出新成果，再做新贡献！

2004年起，由杜老润生导师生前倡导并竭力推动的、每两年一届的"中国农村发展研究奖"评选活动，已相继圆满完成六届，评选出了系列高质量、有影响的获奖作品。此为第七届，也是首次由"北京润生农村发展公益基金会"主办并独家支持的评选活动，经过初审、复审、终审各环节，4部专著、10篇论文获奖作品顺利产生，成为中国农村发展研究事业又一件喜事。在此向各位获奖作者表示祝贺！

现将第七届"中国农村发展研究奖"获奖作品结集出版，以示纪念！

谨以此献给2015年10月9日6时20分百岁仙逝老人杜润生，以表怀念！

陈锡文

二〇一六年十月

目 录

历届"中国农村发展研究奖"获奖及提名奖作品名单

第 七 届

"中国农村发展研究奖"
专著奖获奖作品

《不稳定城市化——农村留守和流动儿童视角的城市化质量考察》

檀学文　著

著作者单位：中国社会科学院农村发展研究所
出版社名称：中国社会科学出版社
出版时间：　2013 年 11 月

内容提要

留守和流动儿童问题在实践上涉及一代人的健康成长，在理论上涉及家庭模式变动，具有重要研究价值。本书构建一个表征城市化质量的不稳定城市化理论，考察留守和流动儿童问题，分析其家庭原因和社会根源，并进而考察中国城市化质量问题。全书由十章组成，除导论外，分别是不稳定城市化（理论）、家庭迁移理论（综述）、不完整家庭迁移与儿童、留守和流动儿童特征描述、留守和流动儿童问题分析、儿童留守或流动的决定、流动儿童的教育问题、留守儿童的关爱问题、走向稳定城市化（愿景）。

不稳定城市化指城市化过程中的不稳定迁移和非家庭迁移，两者相互联系，当前以后者为主。农民工子女留守或流动意味着不稳定迁移和非家庭迁移，是城市化质量不高的体现。本书用两章篇幅总结家庭迁移理论，推导农民工家庭迁移行为，在家庭框架内考察迁移对子女的影响。家庭有可能为了降低即期迁移成本和风险而选择部分迁移，导致家庭共居形式以及以其为基础的家庭价值破坏，由此形成农村留守儿童问题；如果流动儿童在流入地蒙受不利环境条件，那么便可能形成流动儿童问题。

不过，我们发现，留守儿童当前健康成长状况并不比非留守儿童差，而流动儿童状况还要好于留守儿童。对于家长迁移对子女的影响，虽然由于数据限制而不能确定回答，但是现有数据并不能得出造成负面影响的结论。因此，农民工不完整家庭迁移的收益超过了家庭价值的损失，观察到的留守和流动儿童问题是局部问题而不是整体问题，具有群体内的不公平特征。报告分别利用北京和安徽池州的案例，讨论流动儿童教育问题和留守儿童关爱问题，分析留守儿童关爱升级的原因，提出改进流动儿童教育和留守儿童关爱的对策建议。

报告利用课题组采集的抽样调查数据，通过实证分析，回答为何多数农民工子女留守而不流动，主要限制还是在于家庭能力不足，主要是收入能力限制，教育、社会保障、土地制度等制度因素都呈现出影响。

本研究关于留守和流动儿童的结论与主流认识有较大不同，社会感知的农民工及其子女问题更多地体现在阶层间差距上。不过，不完整家庭迁移毕竟导致社会成本，从而，促进留守儿童流动，实现完整家庭迁移和稳定城市化，是值得倡导的城市化战略目标。本书提出了稳定城市化愿景，避免留守和流动儿童"标签化"，不盲目追求城市化速度，注重家庭迁移的条件保障，对正在实施的新型城镇化战略和促进农业转移人口市民化具有警醒价值。

目录

《农道——没有捷径可走的新农村之路》

孙 君 著

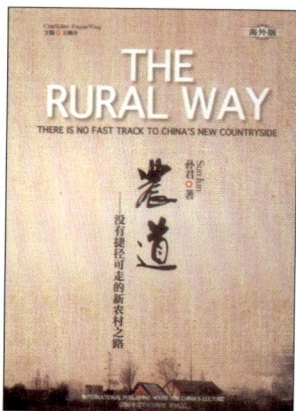

著作者单位：北京市延庆县绿十字生态文
化传播中心
出版社名称：国际中国文化出版社
出版时间： 2011 年 5 月

内容提要

《农道》作者深入乡村生活，做了大量的调研和实践，记录
了北京绿十字十多年的乡村规划与建设经验。从北京地球村在
北京延庆县井庄镇碓臼石村环境教育基地的建设到湖北谷城县
堰河村、田河村生态文明村建设的"五山模式"，从湖北宜城市
"穆罕默德·王台"民族和谐新农村到河南信阳"郝堂茶人家"
深化农村改革发展综合实验区，从四川绵竹市遵道镇、什邡市洛水镇的灾后重建到湖北枝江市问安镇的整镇推进新农村建设，从北京延庆县的"都市新村"整村搬迁到山东费县方城镇的"田园方城"城乡一体化建设，在实践细节和理论阐述中认识到开始亲历亲为案例的失败，改进工作方法，走上正确建设道路的历程，展示了北京绿十字"把农村建设得更像农村"、"财力有限 人力无限"、"农民是有尊严的，农村是有价值的，农业是有希望的"新农村建设理念，被越来越多的基层政府和乡村所认可。

中国5000年的农耕文明领先于世界其他文明古国，但由于农村人口众多、经济社会发展滞后，改革开放30多年来，无休止的向土壤索取，大量农药、化肥的使用，破坏了土壤植被和农耕文明的文化传承。党的十六届五中全会提出了推进社会主义新农村建设的历史任务，加快建设"生产发展、生活宽裕、乡风文明、村容整洁、管理民主"的社会主义新农村，实行统筹城乡经济社会发展的方略。在这样的大环境下，全国各地的新农村建设风起云涌，但由于各种因素造成"急功近利"，大拆大建、大投资、大规划，挤占农田、破坏植被，出现损害农民利益的行为，这是对乡村文化、生态、建筑等文化传承的破坏。而绿十字的新农村建设则强调"实事求是、分类指导"的原则，根据每个县、镇、村千差万别的情况，分别制定解决问题的切合实际的规划，由农民参与，得到农民支持，让农民受益。

作者从事农村建设起步较早，与农民的共同生活和与农民共同的新农村建设实践，使他对农民的需求和乡村建设目标有了深刻的理解，书中，作者一直强调只有站在土壤上的文明才是最持续的文明，新农村建设必须延续中国农耕文明的道路，并加入当代的文明元素，这就是作者所说的《农道》。正如国务院发展研究中心副主任吴象先生在给《农道》写的序中讲到的一样"孙君的《农道》是一条实实在在的乡村建设之道，它不仅是思想，更是一种方法。他们用11年的实践经验总结而得，是易懂之道，易操作之道，可行之道。"

　　全书共五章，描述了作者从艺术和社会学角度对新农村建设的实践和探索，其理念都来自于田间地头，来自于孙君和他的团队"绿十字"多年生态环保历练的感悟。希望《农道》可以如吴象老先生所期待的那样"大行其道"，也希望农道中朴实的理论让更多农村找到自己的发展之道。

目录

《农民自杀研究》

刘燕舞　著

著作者单位： 武汉大学社会学系
出版社名称： 社会科学文献出版社
出版时间： 2014 年 8 月

内容提要

《农民自杀研究》探讨了中国农村发展过程中的重大民生问题——农民自杀问题及其治理。全书共六章。第一章为导论，包括中国的自杀研究、经典理论、研究进路、理论框架四节。第二章、第三章和第四章分别为团结型社会的农民自杀、分裂型社会的农民自杀和分散型社会的农民自杀，这三章分别都从田野与概况、自杀的性别与年龄别、自杀的类型分布、自杀的年代别和自杀的机理五节。第五章为农民自杀空间化，分别从区域比较作为研究方法、农民自杀空间化的表征、数据说明、南方区域的农民自杀、北方区域的农民自杀、中部区域的农民自杀、农民自杀空间化的机理七节讨论了我国自杀问题的时空分布。第六章为余论。

本书主要有如下发现：一是从经验层面来看，本书发现了农民自杀现象的类型化与空间化的特征；二是从理论层面来看，本书发现了自杀并非是单一的结构决定或行动决定的，而是社会结构与自杀行动两者互构的产物；三是从实践层面来看，本书发现了当前十多年以来以及未来十至二十年内，农村将主要面临老年人自杀潮的出现、持续乃至加剧的问题。本书还探讨了如何干预农村老年人自杀危机的问题。

本书的主要创新点有，第一，从方法论上，本书结合了实证主义社会学与人文主义社会学两套研究路径的长处，既收集较大样本量的质性数据，以便于做一定的量化分析，又强调实地调查，从而收集扎实的一手田野材料，因此，本书既借助自杀率这一整体单位把握各种自杀特征的分布状态，又借助对自杀行动的大量案例的理解来把握自杀特征分布的理论逻辑。第二，从理论上，本书结合了社会结构与自杀行动两个方面同时对自杀行为的形塑作用的机制，构建了："结构—行动论"这一理论框架，用以理解我国农民自杀的差异性分布状况，克服既有研究要么侧重结构分析，要么侧重行动分析的单一性缺陷。第三，本书对农民自杀率在不通过群体中的分布状况的把握具有创新，特别是本书发现，青年妇女自杀率持续下降与老年人自杀率持续上升这一非常重要的经验现象并对之进行了合理的解释。第四，本书强调考察农民自杀的空间差异，认为我国农民自杀并非一个整体意义上的自杀，而是在社会结构不同的区域和村庄中存在着巨大差异。

本书的学术价值表现在，从理论的角度来说，自杀问题历来是个体与整体、行动与结构等社会学史上二元对立的传统题域，本研究认为自杀是个体与整体、行动与结构共同互构的产物，其理论意义在于，通过对农民自杀的差异性特征分布的理解，建构合适的理论框架，以弥合自杀研究领域长期以来的结构与行动二元对立论的分裂性困境。

本书的现实价值表现在，从现实的角度来说，在近 30 年内，本书发现，尽管数据显示农村妇女自杀率已经显著下降，但数据同样显示出，当前农村老年人自杀却呈急剧上升态势，因此，研究农民自杀既可以从理论上为老年人自杀危机干预提供理论指导，亦可以根据老年人自杀的复杂分布情况提出有针对性的现实政策建议，从而降低老年人的自杀率，提高老年人的晚年福利。

目录

《农村全面建成小康社会之路》

卢 迈 著

著作者单位：中国发展研究基金会
出版社名称：中国发展出版社
出版时间： 2014 年 12 月

内容提要

小康社会建设的成功与否，关键取决于农村全面小康社会建设的进程，而农村全面小康社会建设的成功与否，取决于坚定的改革决心以及正确的发展战略和政策选择。过去 30 多年，随着一系列改革措施的实施，中国农村的发展取得了显著进展。在经历了 1980 年代的"放活"、1990 年代的"稳定"，以及 2000 年以来的"反哺"三个时期的政策变化之后，中国农村发展进入了一个以城乡互动为基础，以城乡发展一体化为目标的新的发展阶段。

《中国发展报告2013/14：农村全面建成小康社会之路》通过对当前我国农村发展中面临的重大问题做出分析，在此基础上对2020年农村全面建成小康社会提出政策建议。报告首先对全面建设小康社会的由来，及其在中国现代化进程中的历史方位，做了脉络清晰的回顾，对中国农村政策变迁做了梳理，在此基础上提出了农村全面小康社会建设的六项重点任务和基本路径。随后报告从城乡互动及城乡发展一体化的视角出发，对人口变化、土地制度、农业生产、农民增收、社会保障、生态环境、社会治理、财政支持和城乡一体化是个领域做了专题分析，在此基础上提出了应对各领域问题的具体政策建议。

目录

第 七 届

"中国农村发展研究奖"
论文奖获奖作品

中国农业转移人口市民化进程研究

魏后凯　苏红键

内容提要　文章在明确界定农业转移人口市民化的内涵与标准的基础上，对当前农业转移人口的增长状况和市民化进程进行了科学评估，并进一步提出了农业转移人口市民化的政策建议。研究结果表明，目前中国农业人口转移处于快速稳定增长阶段，从政治参与、公共服务、经济生活、综合素质方面判定的 2011 年中国农业转移人口市民化综合程度仅为 39.56%，据此推算的 2012 年中国真实的完全城镇化率为 42.2%。考虑到中国农业转移人口规模大、市民化程度低、面临的障碍多，文章建议走中国特色新型城镇化道路要分层次、分类型、多途径推进农业转移人口市民化。

关键词　城镇化　农业转移人口　农民工　市民化

自改革开放以来，伴随着工业化和非农化的快速推进，大量农村人口从农业生产中转移出来，使中国的城镇化水平快速提升。然而，由于户籍制度改革严重滞后，加上城乡分割的社会保障和公共服务制度，使进入城镇的大量农业转移人口虽然被统计为城镇人口，但并没有与城镇居民享受同等待遇，其市民化程度低。在过去长期形成的城乡二元结构未得到根本消除的情况下，又在城市内部产生了以农业转移人口和城镇原居民为主体的新二元结构，严重影响了社会和谐发展和城镇化质量的提高。为尽快破解这种双重二元结构，党的"十八大"报告明确提出要"加快改革户籍制度，有序推进农业转移人口市民化，努力实现城镇基本公共服务常住人口全覆盖"；中央经济工作会议又进一步提出，要把有序推进农业转移人口市民化作为重要任务抓实抓好。要有序推进农业转移人口市民化，首先必须对当前中国农业转移人口的市民化进程进行科学评估。然而，虽然学术界对农业转移人口市民化的研究不少，但有关市民化进程的综合评估并不多见。现有研究主要是针对典型地区农民工或失地农民市民化程度的调查研究（王桂新等，2008；刘传江等，2009），还缺乏对中国农业转移人口市民化进程的总体判断，而且对市民化程度的评价标准也有待商榷。有鉴于此，本文在明确界定农业转移人口市民化的内涵与评价标准的基础上，对当前中国农业转移人口的市民化进程进行综合评估，并进一步提出推进农业转移人口市民化的政策建议。

一、农业转移人口市民化的内涵与标准

近年来，虽有不少学者从不同角度探讨了农业转移人口（农民工或农民）的市民化问题，但目前学术界对市民化的内涵和标准并没有形成共识，对农业转移人口市民化也缺乏明确界定（见表1）。

表 1 部分学者对市民化内涵和标准的界定

研究者	内涵和标准
王桂新等（2008）	居住条件、经济生活、社会关系、政治参与、心理认同
刘传江等（2009）	生存职业、社会身份、自身素质、意识行为
郎彦辉（2009）	经济收入、人口素质、生活方式、行为取向、思维理念
申兵（2011）	实现职业和社会身份的双转变、获得城市居民的公共服务
国务院发展研究中心课题组（2011）	经济立足、社会接纳、身份认同、文化交融
姜义平（2012）	客观指标（生存环境、生活水准、文化素质、社会保障、民主权利），主观指标（自我及社会认同、价值观）
余京津（2012）	生活能力、生活方式、社会认同

　　基于已有的研究，我们认为，农业转移人口市民化不单纯是将农业户口改为城镇户口，而是从农村转移到城镇的人口，在经历城乡迁移和职业转变的同时，获得城镇永久居住身份、平等享受城镇居民各项社会福利和政治权利，成为城镇居民并完全融入城镇社会的过程。其主要标志可以概括为 6 个方面：（1）社会身份的转变。目前，大量进城农业转移人口虽然被统计为城镇常住人口，但其户籍依然是农业户口，"农民"的身份并没有改变。即使他们已经在城镇就业甚至居住，但仍然以"农民工"相称，带有明显的歧视性质。（2）政治权利的平等。长期以来，中国城乡居民的政治权利是与户籍紧密挂钩的。目前，大量进城农业转移人口在城镇地区基本上没有选举、被选举和社区管理等权利，其与城镇居民在政治权利上严重不平等。（3）公共服务全覆盖。进城农业转移人口往往不能享有平等的公共服务和社会保障权益。（4）经济生活条件改善。农业转移人口受工作能力、教育水平、资本积累、政策歧视等方面限制，

收入水平、生活质量等往往较低，在经济生活条件方面与城镇居民差距较大。（5）综合文化素质提高。农业转移人口受教育程度低，职业培训欠缺，综合文化素质不高，与城镇居民有较大差距。（6）广泛的社会认同。进城农业转移人口对城市缺乏归属感，往往并没有把自己视为城市居民的一部分，部分城镇居民对他们也存有偏见。

二、中国农业转移人口市民化进程评估

与欧美发达国家不同，中国的人口城镇化与农业转移人口市民化基本上是分离的，或者说是不同步的。由此导致中国农业转移人口在快速向城镇地区集聚的同时，市民化进程严重滞后，进城农业转移人口与城镇原居民之间的矛盾加剧，城镇内部的新二元结构日益凸显。因此，对当前中国农业转移人口的增长状况和市民化进程进行客观分析和评估，是选择切实可行的市民化路径的重要前提和基础。

（一）中国农业转移人口的增长状况

改革开放以来，中国农业转移人口增长迅速，到2012年，全国农民工总量已达26261万人，占全国总人口的19.4%，占城镇常住人口的36.9%。现阶段，中国农业人口转移仍处于快速稳定增长阶段。总的来看，受中国宏观经济和政策的影响，农业转移人口中外出农民工增长表现出明显的阶段特征，大体可以分为5个阶段（见图）。

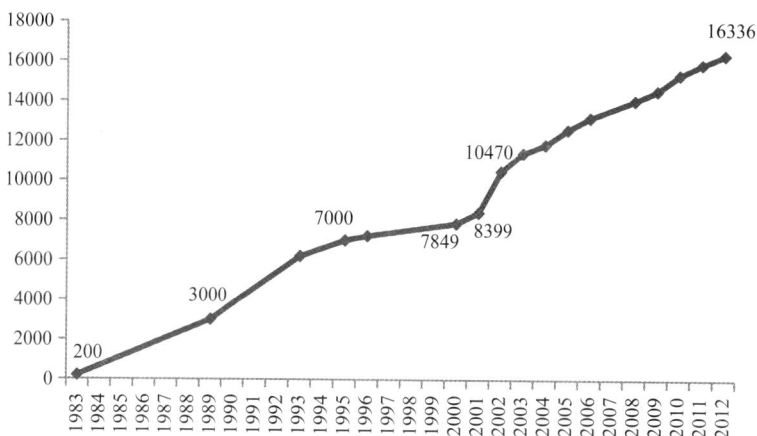

图　中国外出农民工增长阶段与趋势

资料来源：1983、1989 和 1993 年数据源自国务院研究室课题组（2006），1996、2006 年数据源自两次全国农业普查数据，2008 ~ 2011 年数据源自国家统计局（2012），其余年份为国家统计局调查数据。

第一阶段为 20 世纪 80 年代的就近转移期。改革开放初期，农村家庭联产承包责任制解放了大量农村劳动生产力，大量农民进入乡镇企业务工，开创了"离土不离乡"的农村劳动力转移模式，外出农民工从 1983 年的约 200 万人增长到 1989 年的 3000 万人，年均增长约 500 万人。

第二阶段为 20 世纪 90 年代前期的跨省转移期。随着沿海地区经济快速发展创造大量的就业机会，以及邓小平"南巡"讲话之后，中国向市场经济的快速转轨，农业转移人口大幅增加，到 1995 年，外出农民工达 7000 万人，年均增长近 700 万人。

第三阶段为 20 世纪 90 年代后期的缓慢增长期。在农民进城务工、城镇新增劳动力就业、下岗失业人员再就业等城镇就业压力下，一些城市对招用农民工采取限制性措施，农业转移人口增幅放缓，到 2000 年，全国外出农民工仅 7849 万人，年均仅增长约 170 万人。

第四阶段为 2001 ~ 2002 年的补偿性反弹期。在"十五"计划关于"取消对农村劳动力进入城镇就业的不合理限制，引导农村富余劳动力在城乡、地区间的有序流动"的政策[①]引导下，农业转移人口增长出现补偿性反弹，其中 2001 年外出农民工为 8399 万人，2002 年达到 10470 万人，分别比上年增长 550 万人和 2071 万人。

第五阶段为 2003 年以来的快速稳定增长期。在连续性政策的鼓励和引导下，农业人口转移进入稳步增长阶段，2012 年外出农民工达到 16336 万人，年均增长约 600 万人。自 2003 年农业人口转移进入稳步增长阶段以来，城镇中外来农民工（按 95.6% 估算[②]）城镇人口的比重基本稳定，平均约为 21.5%，2012 年为 21.9%；城镇中外来农民工对城镇化率的贡献以平均每年 0.37 个百分点的速度增长，从 2002 年的 7.8 个百分点提高到 2012 年的 11.5 个百分点。

---

① 在国家"十五"计划纲要发布之前，2000 年初劳动和社会保障部办公厅提出《关于做好农村富余劳动力就业工作的意见》，同年 6 月，中共中央、国务院发布《关于促进小城镇健康发展的若干意见》，7 月劳动和社会保障部等部委与国务院发展研究中心共同发出《关于进一步开展农村劳动力开发就业试点工作的通知》，均提出要促进农业人口转移、取消农民进城就业的不合理限制。2001 年底国家发展计划委员会要求在 2002 年 2 月底前取消面向农民工的 7 项收费，这些政策和规划共同促成了 2001 ~ 2002 年农业转移人口的补偿性增长。

② 2009 年，全国外出农民工中有 95.6% 在城镇就业（国家统计局农村司，2010）。

（二）中国农业转移人口市民化程度估算

近年来，随着社会各界对市民化的高度关注，目前已有学者从不同角度对市民化程度进行了估算。如王桂新等（2008）利用 2006 年上海市的调查问卷，采用等值赋权法进行测算，结果发现，农民工市民化程度总体上已达到 54% 的水平。为刘传江、程建林（2008）利用 2005 年武汉市的调查数据，采用市民化意愿和收入差距两个指标，初步测算了农民工群体的市民化进程（见表 2）。此后，刘传江等（2009）又从生存职业、社会身份、自身素质、意识行为 4 个方面，采用专家赋权法测算出新生代农民工的市民化程度为 45.53%，第一代农民工为 42.03%。周密等（2012）利用沈阳、余姚地区的调查数据，采用需求可识别的 Biprobit 模型测算出两地区新生代农民工平均市民化程度为 73%。此外，郧彦辉（2009）、姜义平（2012）还从不同角度构建了相应的指标体系，但都没有进行现状评价。可见，现有的研究都是针对典型地区小数据样本展开的，缺乏对中国农业转移人口市民化程度的综合评估。现有研究主要存在以下不足：一是调查年份较早，无法反映近年来中国农业转移人口市民化的最新进展；二是调查地区集中在少数城市，样本数量有限，缺乏代表性，难以全面反映中国农业转移人口市民化的真实情况；三是指标体系和评价方法值得探讨。大部分研究采用的是等值赋权法（王桂新等，2008；刘传江、程建林，2008），而且在指标体系设计方面通常忽略了基本公共服务这一重要维度。显然，由于中国地区发展差异较大，个别城市的情况并不能代表中国整体的农业转移人口市民化程度。

表2 国内学者对农业转移人口市民化程度的估算

作者	年份	地区	有效问卷	测算方法	市民化程度
刘传江、程建林（2008）	2005	武汉市	436 份 第一代 304 份 第二代 132 份	市民化意愿与收入差距乘积的平方根	农民工群体市民化程度，第一代为 31.30%，第二代为 50.23%
王桂新等（2008）	2006	上海市	1026 份	等值赋权	农民工市民化程度为 54%
刘传江等（2009）	2005	武汉市	436 份 第一代 304 份 第二代 132 份	专家赋权	第一代农民工市民化程度为 42.03%，新生代为 45.53%
周密等（2012）	不详	沈阳、余姚地区	余姚 296 份 沈阳 287 份	Biprobit 模型	新生代农民工平均市民化程度为 73%

　　根据本文关于农业转移人口市民化的 6 个标准，除社会身份转变和社会认同外，[①] 从政治权利、公共服务、经济生活条件、综合文化素质 4 个方面构建农业转移人口市民化程度综合指数，用以评价农业转移人口在市民化各个方面与城镇居民（市民）的差距。首先选取相应的指标并运用专家打分法对相关指标赋权，构建农业转移人口市民化程度综合评价指标体系，同时选取相应的标准值，在计算每项指标差距的基础上，通过加权计算出农业转移人口市民化的实现程度。其中，每个指标的差距情况计算公式为：

$$p_i = x_i / X_i \qquad (1)$$

　　式（1）中，p_i 表示单个指标的差距情况，x_i 为实际值，X_i 为标准值。市民化程度综合指数计算公式为：

　　[①] 社会身份的转变在后面从户籍人口城镇化角度研究。社会认同方面，定量化比较困难，虽然可以通过问卷调查获取数据，但也缺乏科学性和代表性，因而指标体系暂不考虑社会认同指标。

$$P = \sum_{1}^{n} p_i \times \omega_i \qquad (2)$$

式（2）中，P 表示市民化程度综合指数，ω_i 表示指标权重。各分项市民化程度的计算公式为：

$$P_j = \sum_{j1}^{jk} \dot{p}_{ji} \times \left(\omega_i \Big/ \sum_{j1}^{jk} \omega_i \right) \qquad (3)$$

式（3）中，P_j 表示第 j 分项市民化程度，P_{ji} 为第 j 分项第 i 个指标的差距情况，$\sum_{j1}^{jk}$ 为第 i 个指标的权重，为第 j 分项总权重。

基于数据的可得性，本文主要对 2011 年中国农业转移人口市民化程度综合指数进行评价。标准值的选择参考 2011 年城镇居民相关指标的平均值，其中，城镇社会保险参与率标准值为各类社会保险参保人数与城镇人口之比；月平均工资和人均月消费支出的标准值为城镇单位就业人员平均工资和平均每人现金消费支出；受教育程度为高中或中专及以上人口比重和受教育程度为大专及以上人口比重标准值分别为城镇就业人员中受教育程度高中或中专及以上人口比重合计和大专及以上人口比重合计；农业转移人口人均月消费支出以 2010 年农民工家庭月消费支出按城镇居民消费支出增长率进行估算，并以每个农民工家庭 2 人核算人均支出；部分指标的标准值取"100"表示假定该指标对于城镇居民基本全部实现或拥有该项权益。标准值数据和现状数据主要来自《中国统计年鉴》（2012）、《中国人口和就业统计年鉴》（2012）、《2011 年我国农民工调查监测报告》、国务院发展研究中心课题组（2011）调研数据等相关数据。本文根据指标体系和相关数据进行评价的结果表明，2011年中国农业转移人口市民化程度为 39.56%（见表 3），其中，政

表 3　2011 年中国农业转移人口市民化程度综合评价

指标	权重	标准值	实际值	进程
政治权利（%）				37.20
选举权与被选举权 a				
参与社区管理 a				
党团员中参加党团组织活动比重 b（%）	10	100	37.2	37.20
公共服务（%）				45.20
子女接受公办教育比重 b（%）	10	100	39.2	39.20
签订劳动合同比重（%）	10	100	43.8	43.80
城镇社会保险参与率（%）				
养老保险	10	41.1	13.9	33.82
工伤保险	5	25.6	23.6	92.19
医疗保险	10	68.5	16.7	24.38
失业保险	2	20.7	8	38.65
生育保险	3	20.1	5.6	27.86
住房保障 a				
经济生活（%）				50.77
月平均工资（元）	10	3483	2049	58.83
自购住房或独立租赁比重（%）	10	100	15.0	15.00
人均月消费支出（元）	5	1263	700	55.42
文化素质（%）				35.63
高中或中专及以上人口比重（%）	5	50	25.5	50.99
大专及以上人口比重（%）	10	25	7.0	27.96
工作技能水平 a				
市民化程度综合指数（%）	39.56			

注：（1）a 为数据缺乏。（2）b 为 2010 年数据估算。

治权利、公共服务、经济生活、文化素质 4 个方面的市民化程度分别为 37.20%、45.20%、50.77%、35.63%。（1）政治参与水平低。在户籍制度约束下，农业转移人口在选举权、被选举权和社会管理等方面基本没有参与机会，只是有少部分农业转移人口参与党团组织活动，以此衡量的政治参与水平约为 37.20%。（2）基本公共服务权利缺乏。由于公办学校教学资源不足，难以满足农业转移人口随迁子女教育需求，仅有 39.20% 的农民工子女在务工地公办学校接受教育；外出受雇农民工与雇主或单位签订劳动合同的比重为 43.80%；在养老和医疗保险方面，由于养老和医疗保险的接续、流转、异地结算等制度安排没有完善，农业转移人口的城镇社会保险参与率整体较低。（3）经济生活条件较差。农业转移人口的居住条件是市民化进程的最大"短板"，外出农民工中独立租赁或自购住房的比重仅为 15%，大部分人居住在雇主或单位提供的集体宿舍、工地或工棚等；2011 年外出农民工月平均工资和人均月消费支出分别为 2049 元和 700 元，只有城镇单位就业人员水平的 58.83% 和 55.42%。（4）综合文化素质和工作技能较低。受教育程度较低、缺乏工作技能培训等方面的影响，农业转移人口的综合文化素质和工作技能较低，外出农民工中受教育程度大专及以上人口比重为 7.0%，农民工中接受过农业技术培训的仅占 10.5%，接受过非农职业技能培训的占 26.2%。总体来看，中国农业转移人口市民化水平还很低，考虑到中国庞大的农业转移人口规模，未来推进农业转移人口市民化的任务十分艰巨。

（三）对中国不完全城镇化率的估算

本文除了采用指标体系对市民化程度进行综合评价之外，利用户籍人口统计数据考察完全城镇化率和不完全城镇化率可以从另一个角度反映市民化情况。在中国，由于户籍制度的限制，市民通常是指在城镇居住且拥有本地非农业户口的城镇居民。拥有城镇户籍、居住在城镇、从事非农就业是确定市民的3个重要标准。长期以来，中国户籍制度将居民分为农业户口和非农业户口，非农业户口人口能享受城镇诸多权利和福利待遇，而进城农业转移人口虽然被统计为城镇常住人口，但目前并不能完全享受市民待遇。全国第六次人口普查资料显示，城镇中的本地非农业户口人口大约为3.56亿，城镇非农业户口人口占总人口的比重仅为27.0%，低于当年城镇常住人口比重23个百分点（见表4）。

表4 2010年各地区常住人口城镇化率与不完全城镇化率比较（%）

地区	城镇常住人口比重	城镇非农业户口人口比重	差值（百分点）	地区	城镇常住人口比重	城镇非农业户口人口比重	差值（百分点）
全国	50.0	27.0	23.0	重庆	53.0	32.0	21.0
东部	59.7	28.3	31.4	内蒙古	55.5	34.6	20.9
东北	57.7	45.5	12.2	湖北	49.7	28.9	20.7
中部	43.5	23.3	20.2	云南	34.7	14.1	20.6
西部	41.4	23.2	18.2	山西	48.0	27.8	20.2
广东	66.2	27.5	38.7	安徽	43.0	23.0	20.0
浙江	61.7	23.2	38.5	河南	38.5	18.6	19.9
福建	57.3	20.8	36.6	江西	43.7	24.4	19.3
天津	79.4	49.0	30.4	青海	44.7	26.4	18.3

地区	城镇常住人口比重	城镇非农业户口人口比重	差值（百分点）	地区	城镇常住人口比重	城镇非农业户口人口比重	差值（百分点）
上海	89.3	59.3	29.9	贵州	33.8	16.6	17.2
江苏	60.2	31.4	28.8	宁夏	48.0	31.2	16.7
山东	49.7	22.3	27.4	四川	40.2	24.6	15.6
北京	85.9	59.0	26.9	辽宁	62.1	47.6	14.5
河北	43.9	19.8	24.2	甘肃	35.9	23.0	12.9
海南	49.7	27.0	22.7	新疆	42.8	31.1	11.7
广西	40.0	17.6	22.4	吉林	53.4	42.2	11.2
湖南	43.3	22.0	21.3	西藏	22.7	11.9	10.8
陕西	45.7	24.6	21.1	黑龙江	55.8	45.4	10.4

注：城镇常住人口比重数据根据《中国2010年人口普查资料》表1-2、表1-2a、表1-2b 相关数据计算；城镇非农业户口人口比重根据《中国2010年人口普查资料》表1-5、表1-5a、表1-5b 相关数据计算。表中的城镇非农业户口人口系按被登记人户口簿上常住户口的非农业性质划分，包括其他地区流入的非农业户口人口。由于非农业户口人口在流动人口中只占20%左右，加上这些外来非农业户口人口已经在其他城镇享受了相关权益，在后面分析中我们忽略了这种差异。

分地区看，城镇非农业户口人口比重最高的是东北地区，为45.5%，其中辽宁、黑龙江、吉林分别为47.6%、45.4%、42.2%，分别位居全国第4~6位，仅次于上海、北京、天津3个直辖市；东部地区城镇非农业户口人口比重为28.3%，其中上海、北京和天津分别位居第1~3位，分别为59.3%、59.0%和49.0%，其他省份均较低。中西部地区城镇非农业户口人口比重最低，分别只有23.3%和23.2%，西藏、云南、贵州、广西和河南则是最低的5个省份，其中有4个省份位于西部地区。

城镇化是变农民为市民（市民化）的过程，没有实现市民化的城镇化是不完全的城镇化。本文把城镇常住人口比重与城镇非农业户口人口比重的差值称之为不完全城镇化率，即未完全实现市民化的城镇常住人口占总人口的比重。2010年，中国不完全城镇化率大约为23%。分地区来看，东部地区不完全城镇化率最高，为31.4%，东部地区10个省份恰好位居全国前10位，其农业转移人口市民化任务艰巨；中部和西部地区分别为20.2%和18.2%，东北地区不完全城镇化率最低，只有12.2%，新疆、西藏、甘肃等西部省份较低。

采用户籍人口城镇化率进行估算要更为准确一些。2012年中国户籍人口城镇化率为35.29%，比常住人口城镇化率（52.57%）低17.28个百分点。这二者之间的差额大约有2.34亿人。显然，这些没有城镇户籍的城镇常住人口或者统计在城镇常住人口中的农业转移人口，绝大部分没有完全实现市民化。根据前面的估算，如果按城镇常住人口中的农业转移人口市民化程度平均为40%推算，2012年中国真实的完全城镇化率只有42.2%，比国家统计局公布的常住人口城镇化率低10.4个百分点。其差额部分是完全没有市民化的城镇常庄农业转移人口，这部分人口全国大约有1.41亿人。

三、结论与政策建议

本文的研究结果显示，当前中国农业人口转移处于快速稳定增长阶段，农业转移人口市民化的综合进程只有39.56%，以户籍人口城镇化率和市民化程度估算的2012年完全城镇化水平只有42.2%，可见农业转移人口市民化的水平还很低，甚至没有达到"半市民化"的状态。考虑到当前农业转移人口规模大、市民化程度低、面临障碍多，而且对于不同类型的农业转移人口，由于自身特点、面临障碍、市民化意愿和现实需求的不同，实现市民化的目标、路径和措施也将具有较大差异，为此，走中国特色新型城镇化道路，需要分层次、分类型、多途径推进农业转移人口市民化进程。

第一，分层次逐步推进落实各项权益。一是基本权益保障，包括选举、平等就业、义务教育、就业服务、职业技能培训、劳动权益保护、公共卫生、计划生育、临时性救助等方面，不论农业转移人口是否具有稳定的就业，都应实行城镇常住人口全覆盖；二是基本社会保障，包括医疗、养老、生育、工伤、失业等基本社会保险、城镇最低生活保障、保障性住房、一般性社会救助、社会福利等，近期可重点针对稳定的就业群体展开，分期、分批推进，逐步实现城镇常住人口全覆盖；三是其他公共服务，如非义务教育、购车购房等。各地可根据地区特点和发展条件，逐步将符合条件的农业转移人口纳入，并逐年扩大范围，提高覆盖比例，最终实现城镇常住人口全覆盖。

第二，分类型实行差别化推进策略。对于中小城市和小城镇，国家已经明确放开户籍限制，可以考虑在农民自愿的基础上，把符合条件的城镇常住农业转移人口转变为城镇户籍，享受与城镇居民同等的待遇。对于大城市尤其是北京、上海等特大城市，由于农业转移人口多，市民化压力大，可针对不同类型的群体，分群分类地逐步推进。当前，要重点推进三类群体的市民化：一是稳定就业的农民工。这类群体进城务工、经商时间长，就业和收入稳定，思想观念、生活方式等已基本融入城市社会，具备了转变为市民的条件。二是举家迁移的农民工。这类群体大多有稳定的工作，而且已经在城市定居，市民化意愿和能力都较强，需要考虑给予优先落户。三是新生代农民工。这类群体受教育程度较高，没有务农经历，基本不懂农业生产，且主要在大中城市务工，具有在城市定居的强烈意愿。

第三，多途径解决本地农民市民化。一是采取个人缴费、集体补助和政府扶持的方式，逐步将失地农民全面纳入城镇社会保障体系，使失地农民在就业、教育、医疗、养老、住房等方面享受城镇居民同等待遇。二是积极推进"城中村"农民的市民化。在"城中村"改造的过程中，要切实做好土地征用、住户拆迁、安置房建设及被征地农民的就业、社会保障、公共服务等方面工作，使"城中村"农民尽快融入城市社会。三是鼓励本地农民工就地实现市民化。鼓励城市近郊区和小城镇从事非农就业的农民，到城镇创业、就业和居住，就地转变为市民，实现市民化；按照自愿原则，依托县城和特色小城镇，鼓励返乡回流的农民工回家创业落户，就地实现市民化。

参考文献：

1. 国家人口和计划生育委员会流动人口服务管理司（2012）：《中国流动人口发展报告2012》，中国人口出版社。

2. 国家统计局（2012）：《2011年我国农民工调查监测报告》，4月27日。

3. 国家统计局农村司（2010）：《2009年农民工监测调查报告》，3月19日。

4. 国务院发展研究中心课题组（2011）：《农民工市民化：制度创新与顶层设计》，中国发展出版社。

5. 国务院研究室课题组（2006）：《中国农民工调研报告》，中国言实出版社。

6. 姜义平（2012）：《失地农民市民化程度测评指标体系的构建》，《湖州师范学院学报》，第 4 期。

7. 刘传江、程建林（2008）：《第二代农民工市民化：现状分析与进程测度》，《人口研究》，第 5 期。

8. 刘传江等（2009）：《中国第二代农民工研究》，山东人民出版社。

9. 申兵（2011）：《我国农民工市民化的内涵、难点及对策》，《中国软科学》，第 2 期。

10. 王桂新等（2008）：《中国城市农民工市民化研究——以上海为例》，《人口与发展》，第 1 期。

11. 郧彦辉（2009）：《农民市民化程度测量指标体系及评估方法探析》，《学习与实践》，第 8 期。

12. 余京津（2012）：《农民工市民化程度影响因素研究》，《湖北经济学院学报（人文社会科学版）》，第 5 期。

13. 周密等（2012）：《新生代农民工市民化程度的测度》，《农业技术经济》，第 1 期。

作者单位　魏后凯，中国社会科学院城市发展与环境研究所副所长、研究员；苏红键，中国社会科学院城市发展与环境研究所，博士后

发表刊物　《中国人口科学》2013 年 10 月

三权分离、多元经营与制度创新

——我国农地制度创新的一个基本框架与现实关注

张红宇

内容提要　作为一项基础性的制度安排，农村土地制度既是多方因素共同作用平衡后形成的结果，其创新与变革也具有牵一发而动全身的功效。在工业化、城镇化大发展、大推进的背景下，特别是随着农村劳动力大量流动转移，脱离农地经营活动，中国农村土地制度所处的宏观背景和微观基础都正在发生深刻嬗变，表现为"集体所有、农户自营"的土地经营模式，逐步向集体所有、家庭承包、多元经营为特征，所有权、承包权、经营权"三权分离"的新型农地制度格局转变。"三权分离"其制度内涵特征与政策取向以农村土地集体所有属性不变为前提，进一步细分农户的承包经营权，承包权更多地表现为占有、处置权，经营权更多地表现为耕作、经营、收益以及其他衍生的多重权益，推动了现代农业的发展。"三权分离"制度设计，有利于对土地承包关系长久不变下的土地经营方式创新、土地承包经营权权能的拓展与权利束的分割。使农地的经营权相对独立化，为其在更大范围内优化流动配置和发挥作用拓展了巨大空间，也为形成多元化的农地经营模式创造了条件；同时为解锁农地抵押的效率与公平不可兼得困局创造最为关键的制度基础；为构建进城农民的土地承包经营权退出机制设立了一个具体实用并富有弹性的制度框架。

关键词　三权分离　多元经营　制度创新

土地制度是农村生产关系的核心内容，事关农业生产、农民增收、农村稳定乃至经济社会发展全局。在快速推进的工业化、信息化、城镇化、市场化、国际化进程中，我国农业和农村也正在经历剧烈而深远的重大变迁。作为一项基础性的制度安排，农村土地制度既是多方因素共同作用平衡后形成的结果，其本身的创新与变革也具有牵一发而动全身的功效。经过改革开放三十多年的发展，目前我国农村土地制度建设又到了一个关键的时期，迫切需要与时俱进健全完善相关制度安排。

一、发展阶段变化呼唤以使用权为核心的农地制度创新

农地产权是一个包含了占有、使用、收益、处置等多项权利在内的权利束，甚至每一大的权利之下又可细分为更多的具体权利项。各项权利如何设置以及在不同主体之间分配，对农地制度的公平与效率具有重大影响。当前我国经济社会的阶段性特征发生了重要变化，日益突显出以使用权为核心的农地制度创新的必要性和重要性。

1. 农地私营是经过历史检验最具效率的农地使用制度。新中国成立以来，从大的历史阶段划分，我国农村土地制度经历了三个阶段，不同阶段各项权利的设置、分配以及农地制度的绩效迥异。

第一阶段：土地改革时期，农村土地制度的基本特征是私有私营。通过农村土地制度改革，我国废除了封建地主土地所有制，改变了"地主所有、租佃经营"的制度，实现了"农民所有、农户自营"的产权结构。农民既是土地的所有者，也是土地的经营者，享有完全的土地所有权，对土地的占有、使用、收益、处分等各项权能高度统一。这一制度变迁顺应农民的意愿，促进了农业生产大发展，巩固了党的执政基础。

第二阶段：农业合作化后和人民公社时期，农村土地制度的基本特征是公有公营。在对农业进行社会主义改造进程中，我国的农地制度先是由农民私有私营发展到农业合作化阶段农民私有、合作经营，进而发展到了人民公社体制下的集体所有、统一经营。这一阶段的农地制度变迁，除了整个国民经济社会主义改造的大背景之外，还被赋予了为国家工业化提取农业剩余的使命，并在二十多年的时间中为实现该目标发挥了重要作用，但也导致了农业生产绩效长期低下，为改革开放之后的农地制度创新埋下了伏笔。

第三阶段：改革开放以来，农村土地制度的基本特征是公有私营。十一届三中全会后，通过一系列渐进式的制度创新，我国确立了集体所有、家庭承包经营的土地制度。这一制度安排，实现了土地权利在集体和农民之间的有效分割，较好处理了国家、集体与农户之间的土地利益关系，在短时期内就显现出以制度创新推动农业发展的强大活力，因此被确立为新时期的农村基本经营制度，并被反复强调要毫不动摇地坚持。

纵观新中国成立60多年来三个历史阶段的农地制度变迁，暂撇开所有权问题不论的话，着眼于保障农民利益和农业生产绩效，土地私营无疑是最佳的选择方案。在第一和第三阶段尤其是制度变革的初期，尽管农村土地所有权的制度安排根本不同，但在土地私营模式下，都实现了调动农民土地经营积极性、提高农业产出水平和增加农民收入的目标，是新中国农业农村发展形势最好的时期之一；但在农地公营的第二阶段，虽然通过农地制度安排为国家的工业化提供了大量农业剩余，但农业农村经济发展却长期徘徊，甚至一度陷入饥饿的边缘。正反两方面的经验表明，土地私营是更为符合农业产业特征、符合中国国情的农地经营模式，必须长期不懈地稳定和坚持。

2. 公有私营框架下农地使用制度具有多样化选择空间。历史经验表明私营是最具效率的农地使用制度，但私营本身也是一个充满弹性的制度空间。在土地私营这一基本框架下，除了农户自营外，还存在诸如大户流转经营、农民合作社经营、涉农企业经营等不同选项。特别是进入新世纪以来，经济社会发展的阶段性变化，对改革初期形成的农户自营模式带来了巨大挑战，其中影响最为明显的因素是工业化、城镇化快速推进。工业化要求转移劳动力，城镇化要求农民变市民，两者共同作用的结果就是使务农劳动力的绝对数量和相对比重都大幅下降。2012年，第一产业从业人员从 1991 年最高峰时的 3.91 亿人下降到2.58 亿人，占就业人员的比重从 1978 年的 80.5% 下降到 33.6%。但由于我国城镇化进程不彻底，导致大量农村人口只实现了职业的转换和居住的转移，并未能实现身份的转变，对农业经营的直接影响就是导致兼业经营成为普遍现象。2012 年，我国流动人口达 2.36 亿人，比上年末增加 669 万人；农民工数量 2.63 亿人，平均每户就有一个农民工，农户的非农兼业行为成为常态。

3. 以"集体所有、农户承包、多元经营"为农地制度创新的基本方向。正是由于工业化、城镇化对农业经营带来的这种影响，使建立"三权分离"的农地制度有了讨论的空间和必要性。上世纪 90 年代以前，我国的农户大部分没有非农就业，农地的承包者与经营者高度统一，承包权和经营权既没有区别的必要，也没有分离的实际价值。正因如此，从政策导向到法律法规中一贯都采用了承包经营权的提法和权利设定，农村土地集体所有、家庭经营的"两权分离"制度安排已经能够容纳农业生产经营方式的需要，并且是兼顾国家、集体和农民土地权利的有效制度设定。但在工业化、城镇化大发展、大推进的背景下，承包权与经营权就有了分离的必要和可能。从必要性而言，与大量农民兼业经营相比，专业的农业经营者有着更高的农业生产效率，这早已为国际经验特别是日本、韩国及我国台湾地区等东亚小农经济体的发展历程所证明。从可能性而言，两权分离并非仅是一种空想或者理论假设，实际上在近年来农民专业合作社、家庭农场和涉农企业加快发展的背景下，土地承包权与经营权的分离尽管尚未通过政策法规的正式确认，但实践中已经不是个案。仅从土地流转比例这一个指标来看，近年来就呈现快速上升态势，已经从前些年在 5% 以下徘徊迅速提高到了 21.2%，承包权与经营权分离在实践中日益成为常态。

综合分析，在经济社会的快速变迁中，中国农村土地制度所处的宏观背景和微观基础都正在发生深刻嬗变。在土地集体所有、农户家庭承包经营基本框架下，具体表现为"集体所有、农户自营"的土地经营模式，正逐步向集体所有，农户自营、合作社经营、企业化经营多种模式并存转变。这是一种悄然进行中的诱致性制度变迁，当其发生和发展到一定程度之后，需要政策法规等正式制度做出有效回应。我们认为，基本的方向是构建以集体所有、家庭承包、多元经营为特征，所有权、承包权、经营权"三权分离"的新型农地制度。

二、"三权分离"新型农地制度的内涵特征与政策取向

首先需要强调的是，提出所谓"三权分离"的农地制度创新，构建集体所有、农户承包、多元经营的新型农地制度，前提是坚持农村土地集体所有、家庭承包经营的基本制度长久不变，在此基础上进一步明晰相关制度的权益内涵，是对现有农地制度和农村基本经营制度的完善和发扬，而不是背离现行土地制度框架。"三权分离"的农地制度，主要有以下内涵特征与政策取向。

1. 农村土地集体所有属性不变。目前关于农村土地所有制度方面的讨论，尽管不时有国有化和私有化的极端主张，但始终未能占据理论研究与政策探索的主流地位。各方关注的核心问题，深度检讨都与承包经营权的制度安排有关，而与所有权关系并不明显。特别是作为核心利益主体的农户，更为关注的是自身直接拥有和支配的土地权利，对于土地所有权这一相对虚置的权利并未表现出清晰的认知和诉求。农业部产业政策与法规司 2013 年初对河北省 8 个乡镇 16 个村的 219 名农民进行问卷调查结果表明，认为承包地归国家、集体所有的分别占31%、36.1%，认为归自己所有的仅占 26%，还有 6.9% 的农民不清楚归谁所有。理应最为关注农地所有权的农户，却表现出

不应有的漠然，看似存在明显悖论，但事实上正表明了现行土地集体所有制的合理性。事实上，在工业化、城镇化的大背景下，当前和今后一个长时期，农村土地集体所有也是最恰当、最有效率的制度安排。国有意味着国家权力即公权可以无限膨胀，私有则意味着在市场化充分情况下土地兼并和集中极有可能发生，极端情况下甚至出现"富者田连阡陌、贫者无立锥之地"的境地，这两种情况对农民而言都不见得是好事。集体所有实际上是在此两极间设置了一个中间性制度安排，兼顾了国家、集体、农民多元利益，是相对费省效宏的所有权制度安排。

但集体所有同样是一个充满弹性的制度空间，农村土地集体所有不意味着所有权在任何情况和任何区域的重要性都是等量齐观。事实上，改革开放三十多年，在农村经济总量伴随着国民经济成长大幅提升的总体格局下，区域经济差异发展的特征也越来越明显，土地集体所有的重要意义在不同区域表现的权重差异甚大。比如，在诸如广东南海、浙江温州、江苏昆山等类似集体经济比较发达的大城市郊区、发达地区，土地集体所有权的"产权强度"就明显要高。在承认农户承包经营权的前提下，一些地方采取了类似"反租倒包"做法，对农地的支配能力大大增强。一些地方农户的承包经营权已经后退至仅保留获取租金收益或股份分红的权利，个别地区甚至承包经营的地块已经虚拟化，集体所有权相对拓展甚至控制了经营权的相当空间；而反观大部分主要农区和中西部地区，农村集体经济薄弱，拥有的资源和支配力量不足，集体所有权实际上大部分情况下处于虚置状态。这类地区集体所有权的价值体现，还有待经济社会进入更高层次、更高阶段。

2. 进一步细分农户的承包经营权。与集体所有权相比，对农户承包经营权的讨论显然更为深入和充分。原因在于承包经营权是一个包含着诸多权利内涵，而且权能还在不断丰富和拓展的权利束。土地承包经营权是典型的用益物权，在没有发生权利分离的前提下，承包经营权拥有相应的占有、经营、收益、处置等完整的权利；在承包与经营两权分离之后，承包权则更多地表现为占有、处置权，以及在此基础上衍生出的多重权益，典型如继承权、退出权等，相应的经营权更多地表现为耕作、经营、收益以及其他衍生的多重权益，比如入股、抵押等权。对国家而言，土地承包经营权的设置直接影响甚至决定农业绩效，进而对国家粮食安全与重要农产品的有效供给，乃至农村社会稳定和公平正义等非经济话题也影响深远。对农民而言，承包经营权的设置不仅关系到其经营权利的大小和地权的稳定性，还对于获取土地的财产收益具有深刻影响。

值得注意的是，土地承包权与经营权的分离并非一个新鲜话题。实际上，历史上我国的土地租佃关系高度发达，到了明清，土地使用权表现的"田面权"与土地所有权表现的"田底权"之间"两权分离"、田面权相对独立化的办法已经非常成熟，在一些地方发生已经非常普遍，而且建立了较为完备的制度体系。在工业化、城镇化快速推进和"四化"同步发展的背景下，根据现实需要并借鉴历史经验，再度促进农户拥有的承包经营权分离意义重大。将承包经营权"两权分离"，承包权主要体现为给原承包农户带来财产收益，实现土地承包经营权的财产价值，经营权则通过在更大范围之内流动，提高有限资源的配置效率，并由此推动培养出新型经营主体和多元化的土地经营方式。

3. "三权分离" 农地制度的内涵特征。在所有、承包、经营 "三权分离" 的制度框架下，农村土地所对应的 "三权" 有着不同的制度内涵。

（1）所有权。集体所有权的关键问题，主要包括三个方面：一是集体所有权行使者。按照《农村土地承包法》和《物权法》等法律法规，包括属于村农民集体所有、分别属于村内两个以上农民集体所有和乡镇农民集体所有等三种类型，由村集体经济组织、村民委员会、村民小组和乡镇集体经济组织等四类主体行使所有权。二是集体所有权对其他权利的控制。集体通过行使所有权，可以对承包经营权等形成一定的支配。《物权法》规定，土地承包方案以及将土地发包给本集体以外的单位或者个人承包、个别土地承包经营权人之间承包地的调整、土地补偿费等费用的使用及分配办法等事项应当依照法定程序经本集体成员决定。三是集体所有权的实现。主要包括如何凭借集体所有权获取经济收益，包括以往的土地承包费、出让 "四荒" 经营权所获取的收益、土地征用后获得的补偿费用等的获得和分配，实践中还包括部分地区采取 "留地安置" 等情况下所分享的部分农地发展权收益。诚如前面所提及，由于我国不同地区的发展阶段等方面的差异性，对于农地所有权关注的侧重点和要求并不一致。对于大部分地区特别是一般农区，集体所有权的关键问题在于明确权利行使者，并处分好集体所有权所带来的各种收益；但对于经济发达地区和大城市郊区等特殊区域，如何通过所有权来支配和控制其他权利，以及如何把集体所有权做强做大，并维护好权利人的利益，要求已经愈来愈迫切。

（2）承包权。改革开放初至今，大部分时间农村土地承包权与经营权是合而为一的，承包经营权包含了占有、经营、流转、入股、收益、抵押、继承、退出、处置等多项权利。承包经营权中特别有意义的是经营和处置两项权利，前者是体现使用，后者体现权利。在承包权与经营权分离的情况下，承包权的意义和价值更多地凸显在两个方面：一是承包权的取得。农村土地承包权的获得，需要具备一定的主体资格条件。《农村土地承包》第五条规定：农村集体经济组织成员有权依法承包由本集体经济组织发包的农村土地。显然，承包权的取得是与集体经济组织成员资格相挂钩的，承包权主体的范围，要远远小于经营权主体的范围。即便今后通过继承等方式取得农村土地的承包权，但范围同样是受到了明确限制。二是承包权的体现。在承包权与经营权相分离的情况下，承包主体通过让渡经营权而获得财产收益，在土地被征用以及退出后获得财产补偿，未来土地承包权还要体现在继承权上。

（3）经营权。经营权只有在工业化、城镇化快速发展，劳动力大量转移并且逐步市民化，承包权与经营权相对分离的情况下，才能单独发挥作用。经营权独立发挥作用，当前的意义在于其行使主体范围远远大于承包权主体。承包权的获得具有严格的条件限制，而对经营权主体资格的限制就要少得多。这对于在更大范围内优化配置耕地资源，提高农业生产绩效具有重大意义，是通过土地制度创新培育实现多元经营的基本前提与必然选择。其一是发展现代农业，提高土地、劳动力和资源利用效率，提升农业综合生产能力、竞争力和可持续发展的选择；其二是最大限度提高商品农产品生产率，延伸农业产业链条的选择；其三是培育和生成家庭农场、合作组织和农业企业新型主体的选择；其四是培育新型职业农民的选择。经营权独立发挥作用，长远来看还能够发挥出更加充分的作用。比如，经营权独立之后，可以通过土地经营权来设定抵押，为经营权者提供金融支持，这是优化农村要素资源配置，提高要素流动性的重要途径。

三、在"三权分离"制度框架下探索解决现实土地问题

土地制度创新涉及对若干重大问题的重新认识，比如集体所有、家庭经营作为制度长久不变下的土地经营方式创新问题，土地承包经营权权能的拓展与权利束的分割问题等。土地制度创新又与资源禀赋和经济社会发展阶段高度相关，不同区域资源禀赋、经济社会阶段对土地制度创新选择影响甚多，大到"四化同步"发展如何克服农业短腿，具体到现代农业的模式选择，无一不与土地制度创新高度相关。提出构建"三权分离"的农地制度，对于解决土地相关现实问题具有重要意义。

1. 土地承包关系长久不变问题。从十七届三中全会提出土地承包关系要保持稳定并长久不变的命题，至今又过去了五年时间。稳定土地承包关系是农村土地制度变迁的一个基本点，从改革之初土地承包合同一年一定到现在的三十年土地承包期，正是稳定农村土地承包关系这一思想的一脉相承。稳定土地承包关系，对于强化地权稳定性、保障农民土地权益、刺激对土地的长期投入等方面均有重要意义，各方对此的认识比较一致。但土地承包关系长久不变的内涵和实现形式如何，还有不少值得讨论和需要细化之处。"三权分离"农地制度之于土地承包关

系长久不变的价值和意义，在于更加明确了"长久不变"的制度内涵，亦即"长久不变"的核心是承包权而非经营权，是土地承包关系长久不变而不是土地经营关系长久不变。在承包权及由此形成的土地承包关系长久不变的基础上，可以衍生出多元化的经营形态。而且承包权和承包关系愈是稳定，经营权的流转愈发达、配置效率也愈高。

落实"长久不变"的要求，还需要处理好两个关键问题。一是长久不变的起点问题。也就是在什么样的基础上稳定承包关系并长久不变，这看似一个技术性、操作性问题，但实际影响要大得多。比如，是在二轮承包的基础上长久不变，还是在确权登记颁证之后再长久不变，事关长远、影响重大。究其核心原因，在于各地农村承包的基础和起点并不一致，有的地方长期实行"生不增、死不减"，承包关系相当稳定，实现长久不变也就容易得多甚至是顺理成章；但更多地区则一直实行"大稳定、小调整"甚至是"大变动、大调整"的承包模式，不少农户对于调整土地还有一定预期，希望在二轮承包到期后再调整土地。这就要求妥善处理好土地承包的各种遗留问题，比较稳妥的办法是把稳定土地承包关系与确权登记颁证结合起来，在尊重历史传统、合乎法律法规、农民普遍接受的情况下，在起点公平的基础上实现长久不变。二是长久不变的期限问题。"长久不变"的目的在于给农民以稳定的预期。从政策目标来看，只要能达到稳定农民地权稳定预期的目的，不设具体的土地承包期限，或者是目前的三十年土地承包期，并无本质区别。但从具体操作层面看，是否设立具体的土地承包期限影响甚大。比如，关于农村土地流转的时间期限，关于土地征收时对农民补偿额度的确定，都与土地承包期限密切相关。因此，为了保护农民利益，也为了实际操作方便，还是应该明确一个足够长的土地承包期限。借鉴城市建设用地使用期限的规定，可考虑将长久不变的土地承包期限也设定为 70 年，并明确在一个承包期届满之后，符合条件承包者的承包周期自动顺延。

2. 非农主体从事农地经营问题。构建"三权分离"的农地制度，最为重大的意义就是使农地的经营权相对独立化，为其在更大范围内优化流动配置和发挥作用拓展了巨大空间，也为形成多元化的农地经营模式创造了条件。然而，在多元化的农地经营模式中，对于农户家庭或者农民合作组织经营农地，政策层面并不存在大的争议。特别是对于家庭农场和农民专业合作社两类主体，政策上是给予了充分的鼓励与肯定。据农业部相关统计，截至 2012 年底，全国家庭农场经营耕地面积达到 1.76 亿亩，占承包耕地面积的 13.4%；土地流转中，流入农民合作社的占 15.8%。但与此明显不同的是，对于工商企业等非农主体进入农业参与土地经营，更多地是排斥或者警惕状态。究其原因，一方面是担心强势工商资本的进入会对小农利益造成损害，挤压农民利益空间；另一方面则是由于工商资本具有更加强烈的趋利冲动，担心由此造成大量耕地"非粮化"、甚至"非农化"，进而影响国家粮食安全等宏观战略。

对非农主体从事农地经营保持警惕，并加强政策引导和法律规制，显然十分必要。但若由此就否定非农主体参与农地经营的积极作用，甚至关闭其参与农地经营的大门，则大可不必。首先，人多地少农业资源禀赋不足，以及快速工业化、城镇化进程中城乡要素流动性增强等基本国情、农情，决定了我国现阶段"谁来种地"必然有多元主体的生成，由"农地农用农民用"演变为"农地农用全民用"具有客观必然性。截至2012年底，我国土地流转中流入工商企业的面积为2800万亩，比2009年增加了115%，占流转总面积的10.3%，尽管总量不高但增速显著，表明非农主体参与农地经营的客观趋势难以遏制。其次，非农主体进入农业参与农地经营的原因多种多样，根本原因自然是寻求商机，但在此同时也能够带来现代农业建设急需的资本、科技、人才等要素，这实际上解决了现代农业发展的很多关键性问题。第三，非农主体参与农地经营，对于其可能造成的耕地"非农化"问题自然坚决要制止。实际上，不仅非农主体，对任何主体导致耕地"非农化"的行为都要坚决制止，这是我国耕地资源保护的"高压线"。但对非农主体参与农地经营中的"非粮化"问题则要实事求是，非农企业从事粮食以外的农产品生产经营是其理性选择。而且保障粮食安全本属国家责任尤其是中央政府的责任，并非农民或者企业的责任，解决此问题要通过各种政策来调动经营主体的生产积极性，而不是对从事农业经营的主体范围进行限制。在"三权分离"农地制度框架下，强化对农户承包权的保护，并通过建立农业经营能力审查制度、强化农地用途管制制度和完善土地流转的管理服务等手段，把非农主体的"洪水"导入干渠，为现代农业建设发挥正向作用。

3. 土地承包经营权的抵押问题。现代农业具有高投入、高成本、高效率、高收益的特征，大量资本的密集投入是现代农业发展的必要条件。目前我国有经营规模在100亩以上的专业大户270多万户，各类家庭农场87.7万家，农民专业合作社

82.8 万家，各类产业化经营组织超过 30 万个。这些新型经营主体是现代农业建设最为活跃的生产要素，是农村金融市场中需求最为旺盛的群体，但也正是金融需求满足程度最低的群体。关键因素就在于其大部分资产，重点是通过流转获得的土地经营权，由于存在法律限制和处置变现困难，不能为经营者获得信贷融资发挥有效担保物的功能。而之所以存在对土地承包经营权抵押的限制规定，核心原因在于土地不仅是农民最重要的生产资料，还承担着提供基本生活保障的任务，发挥着社会"稳定器"的功能。正是因为诸多社会和政治的考量，各地尽管开展了多种以土地权益为基础的抵押试点试验，但始终难以获得全面性突破。

构建"三权分离"的农地制度，有望为解锁农地抵押困局创造最为关键的制度基础。根本原因在于，承包权和经营权两权分离之后，原承包者拥有长期稳定的承包权，能够稳定获得承包权的财产收益，并以此为其提供基本生活保障。而经营者则可以自身持有的、相对独立化的经营权为客体来设定抵押。经营权抵押给金融机构或其他债权人，并不影响承包农户和集体的土地承包关系。经营者到期不能偿还抵押债务，金融机构或其他债权人也不能取得承包方的地位，只能是以土地经营获得的农产品收入或地租收入优先受偿。承包权与经营权的分离，能够有效解决制约土地抵押的效率与公平不可兼得问题。以承包权长期稳定来保障承包农户财产权和提供基本生活保障，以经营权设定抵押来破解现代农业发展的融资难题，求得经济效率与社会公平的结合。实际上，检索当前各地开展的农村土地相关权益的抵押融资办法，绝大部分试点试验并不涉及到承包权问题。诸如重庆市的土地承包经营权抵押、山东枣庄的农村土地使用产权抵押、吉林梨树的土地收益保证贷款试点，实质都是在土地使用权及衍生的收益上作文章，并不涉及土地承包权问题。尤其是山东枣庄的农村土地使用产权抵押办法，更明确提出以土地承包权和经营权相分离为前提，充分显示出"三权分离"农地制度对于土地承包经营权抵押的现实意义和强大活力。

4. 进城农民土地退与留问题。随着工业化、城镇化的快速推进，在农民变市民的过程中，必然要涉及到土地问题。到2012 年，我国外出农民工数量达到 1.63 亿人，其中有部分已经举家实现了职业和居住的转移。由于我国"候鸟型"的农村劳动力转移和不彻底的城镇化模式，大多数转移农民未能实现城镇化，同时与城镇和农民保持着联系。因此，解决进城农民的土地退出还是保留问题，也要同时考虑城市和农村两个方面的因素。城市方面，核心是解决农民退出土地的基本前提条件问题。具体而言，主要包括平等享受城镇的教育、医疗、卫生、社保等基本公共服务，以及保障性住房等相关待遇，并最终获得城镇户籍、享受与老市民平等的待遇。但具备基本的前提条件不等于农民就必然应自动放弃农村的土地权益。无论是农村土地承包经营权，还是农民的宅基地使用权，都是农民重要的财产权益。在什么情况下农民必须退出、具备什么条件的情况下农民可以退出、退出土地后如何获得相关补偿，都是需要认真研究解决的问题。

提出推进"三权分离"的农地制度创新，为构建进城农民的土地承包经营权退出机制设立了一个具体实用并富有弹性的制度框架。这一制度框架的意义和实用价值在于，我国农民从开始进城到完全市民化是一个漫长的过程，承包权和经营权的相对分离适应了这一过程中不同阶段相关主体对土地制度的需求。承包权的长期保留，为维护进城农民土地财产权利提供了制度保障。在完成市民化进程之前，承包权的保留始终发挥着农民最低生活保障和城乡社会"稳定器"的功能。经营权的相对独立化，最大程度弱化了其与土地的直接经营关系。进城农民以获得租金为对价让渡了土地经营权，为土地资源的优化配置、现代农业经营主体的发育壮大，以及农地适度规模经营的形成创造了外部条件。承包权的最终退出，则有待于相关前提条件的逐步具备。除了如前所述城市要提供相关基本公共服务之外，还应具备诸如实现举家迁移从而丧失了获得土地承包权的主体资格，以及给予合理的经济补偿等条件。在具备相关条件后，则可最终实现进城农民与农村土地关系的完全隔断，但这是一个长期的过程，应未雨绸缪谋划和探索相关的制度，当前重点则应放在如何保障好承包权和放活经营权上面。

与进城农民土地退出相关的还有土地承包经营权的继承问题。由于我国农村土地承包以户为单位的基本制度安排，只要农户作为承包单位还存在，不论户中单个成员的增减损益，土地承包经营权就会一直递延。因此，尽管相关法律法规并未对土地承包经营权的继承做出规定，但实际上已经隐含有对土地承包经营权在农户家庭内继承的认可。只有在继承人丧失农村土地承包经营权适格主体资格的情况，继承方成其为问题。具备农村集体经济组织成员的身份，才能有资格承包集体所有的土地。那么一旦丧失农村集体经济组织的成员资格，就丧失了作为土地承包经营权适格主体的资格，不能再继承土地承包经营权。若一个农户家庭所有成员都不再具备集体经济组织成员资格，那么顺利成章地原本归属于这个家庭的土地承包经营权也就应退出。但问题是，目前我国尚无农村集体经济组织立法，对于农村集体组织成员资格的取得、行使、丧失的条件没有明确规定。有鉴于目前实践探索和理论研究对此问题还存在较大争议，相关问题的解决还有待进一步的深入研究和条件的成熟。

基于对工业化、城镇化进程中农地问题的关注，本研究提出了构建"三权分离、家庭承包、多元经营"为基本特征的新型农村土地制度框架设想，并探讨了在此制度框架下解决现实农村土地制度关键问题的基本思路。通过深入分析，有理由认为该制度框架兼顾了城镇化、工业化与保护土地资源和农民土地财产权益的需要，兼顾了农地制度创新中的效率与公平两大命题，也兼顾了未来发展的必要性和现实条件的可行性，是具备充分可能的一种制度安排。我国农地制度安排具有"先政策探索后法律规范、先试点试验后全面推行"的渐进式改革特征，目前和未来一个时期农地制度创新的路径依然遵循该基本规律。文中所提出和倡导的一些主张，诸如土地经营权的相对独立，土地经营权的抵押等，已经在一定范围有了实践经验的支撑；另一些观点和看法，诸如对集体所有权问题的探讨，对进城农民土地退出问题的主张，还有待在今后的实践中进一步深化和具体化。随着实践的发展，相信这一制度创新的考虑将得到更多的检验和充实。

作者单位 农业部农村经济体制与经营管理司

发表刊物 《财经》2013年12月

种粮效益：差异化特征与政策意蕴 [①]
——基于 3400 个种粮户的调查

罗 丹 李文明 陈 洁

内容提要 合理的种粮效益，是确保粮食生产稳定发展的关键。调查表明，如不将家庭用工计入成本，农户的种粮效益并不低。制约农民种粮积极性的主要因素，是单个经营主体的绝对收益低下。改变分散小规模经营的现状，适当提高单个主体的经营规模，是促进粮食生产稳定发展的必由之路。但经营规模扩大到一定程度以后，粮食的单产和总产水平会下降，要在提高单个经营主体种粮效益和确保粮食总产稳步提高之间进行平衡。经济发达地区和粮食主销区的种粮效益高于中西部地区和粮食主产区、产销平衡区，说明这些地区发展粮食生产的基础较好。确保国家粮食安全是各地区的共同责任，必须防止部分地区因机会成本较高而出现推卸发展粮食生产责任的倾向。针对以上问题，从加快构建新粮农直接参与和受益的新型经营体系、建立不同层面相结合的补贴体系、促使分散小规模经营向适度规模经营转变、适度提高粮食价格水平 4 个方面提出了政策建议。

关键词 种粮效益 差异化 适度规模经营

---

① 本研究得到农业部种植业管理司 2012~2013 年度委托项目"我国粮食安全发展战略研究"的连续资助。

一、问题的提出

自 2004 年以来，国家连续密集出台了包括取消农业税、实行最低收购价和临时收储、实施"四补贴"、加强以水利为重点的农业基础设施建设、加快推进农业科技创新、健全社会化服务体系、创新农业生产经营体制等内容的农业支持保护政策，粮食产量实现九连增，并于 2012 年达到历史最高产量 58957 万吨。尽管国家扶持粮食生产的力度在持续加大，但维持农民种粮积极性和地方重农抓粮积极性的难度却有增无减。种粮户是粮食生产的微观基础，把握现阶段农民种粮行为的基本特征，是持续调动种粮积极性和促进粮食发展的基础和前提。

农户的动机和行为由价值取向和判断决定。总的来看，农民的价值取向具有多重性、综合性、发展性，并体现为维持效用最大化、增加经济收益、保护自然资源或其他后代生存发展的基础、稳定自己的生产生活方式、维护道德传统等方面（Brodt et al., 2006；Bowles，2008；Farmar-Bowers and Lane, 2009）。经过改革开放以来 30 余年的演化，我国农户已经取得了比较独立的地位，家庭决策具有多元性、差异性、阶段性、区域性等特征，很难简单阐明（翁贞林，2008；林政、唐梦，2007）。影响农户投资行为的因素仍较多，主要包括收益、投资边际收益、非农产业替代、土地产权强度、农地规模、贷款条件、经营风险、生产资料购入价格、承包期、公共投资设施等（屈艳芳、郭敏，2002；陈铭恩、温思美，2004；刘荣茂、马林靖，2006；刘克春，2010）。追求经济利益不仅是农民的基本价值取向之一（Austin et al., 1996；Beus & Dunlap，1990；

Petrzelka et al., 1996），也是实现其他价值的途径（Pannell et al., 2006）。种粮是否有效益，是影响粮食生产发展的关键因素之一。2004年以来，粮食生产单位面积的净利润水平是上升的，但仍没有达到20世纪90年代中期最高水平（韩俊等，2012）。由于种子、化肥、机械作业、土地、劳动等成本快速上升，多数农产品生产成本增长速度快于收入增长速度，种粮收益率已连续下降（马晓河，2011），这对现阶段种粮绝对收益和农民种粮积极性也产生了重要影响。

在经济发展到一定水平、农民就业和增收渠道较多时，农户生产经营行为会呈现全方位拓展、市场化、多样化的特征（卫新、胡豹、徐萍，2005）。通常而言，为使有限的劳动力及其他生产要素得到更好配置，兼业现象会明显增加，部分农户单位面积土地上的资金、劳动、化肥等投入可能降低（梁流涛、曲福田等，2008；陈晓红、汪朝霞，2007）。机会成本如何，对农民选择种什么、是否弃农具有非常重要的影响（邓大才，2005；李联习，2005）。我国还是一个区域经济发展很不平衡的国家，这也意味着不同地区农民从事粮食生产的机会成本也有很大差异。近10余年来，粮食增产的责任主要由粮食主产区承担。2000~2011年，粮食主产区、产销平衡区分别增产10814.3万吨、1154.6万吨，主销区减产1065.4万吨。之所以出现这一局面，很大程度上由不同地区发展粮食生产的机会成本差异较大引起。这种格局是否合理、如何应对，是确保粮食安全需要认真考虑的问题。

只要种粮不亏本，种植面积越大，种粮主体获得绝对收益水平就越高，规模扩张的动力往往越强。为了提高种粮积极性，近年发展规模经营的呼声高涨，有的认为要促使农地经营由分散转向集中（钱贵霞、李宁辉，2005），有的提出要以加快发展健全社会化服务体系来弥补经营规模较小的不足（薛亮，2008）。在一些地方，推动农村土地承包经营权流转、加强对规模经营主体的支持，已成为发展现代化农业的重要着力点，且呈迅速蔓延之势。确实，在经营规模很小时，种粮户的基本目标在于满足家庭基本消费需求，追求产量最大化的特征比较明显，经济效益一般也不会太高。而且由于受资金、技术等多种条件的限制，小规模农户往往用传统的生产方式（Devendra & Thomas，2002；Hayami，2001）。而当家庭基本需求满足后，降低成本、绝对收益最大化就成为重要目标。由于劳动力数量、劳动时间、资金等方面的限制，为降低种粮成本和追求其他渠道收益，家庭基本需求得到满足后的小规模农户可能出现缩减种植面积、减少投入等行为，进行耕地土壤改良、水利基础设施建设的意愿会降低，采用新技术的积极性也不高（史清华、卓建伟，2004），部分农户甚至会撂荒（曹志宏等，2008）。在规模达到一定程度后，粮食生产的专业化水平会明显提高，种粮收益在家庭收入中的地位明显提高，追求绝对效益最大化就会成为基本取向，集约化特征就会越来越明显。因此，为了获取规模收益，较大规模经营户扩大规模的内在动力相对较强（张建杰，2008），对现代农业技术的采用也远高于小规模农户（张忠明、钱文荣，2008）。但也有研究表明，经营规模与种粮效益之间的关系非常复杂，对粮食生产的影响也不尽一致。除了经营规模极小的农户外，农场规模与农业生产率的关系是负向的（Carter，1984；Newell et al.，1997），或者不能使规模报酬递增

（Feder et al.，1992；Barbier & Burgess，1997；Wan & Cheng，2001）。即使在农业经营规模大、国际竞争力强的美国，在阿肯色州等地也存在自耕农抵制商业化和现代化的现象（Perkins，2011）。对密苏里州谷物种植户的研究表明，投入不当和规模不合适的现象确实存在，但技术效率与农场规模并没有直接关系（Wu Shunxiang & Prato Tony，2005）。在一些中东欧国家，失控的结构性变化和规模化水平的提高，使得农村的失业和贫困现象增加。在粮食生产中，或许并不存在统计学意义上的"最优规模"（Shen，1965）。如何走出一条符合国情的提高粮食生产效益的路径，如何促进农业经营规模的适度扩大，已经成为促进粮食生产稳定发展不容回避的紧迫现实问题，也在很大程度上决定了能否走出一条有中国特色的农业现代化道路。

在农业部种植业管理司的支持下，通过与华中师范大学、中国人民大学、中国农业大学合作，课题组针对种粮农户在全国范围内开展了较大规模的实地调查研究，获得关于2010年粮食生产经营情况的有效问卷3400份。样本户来自除北京、天津、上海以外的28个省（自治区、直辖市），综合考虑自然气候、农业区域性特征、经济发展水平等因素，本文将河北、山东、江苏、浙江、福建、广东、海南划为东部地区，将山西、安徽、江西、河南、湖北、湖南划为中部地区，将内蒙古、陕西、甘肃、青海、宁夏、新疆划为西北地区，将广西、重庆、四川、贵州、云南、西藏划为西南地区，将黑龙江、吉林、辽宁划为东北地区。东部地区、中部地区、西南地区、西北地区、东北地区样本数量分别为752户、1298户、756户、436户、158户，占样本总数的22.1%、38.2%、22.2%、12.8%、4.7%。

表 1　不同地区样本户（单位：户）

	粮食	水稻	小麦	玉米	豆类
东部地区	752	297	359	424	41
中部地区	1298	754	440	664	109
西南地区	756	523	115	546	73
西北地区	436	1	250	311	159
东北地区	158	66	0	103	15
总体样本	3400	1641	1164	2048	397

二、种粮效益的结构性特征

国家统计调查口径将家庭用工作为成本，是科学可靠的。但需要注意的是，目前农村劳动力总体仍然处于过剩状态，刘易斯拐点并没有到来（李刚，2012；刘伟，2008；周天勇，2010）。在多数地区尤其是粮食主产区，多数粮农并没有更好更多的非农就业机会，种粮仍然是他们的基本选择。对劳动力的成本问题考虑得并不多。他们最看重的，是种粮的直接支出能否带来必要的收益。基于这一基本现实，本文对粮食生产支出项目的分析，主要包括种子费、肥料费、农药费、灌排费、机械作业费、雇工费、土地转入费、其他费用，家庭用工则不计入成本，因此，本文的单位面积种粮利润、成本利润率比国家统计指标高。为反映样本户在自由市场状态下的成本收益并与其他经济行为收益进行比较，种粮直补、良种补贴、农机补贴、农业生产资料综合补贴没有计入种粮收入，在计算农民纯收入时则包括了进来。在这种计算方式下，现阶段粮农种粮效益，有以下需要特别关注的结构性问题。

（一）相对效益较高而单个经营主体绝对收益较低

在市场经济条件下，除非由于粮食可及性差、保护自然资源环境、固守传统生产生活方式等原因，种粮效益如何，一般对农户种粮意愿具有决定性影响。1998～2003年，我国粮食产量从51230万吨减少到43070万吨，与种粮效益低下、部分农民甚至入不敷出有着密切关系。党的十六大以来，国家实施了提高粮食最低收购价、取消农业税、执行农业补贴政策、改善农业生产条件等一系列支农惠农富农政策，使得粮食生产有利可图。2002～2012年，中央财政支农投入从1905亿元增加到12287亿元，占中央财政支出的比重从13.5%提高到19.2%。调查表明，农民对当前政策的满意度较高，这是粮食生产水平大幅提高的基本原因。

1. 种粮的成本利润率并不低

成本利润率水平是绝对收益的基础，也在一定程度上决定了农民种粮的行为特征。样本户种植粮食作物的成本利润率为120.7%，其中，水稻、玉米、小麦、大豆分别为99.8%、98.3%、140.2%、185.8%。样本户粮食作物亩均产值、成本和利润分别为765元、347元和418元。水稻、玉米、小麦、大豆的亩均产值分别为1024元、597元、702元、513元，成本分别为512元、296元、292元、180元，亩均利润分别为511元、301元、410元、334元。可见，在不计算家庭用工成本的情况下，普通种粮户种粮的单位面积收益、成本利润率是不低的。农民种粮收益之所以能够维持到这一水平，与国家的一系列支持农业的政策密不可分。

一是粮食最低收购价和临时收储政策。这是当前我国粮食价格支持保护政策的核心内容之一，使得粮价能够总体稳定在不亏本的水平上。样本户粮食的平均销售价格为 1.14 元 / 斤，其中水稻、小麦、玉米、豆类的平均销售价格分别为 1.24 元 / 斤、0.97 元 / 斤、0.87 元 / 斤、2.90 元 / 斤。

二是取消农业税和对种粮进行补贴。有 2996 户享受过农业税改带来的实惠，占样本的 89.4%。对农业税改革政策非常满意和比较满意的有 3239 户，占样本的 92%。有效样本户中，回答直接获得了种粮直补、良种补贴和农资综合补贴的比重为 94.7%、62.3%、50.5%，表示非常满意和比较满意的比重分别为 90.6%、80.2%、74.3%。

三是改善农业生产条件。样本户中有 2040 户获得了灌溉服务，占样本数的 60%。其中，东部地区、中部地区、西南地区、西北地区、东北地区获得服务样本数占各地区样本的比重分别为 69.8%、68.6%、49.1%、37.8%、56.3%。除了西部地区低于 50% 外，其他地区都在 50% 以上。样本户中有 3310 户获得农机服务，占样本数的 97.35%。从不同地区来看，东部地区、中部地区、西南地区、西北地区、东北地区分别为 97.3%、98.8%、94.7%、96.6%、100%。获得了种子、化肥、农药、其他服务的样本数所占比重分别为 97.3%、97%、97.%、97.5%。此外，还有 367 户有雇工，占样本数的 10.8%。

此外，农业机械化作业程度也有较大提升。全部样本户中平均每百户拥有农业机械 32 台，其中每百户拥有拖拉机 16.8 台、三轮车 11 台、收割机 1.4 台、播种机 2.8 台。在东北地区和西北地区，每百户拥有机械数量明显要高一些。在现有生产方式下，通过购买服务方式，可以维持粮食生产的正常进行。

表 2 粮食生产成本利润率

	粮食	水稻	小麦	玉米	豆类
样本户（户）	3400	1641	1164	2048	397
产量（吨）	11211	3854	1800	4828	272
收入（万元）	2550	955	349	844	158
成本（万元）	1156	478	176	351	55
利润（万元）	1394	477	173	492	102
亩均产值（元）	765	1024	597	702	513
亩均成本（元）	347	512	296	292	180
亩均利润（元）	418	511	301	410	334
成本利润率（%）	120.7	99.8	98.3	140.2	185.8

2. 种粮绝对收益水平低下

样本户的户均粮食生产利润仅为 4101 元，其中来自水稻、小麦、玉米、豆类的户均种植利润分别为 2908 元、1485 元、2404 元、2580 元。从户均粮食利润水平来看，60% 以上的家庭户均种粮利润在 3000 元以下。户均利润在 3000 元以下的比重，水稻、小麦、玉米、豆类分别为 76.7%、83.2%、82.5%、74.6%。

样本户平均种植面积为 9.8 亩，其中水稻、小麦、玉米、豆类分别为 5.68 亩、5.02 亩、5.87 亩、7.73 亩。样本户经营规模在 1 亩以下、1～3 亩、3～5 亩、5～10 亩、10～20 亩、20～50 亩、50 亩以上的样本户分别占 2.5%、20.5%、20.9%、27%、17.5%、9.0%、2.5%。单个经营主体经营规模小，是绝对收益水平较低的基本制约。

表 3 样本户直接获得农业税改及三项补贴实惠情况（单位：户）

		农业税改革	种粮直补	良种补贴	农资综合补贴
享受补贴情况	享受过	2996	3186	2046	1626
	没享受过	243	150	1102	1421
	不清楚	113	28	134	175
	合计	3352	3364	3282	3222
对补贴政策满意情况	非常满意	1831	1752	1122	879
	比较满意	989	1171	779	664
	一般	211	242	353	409
	不太满意	25	44	97	96
	很不满意	11	19	19	29
	合计	3067	3228	2370	2077

表 4 样本户享受社会化服务情况（单位：户）

	东部地区	中部地区	西南地区	西南地区	东北地区
灌溉	525	890	371	165	89
农机	732	1283	716	421	158
种子	733	1281	715	422	158
化肥	732	1274	715	422	154
农药	732	1274	715	422	154
雇工	52	171	60	28	56
其他	734	1284	716	423	158

表 5 不同地区每百户拥有农业机械（单位：台）

	拖拉机	三轮车	收割机	播种机	合计
东部地区	16.9	16.0	0.8	0.8	34.5
中部地区	14.6	10.6	0.9	2.1	28.1
西北地区	33.5	14.0	2.5	8.3	58.3
西南地区	4.9	4.5	1.9	1.2	12.4
东北地区	45.6	14.6	2.5	10.8	73.4
总体样本	16.8	11.0	1.4	2.8	32.0

3. 种粮的机会成本明显较高

随着市场化改革推进，农民配置要素的自由度越来越大。进入 21 世纪以后，国家政策对农民工流动就业已经实现了从限制到支持服务的转变，农民就业增收的渠道越来越宽，这也意味着农民种粮机会成本的参照水平越来越高。

在农业内部，粮食生产效益明显低于经济作物生产。样本户种植的油料、蔬菜、水果、糖料、棉花、麻类、烟草、茶叶、花卉、苗木、药材、核桃、板栗、橡胶等的亩均利润为 1277 元，是粮食作物的 3.06 倍，是三大谷物的 3.04 倍。利润率为 174.2%，比粮食作物高 53.5 个百分点，比三大谷物高 60.6 个百分点。在非粮作物中，花卉、苗木和药材等经济作物的亩均净利润水平最高，达 2441.7 元，水果、糖料、棉花、蔬菜、茶叶和烟草作物的亩均净利润分别为 1718.1 元、1621.1 元、1608.3 元、1599.3 元、1541.3 元和 1440.6 元。

经济活动的多元化，拓宽了种粮户的家庭收入来源。样本户的户均纯收入为 21706 元，家庭人均纯收入为 5121 元。在纯收入中，家庭经营纯收入占 43%，工资性收入占 52.2%，财产性收入占 1.4%，转移性收入占 3.4%。工资性收入已成为样本户家庭纯收入的主要部分。

由于非农行业已经吸引了绝大多数为青壮年劳动力，种粮主要劳动力出现高龄化现象，60 岁以上务农人员比重达 18.64%，东部和中部地区高龄化趋势比较明显。按照世界卫生组织标准，青年人为 44 岁以下，中年人为 45 ~ 59 岁，老年人为 60 岁以上。访谈对象中，处于青年阶段、中年阶段和老年阶段的比例，东部地区分别为 24.9%、52.6% 和 22.5%，中部地区分别为 24.9%、52%、23.1%，西南地区分别为 33.7%、42.6%、23.7%，西北地区分别为 41.1%、44.5%、14.4%，东北地区分别为 26.6%、54.4%、19%。

表6　粮食生产户均收益水平

	粮食	水稻	小麦	玉米	豆类
户均面积（亩）	9.80	5.68	5.02	5.87	7.73
户均产量（斤）	6595	4697	3093	4715	1368
户均收入（元）	7500	5820	2996	4119	3968
户均成本（元）	3399	2913	1511	1715	1388
户均利润（元）	4101	2908	1485	2404	2580

表7　种粮与种植其他作物效益比较

	种植业	粮食作物	三大谷物	非粮食作物
种植面积（公顷）	2654	2222	1861	432
收入（万元）	3852	2550	2147	1302
成本（万元）	1631	1156	1005	475
利润（万元）	2221	1394	1142	827
亩均产值（元）	968	765	790	2010
亩均成本（元）	410	347	370	733
亩均利润（元）	558	418	420	1277

表8　样本农户家庭纯收入结构

	户均（元）	人均（元）	比重（%）
家庭经营收入	9332	2202	43.0
工资性收入	11334	2674	52.2
财产性收入	299	71	1.4
转移性收入	740	175	3.4
合计	21705	5121	100.0

表 9　不同地区访谈对象年龄结构（单位：人、%）

	青年	中年	老年	合计
东部地区	187	396	169	752
中部地区	323	675	300	1298
西南地区	255	322	179	756
西北地区	179	194	63	436
东北地区	42	86	30	158
总样本	986	1673	741	3400

表 10　样本农户家庭人均纯收入水平层次分析（单位：户、%）

	数量	比重
1000 元以下	252	7.41
1000~2000 元	455	13.38
2000~3000 元	564	16.59
3000~5000 元	872	25.65
5000~7000 元	543	15.97
7000~10000 元	387	11.38
10000 元以上	327	9.62
合计	3400	100.0

总体来看，由于需要对粮食等作物的照料，以及所在地区非农产业发展水平偏低，粮农从事非农活动受到的限制更多，收入明显低于全国平均水平。2010 年，全国农村居民人均纯收入为 5919 元，与之相比，样本户要低 13.5%。从收入层次来看，样本户中 63.03% 的家庭人均纯收入在 5000 元以下。

（二）单位面积收益随经营规模扩大而波动性下降

经营规模不同，经营主体的取向会有明显差异。因此，在不同经营规模的情况下，单位面积的产值、成本、利润水平会呈现出不同的特征。从大致趋势来看，有两个基本特征：一是在经营规模非常小时，小规模农户为满足家庭基本消费需求，生产明显以增加产量为取向，经营规模在 1 亩以下的样本户，单产水平最高，粮食亩产为 914 斤；二是适度经营规模的亩产水平明显较高，但不同品种有不同表现。就水稻而言，当种植规模在 5 亩以下时，亩产普遍在 800 斤以上。但超过 5 亩以后，单产水平明显下降。种植规模在 5～20 亩之间的，亩产一般在 800 斤以下。而超过 20 亩时，单产水平又有明显提高。水稻亩产出现这样的变化特征，与品种特性及区域特征有密切关系。在土地资源稀少、水肥气热条件适宜的地区，种植双季稻的现象普遍，水稻的亩产不会太高。而在土地资源较为丰富的地区，尤其是东北地区，通常只种植一季，水稻生长期长，单产水平较高。样本户中，经营规模为 20～50 亩的，亩产水平为 813 斤。由于水稻种植超过 50 亩的 17 个样本户有 14 个在东北地区，50 亩以上经营户的亩产水平较高。从小麦来看，经营规模在 20 亩以下时，亩产一般在 600 斤以上，当经营规模超过 20 亩时，单产水平明显下降。其中的原因：一是当小麦经营规模扩大到一定程度时，种植户主要以经济效益为取向，部分种植户尽管单产水平较低，但投入也较少，比较合算；二是部分种植户利用边际土地种植小麦，单产水平本身就不高。玉米主要作为饲料，种植户的基本取向是提高效益。总体来看，当经营规模在 5～50 亩时，种植户亩产比 5 亩以下的有明显提高，可达 800 斤以上。当经营规模扩大到 50 亩以上时，亩产水平明显降低，原因与小麦类似。对豆类而言，当种植规模在 20 亩以下时，亩产水平普遍在 200 斤以上，其中 5 ～ 10 亩的亩产水平最高。而当经营规模扩大到 20 亩以上时，单产水平明显降低。经营规模在 50 亩以上的，亩产水平仅为 118 斤。就粮食生产总体情况而言，当经营规模扩大到 50 亩以上时，单产水平明显下降。

表 11　不同规模样本户亩产（单位：斤/亩）

	粮食	水稻	小麦	玉米	豆类
1 亩以下	914	941	610	782	239
1~3 亩	782	862	650	727	223
3~5 亩	684	825	628	758	238
5~10 亩	681	781	637	801	244
10~20 亩	677	766	628	833	225
20~50 亩	688	813	535	893	158
50 亩以上	615	928	333	757	118
总体样本	673	826	616	803	177

样本户亩均产值为 765 元，总体呈现出随经营规模扩大而减少的特征。种粮规模 1 亩以下、1 ～ 3 亩、3 ～ 5 亩、5 ～ 10 亩、10 ～ 20 亩、20 ～ 50 亩、50 亩以上的亩均产值分别为 1047 元、881 元、791 元、784 元、744 元、761 元、743 元。分品种看，水稻种植户亩均产值为 1024 元，种植规模在 1 亩以下、1 ～ 3 亩、3 ～ 5 亩、5 ～ 10 亩、10 ～ 20 亩、20 ～ 50 亩的亩均产值分别为 1069 元、1005 元、958 元、937 元、913 元、942 元。50 亩以上的亩均产值达到 1393 元，主要与样本户处于自然条件较好的优质稻生产区域有关。小麦种植户亩均产值为 597 元，种植规模在 1 ～ 3 亩、3 ～ 5 亩、5 ～ 10 亩、10 ～ 20 亩的明显较高，分别为 624 元、611 元、617 元和 604

元，20 ~ 50 亩和 50 亩以上的分别为 522 元和 344 元，超过 50 亩以上的亩均产值大大低于平均水平，与不少样本户种植边际土地且遇到大旱、部分样本户没有产量有关。玉米种植户亩均产值为 702 元，7 个不同规模组的亩均产值分别为 769 元、706 元、713 元、745 元、723 元、717 元、616 元。豆类种植户亩均产值为 513 元，产值呈现出先随经营规模扩大而明显增加后又明显减少的特征，7 个不同规模组的亩均产值分别为 499 元、486 元、507 元、552 元、682 元、481 元、445 元。

表 12　不同规模样本户亩均产值（单位：元 / 亩）

	粮食	水稻	小麦	玉米	豆类
1 亩以下	1047	1069	570	769	499
1~3 亩	881	1005	624	706	486
3~5 亩	791	958	611	713	507
5~10 亩	784	937	617	745	552
10~20 亩	744	913	604	723	682
20~50 亩	761	942	522	717	481
50 亩以上	743	1393	344	616	445
总体样本	765	1024	597	702	513

样本户亩均成本为 347 元，总体呈现出随经营规模扩大而减少后又增加的特征。种粮规模在 1 亩以下、1 ~ 3 亩、3 ~ 5 亩的分别为 361 元、363 元、350 元，5 ~ 10 亩、10 ~ 20 亩分别降低到 329 元、315 元，而 20 ~ 50 亩、50 亩以上的则增加到 336 元、407 元。分品种看，水稻种植户亩均成本为 512 元，呈现出随经营规模扩大而增加的特征，7 个不同规模组分别为 410 元、410 元、425 元、433 元、439 元、504 元、834 元，种

植规模在 50 亩以上的，生产成本比 20 亩以下的高出约 1 倍。小麦种植户亩均成本较低，为 296 元，总体呈现出随经营规模扩大而增加的特征。1 亩以下、1 ~ 3 亩、3 ~ 5 亩、5 ~ 10 亩、10 ~ 20 亩的分别为 297 元、295 元、290 元、290 元、297 元，20 ~ 50 亩的则提高到 344 元。但由于部分样本户当年遇到大旱，投入较少，50 亩以上样本户的亩均成本反而降低。玉米种植户亩均成本为 292 元，随经营规模扩大而增加的特征较为明显，7 个不同规模组分别为 257 元、257 元、254 元、270 元、272 元、328 元、330 元。豆类种植户亩均成本为 180 元，随经营规模扩大而增加，种 7 个不同规模组分别为 119 元、130 元、140 元、154 元、192 元、188 元、190 元。

表 13　不同规模样本户亩均成本（单位：元）

	粮食	水稻	小麦	玉米	豆类
1 亩以下	361	410	297	257	119
1~3 亩	363	410	295	257	130
3~5 亩	350	425	290	254	140
5~10 亩	329	433	290	270	154
10~20 亩	315	439	297	272	192
20~50 亩	336	504	344	328	188
50 亩以上	407	834	307	330	190
总体样本	347	512	296	292	180

从 3 种主要谷物的情况来看，当经营规模在 5 亩以下时，亩均成本较高。经营规模在 1 亩以下、1 ~ 3 亩、3 ~ 5 亩的亩均成本分别为 358 元、349 元、345 元。而 5 ~ 10 亩、10 ~ 20 亩的则明显下降，分别为 320 元、318 元。种植规模超过 20 亩后，

单位面积成本明显增加，20～50亩、50亩以上的分别为380元、516元。总体来看，种植规模在20亩以下时，种子、肥料、农药、灌排、机械作业费与经营规模的关系不是很明显。在种植规模超过20亩以后，土地转入费、雇工费用显著增加。种植规模为20～50亩、50亩以上的，亩均土地转入费分别为41元、165元。经营规模扩大后，雇工费用会相应增加。种植规模为20～50亩、50亩以上的，亩均雇工费用分别为21元、26元。

表14　不同种粮规模样本户3种谷物主要成本亩均水平（单位：元）

	成本合计	种子	肥料	农药	灌排	机械作业	雇工	土地转入	其他
1亩以下	358	41	135	31	20	76	8	0	32
1~3亩	349	41	118	27	23	81	11	4	29
3~5亩	345	40	114	25	20	77	12	16	28
5~10亩	320	39	108	21	21	75	12	10	24
10~20亩	318	40	104	18	26	74	9	15	24
20~50亩	380	40	109	20	26	79	21	41	29
50亩以上	516	35	97	21	35	71	26	165	43
总体样本	370	39	107	21	26	76	16	44	29

单位面积收益的变化与总体收益存在明显差异。从样本户的总体情况来看，亩均收益呈现出随着经营规模扩大而有所下降，且各个品种的变化明显不同。样本户种粮亩均利润为418元，高低依次为水稻、玉米、豆类和小麦。种粮规模在1亩以下、1～3亩、3～5亩、5～10亩、10～20亩、20～50亩、50亩以上的亩均利润分别为687元、518元、441元、456元、429元、425元、336元。水稻种植亩均利润为511元，经营规模在1亩以下的为658元，利润水平最高；1～3亩、3～5亩、

5 ~ 10 亩、10 ~ 20 亩、20 ~ 50 亩的分别为 595 元、532 元、504 元、474 元、438 元；50 亩以上的亩均利润达到 559 元，但仍低于 1 亩以下和 1 ~ 3 亩的利润水平。小麦种植亩均利润为 301 元，经营规模在 1 ~ 3 亩、3 ~ 5 亩、5 ~ 10 亩、10 ~ 20 亩的为 329 元、321 元、327 元、307 元，而 20 ~ 50 亩、50 亩以上的则降到 177 元、37 元，呈现出较大幅度递减的趋势。玉米的亩均利润为 410 元，经营规模在 1 亩以下、1 ~ 3 亩、3 ~ 5 亩、5 ~ 10 亩、10 ~ 20 亩的为 513 元、449 元、459 元、475 元、451 元，而 20 ~ 50 亩、50 亩以上的分别为 388 元、286 元，呈现明显的递减趋势。豆类种植亩均利润为 334 元，经营规模在 1 ~ 3 亩、3 ~ 5 亩、5 ~ 10 亩、10 ~ 20 亩的分别为 356 元、367 元、398 元、490 元，呈明显上升趋势，而 20 ~ 50 亩、50 亩以上的分别为 292 元、255 元，呈现大幅度降低的特征。

表 15 样本户种粮亩均利润（单位：元／亩）

	粮食	水稻	小麦	玉米	豆类
1 亩以下	687	658	272	513	380
1~3 亩	518	595	329	449	356
3~5 亩	441	532	321	459	367
5~10 亩	456	504	327	475	398
10~20 亩	429	474	307	451	490
20~50 亩	425	438	177	388	292
50 亩以上	336	559	37	286	255
总体样本	418	511	301	410	334

成本利润率的变化总体与经营规模呈现相反的趋势。种粮经营规模在 1 亩以下、1 ~ 3 亩、3 ~ 5 亩、5 ~ 10 亩、

10 ～ 20 亩、20 ～ 50 亩、50 亩以上的成本利润率分别为190.1%、142.5%、125.8%、138.6%、136.1%、126.4%、82.6%，呈现显著的递减特征。水稻种植 7 个不同规模组的成本利润率分别为 160.7%、145.3%、125.1%、116.3%、108.2%、86.9%、67%，递减趋势较为显著。小麦种植 7 个不同规模组的成本利润率分别为 91.9%、111.5%、110.7%、112.9%、103.7%、51.5%、12.1%，超过 20 亩以后呈现出大幅度递减的趋势。玉米种植 7 个不同规模组的成本利润率分别为 200%、174.5%、180.5%、175.8%、165.5%、118.4%、86.5%，总体呈现出明显的递减趋势。豆类种植 7 个不同规模组的成本利润率分别为 319.3%、273.4%、261.6%、258.9%、254.5%、155%、134%，呈现出较大幅度递减的趋势。

表 16　样本户种粮成本利润率（单位：%）

	粮食	水稻	小麦	玉米	豆类
1 亩以下	190.1	160.7	91.9	200.0	319.2
1~3 亩	142.5	145.3	111.5	174.5	273.4
3~5 亩	125.8	125.1	110.7	180.5	261.6
5~10 亩	138.6	116.3	112.9	175.8	258.9
10~20 亩	136.1	108.2	103.7	165.5	254.5
20~50 亩	126.4	86.9	51.5	118.4	155.0
50 亩以上	82.6	67.0	12.1	86.5	134.0
总体样本	120.7	99.8	101.9	140.3	185.8

（三）经济发达地区和粮食主销区的相对效益较高而粮食主产区的相对效益较低

近 10 年来，粮食增产的任务主要由东北地区、中部地区和粮食主产区承担,似乎这些地区种粮更有优势。而细加分析,情况并没有如此简单。随着粮食最低收购价和临时收储政策的实施、粮食跨区域调动能力的增强,各地的粮价日益趋同,粮食市场日趋统一。在这样的背景下,成本尤其是机会成本对种粮积极性的影响往往是主导性的。经济发达地区往往人口高度密集,土地经营规模一般不大,在非农就业机会较多、工资水平较高的情况下,农民种粮的机会成本也会比其他地区高,维持农民种粮积极性的难度较大。但东部地区的水土、气候资源条件较好,加上经济发展水平较高、财政实力较强,农业基础设施和社会化服务体系建设支持的力度较大,灌溉、机械、技术等条件较好,又往往使得单位面积的产出能力较强,生产成本可以控制在一定水平,相对效益水平也较高。

1. 东部地区的成本利润率显著高于中西部地区

从调查来看,东部地区粮食的亩均产量比西部地区普遍要高。与中部地区、西南地区、西北地区相比,东部地区的水稻、小麦、玉米、豆类产量都是较高的。东北地区自然条件较好,只能种植一季,作物生长期长,粮食亩产水平最高,为944斤/亩。但与中部地区、西南地区、西北地区相比,东部地区的水稻、小麦、玉米、豆类产量都是较高的。

种粮亩均收入水平的地区分布情况与产量分布情况基本一致。东北地区的亩均收入最高,为1080元;其次为东部地区、中部地区、西南地区、西北地区,分别为801元、757元、744元、602元。

从种粮亩均成本来看,东北地区最高,为584元,远高于其他地区。中部地区、东部地区、西南地区、西北地区亩均种粮成本，分别为 353 元、319 元、300 元、256 元。总体而言，东部地区的亩均成本比东北地区低很多，介于中部和西部地区之间。

表 17   不同地区样本户粮食单产水平（单位：斤/亩）

	粮食	水稻	小麦	玉米	豆类
东部地区	678	810	672	872	252
中部地区	725	761	704	809	250
西北地区	495	294	461	755	161
西南地区	616	844	408	563	139
东北地区	944	986	—	978	243
总体样本	673	826	616	803	177

表 18   不同地区样本户粮食亩均产值（单位：元/亩）

	粮食	水稻	小麦	玉米	豆类
东部地区	801	1091	655	801	512
中部地区	757	817	660	747	449
西南地区	744	1036	403	562	222
西北地区	602	500	474	622	529
东北地区	1080	1485	—	805	565
总体样本	765	1024	597	702	513

表 19   不同地区样本户种粮亩均成本（单位：元）

	粮食	水稻	小麦	玉米	豆类
东部地区	319	428	316	318	133
中部地区	353	430	307	245	141
西南地区	300	396	242	217	93
西北地区	256	320	268	270	188
东北地区	584	854	—	405	188
总体样本	347	512	296	292	180

就亩均利润而言，东北地区最高，为 495 元。西南地区、中部地区、西部地区分别为 444 元、404 元、376 元。其中，东部地区水稻、豆类的亩均利润分别为 664 元、379 元，处于最高水平。除与中部地区接近外，东部地区小麦、玉米的亩均利润也较高。

但就种粮成本利润率而言，则是东部地区最高，为 150.7%，其余依次为西南地区、西北地区、中部地区、东北地区，分别为 148.3%、135%、114.6%、84.8%。水稻种植的成本利润率，西南地区、东部地区明显较高，分别为 161.4%、155.1%，中部地区、东北地区、西北地区分别为 90.2%、73.8%、56.3%。小麦的成本利润率，依次为中部地区、东部地区、西北地区、西南地区，分别为 115.2%、107.5%、77.1%、66.6%。豆类种植的成本利润率非常高，东部地区、中部地区、东北地区、西北地区、西南地区分别为 285.9%、219.1%、200.6%、180.7%、140.1%。

2. 主销区、产销平衡区的亩均利润、成本利润率明显较高

从单产来看，粮食主产区的水平并不是最高的。主销区往往由于经济发展水平较高、投入能力较强、气候条件较好、基础设施条件较好等原因，亩产为 725 斤，比主产区略高，比产销平衡区高 26.1%。产销平衡区的水稻亩产为 842 斤，比主销区高 11.7%。对小麦而言，主产区的单产水平为 706 斤，则比产销平衡区高 56.6%。对玉米而言，主产区、主销区的单产水平差别不大，但产销平衡区则明显要低一些。豆类的亩产水平，在产销平衡区最高，为 245 斤，比主产区、主销区分别高出 48.5%、17.2%。

粮食主销区的粮食亩均产值最高，为1116元，大大高于主产区和产销平衡区的766元和719元。水稻亩均产值在产销区之间并无明显差异，均在1000～1100元间。小麦的亩均产值，主产区比主销区明显高一些，分别为671元、460元。主销区的玉米亩均产值最高，为1121元，主产区和产销平衡区差别不大，分别为705元和692元。豆类的亩均产值，产销平衡区最高，为684元，主销区、主产区分别为493元、483元。

粮食主销区的单位面积成本最高，其次为主产区，再次为产销平衡区，3个区域的亩均成本分别为433元、363元、290元。由于品种特性、生产条件、生产方式的差异，不同品种的亩均成本情况差异较大。就水稻种植而言，主产区最高，为544元；次之为主销区，是440元；产销平衡区最低，为396元。主产区和主销区小麦种植的亩均成本分别为315元和260元。就玉米种植而言，主产区的单位面积成本最高，亩均为306元，产销平衡区和主销区分别为246元和180元。豆类种植亩均成本，主产区、产销平衡区、主销区分别为184元、153元、132元。

表20　不同地区农户粮食生产亩均利润（单位：元）

	粮食	水稻	小麦	玉米	豆类
东部地区	481	664	340	483	379
中部地区	404	388	353	502	308
西南地区	444	640	161	345	130
西北地区	346	180	206	353	340
东北地区	495	631	—	400	377
总体样本	418	511	301	410	334

表 21　不同地区农户粮食生产成本 利润率（单位：%）

	粮食	水稻	小麦	玉米	豆类
东部地区	150.7	155.1	107.5	152	285.9
中部地区	114.6	90.2	115.2	204.5	219.1
西南地区	148.3	161.4	66.6	159.1	140.1
西北地区	135	56.3	77.1	130.8	180.7
东北地区	84.8	73.8	—	98.7	200.6
总体样本	120.7	99.8	101.8	140.3	185.8

表 22　产销区样本户种粮亩产（单位：斤）

	粮食	水稻	小麦	玉米	豆类
粮食主产区	703	832	706	829	165
粮食主销区	725	754	—	837	209
产销平衡区	575	842	451	713	245
总体样本	671	826	615	807	177

表 23　产销区样本户种粮亩均产值（单位：元）

	粮食	水稻	小麦	玉米	豆类
粮食主产区	766	1015	671	705	483
粮食主销区	1116	1071	—	1121	493
产销平衡区	719	1036	460	692	684
总体样本	765	1024	597	702	513

表 24　产销区样本户种粮亩均成本（单位：元）

	粮食	水稻	小麦	玉米	豆类
粮食主产区	363	544	315	306	184
粮食主销区	433	440	—	180	132
产销平衡区	290	396	260	246	153
总体样本	347	512	296	292	180

表 25 产销区样本户种粮亩均利润（单位：元）

	粮食	水稻	小麦	玉米	豆类
粮食主产区	403	471	356	399	299
粮食主销区	683	631	—	941	361
产销平衡区	429	640	200	446	531
总体样本	418	512	301	410	333

表 26 产销区样本户种粮成本利润率（单位：%）

	粮食	水稻	小麦	玉米	豆类
粮食主产区	111.1	86.5	113.2	129.9	161.9
粮食主销区	157.9	143.5	—	523.3	273.8
产销平衡区	148.2	161.3	76.6	181.4	346.9
总体样本	120.7	99.8	101.9	140.3	185.8

尽管粮食主销区的亩均成本最高，但由于亩均产值高出一大截，亩均利润水平也是最高的，为 683 元；其次为产销平衡区，为 429 元；主产区最低，为 403 元。可见，对微观经营主体而言，主销区和产销平衡区生产粮食的利润空间是很大的。产销平衡区、主销区、主产区水稻的亩均利润分别为 640 元、631 元、471 元。主产区、主销区的小麦种植亩均利润分别为 356 元、200 元。玉米种植的亩均利润主销区最高，为 941 元，产销平衡区、主产区分别为 446 元、399 元。豆类种植的亩均利润，产销平衡区最高，为 531 元；其次为主销区，为 361 元；主产区最低，为 299 元。

成本利润率在产销区之间的梯度分布与亩均利润接近，粮食主销区和产销平衡区分别为 157.9%、148.2%；主产区最低，为 111.1%。水稻种植的成本利润率，从高到低分别为产销平衡区、主销区、主产区，分别为 161.3%、143.5%、86.5%。小麦种植的成本利润率，主产区、主销区分别为 113.2%、76.6%。玉米种植的成本利润率非常高，主销区达到 523.3%；产销平衡区、主产区分别为 181.4%、129.9%。产销平衡区豆类种植的成本利润率最高，达到 346.9%；主销区次之，为 273.8%；主产区最低，为 161.9%。从这个角度来看，将增产压力主要放到主产区身上并非合理选择。

三、结论与政策含义

我国农村的基本经营制度的长期稳定实行，农户家庭作为基本经营主体地位的确立，是我国改革开放以来粮食生产不断跃上新台阶、农业得到稳定发展、农民收入得到稳步提高、农村社会保持稳定和谐、城镇化水平快速提高的基础。但伴随工业化、信息化、城镇化、市场化和国际化的深入发展，我国农业发展面临的环境条件正在发生显著变化。我国已经进入全面建成小康社会的决定性阶段，进入加快改造传统农业、走中国特色农业现代化道路的关键时刻。面对农产品需求持续较快增长、农业发展资源约束条件日益严峻、农业经营效益较低的局面，党的十七届三中全会通过的《中共中央关于推进农村改革发展若干重大问题的决定》明确提出，要"把走中国特色农业现代化道路作为基本方向"。党的十八大再次明确要求："加快发展现代农业，健全农业支持保护体系，确保国家粮食安全和重要农产品的有效供给"。发展粮食生产，是建设现代农业的首要任务。而粮食生产的具体任务，最终都要通过种粮主体来完成。在市场经济条件下，影响劳动力选择就业领域的因素多种多样，但最主要的还是收入水平。以提高粮食生产经营主体效益为导向，是健全完善粮食生产支持保护政策的基本要求。

（一）着力提高单个经营主体的绝对收益水平，加快构建新粮农直接参与和受益的新型经营体系

调查表明，目前种粮的相对收益水平并不低，制约农民种粮积极性的，是单个经营主体的绝对收益水平。粮食生产劳动强度大，粮食作物的整个生长周期都需要悉心照料，并且要面临自然和市场双重风险，但样本户每年种粮获得纯收入仅相当于 1 个劳动力外出 2 个月的工资收入。提高种粮主体的绝对收益水平，是促进粮食生产稳定发展的基本问题。

对摆脱自然经济的农户而言，将有限的劳动力、资金等要素投入到能够稳定获得更高绝对收益的行业，是适应市场经济的理性选择。因此，创新粮食生产经营体系，摆脱家庭承包经营规模较小对单个经营主体绝对收益水平的限制，减少承包家庭对粮食作物的照料时间，是促进粮食生产的关键。但种粮收益比较稳定，多数农户尤其是收入水平较低的农户，显然不会愿意放弃粮食生产过程中的部分收益。因此，创新粮食生产经营体系，必须以土地承包主体获得比较稳定的收益为前提。

从各地的实践情况来看，能够满足这样要求的经营主体主要有这样几个：一是粮食生产合作经济组织。合作经济组织的最大优势之一在于承包主体能够主要依据股权获得粮食生产经营过程产生的几乎所有收益。与经济作物生产、畜牧业等行业相比，粮食生产合作经济组织发展明显较慢。合作经济组织的

组织成本、管理成本较高，并容易产生被乡村党政组织、公司、村干部或者其他少数人甚至个别人控制的现象，可以考虑制定专门政策，加大政策、资金、项目扶持力度，加强指导、培训、管理、监督，促进粮食生产经营合作经济组织规范较快发展。二是家庭农场。家庭农场的一个基本特征，是生产劳动基本由家庭劳动力完成，很少甚至不雇工。农场经营主体，一般为本村农户。由于保持了劳动者与生产成果最大限度地挂钩，这种经营形式能够长期保护劳动者的积极性，而这正是粮食生产发展的基本要求。在经济发展水平较高、当地政府对粮食生产支持力度较大、农业劳动力充分转移、土地能够实现统一整理和集中管理、对种粮主体能够统一登记管理服务的地方，尤其在部分大中城市郊区，发展家庭农场的基础条件较好。三是种粮大户。种粮大户的经营规模较大，容易获取规模效益。而且种粮大户往往需要以一定成本转入土地，土地承包者往往可以通过租金方式获取一定收益。在土地承包经营权能够实现规范流转的情况下，应鼓励规模适度的种粮专业户的发展，并给予必要支持。但由于经营规模超过一定水平后，单产下降，现阶段不应鼓励发展规模过大的粮食生产主体。

（二）着手调动种粮的积极性，建立不同层面相结合的补贴体系

近10年来，尽管我国粮食大幅增产，但粮食供求缺口明显扩大。在农村绝大多数青壮年劳动力实现转移、优质耕地资源被大量占用、水资源供应日益紧张的背景下，即使是仅仅实现谷物供求自我平衡，长期压力也在明显加大。要确保国家粮食

安全，将饭碗牢牢端在自己手上，必须动员所有地区尽力而为、量力而行促进本地区粮食生产实现可持续发展，而不是简单和过分地强调部分地区的经济效率。从历史上来看，东部地区和南方的粮食主销区、产销平衡区具备得天独厚的水土资源、气候条件，是我国的重要粮食生产基地，也具备实现粮食生产可持续发展的条件。近10年来，产销平衡区增加的产量与主销区减少的产量相当，粮食主产区增加的产量与全国增产相当。要看到，粮食主产区的水土资源压力已经非常大，过度开垦耕地、过度抽取地下水资源、部分地区高度依赖界河水资源的现象已经存在，实现粮食生产经营的可持续发展的难度事实上在明显增加。目前，粮食主产区的单位面积种粮利润低于粮食主销区、产销平衡区，中部地区、西部地区单位面积种粮利润低于东部地区，实际上已经给了我们警示：粮食增产不仅是中央的责任，也是所有地区共同的责任，部分地区绝不应为扩大经济规模和提高微观经济效益而将责任转嫁给别的地区。

同时要看到，不同类型地区农民种粮的机会成本差异很大，这将对粮食生产具有重要影响。东部地区和粮食主销区、产销平衡区的经济发展水平较高，农民的非农就业机会较多，尽管成本利润率较高，但种粮的积极性明显低于中西部地区、东北地区和粮食主产区。解决这一问题的办法，不是减轻粮食生产方面的责任，而是要进一步强化和完善粮食省长责任制。要以不同地区的耕地面积、水资源条件、气候条件为主要基础，明确一定时期各省（自治区、直辖市）的粮食生产责任。要在进一步完善中央补贴制度的基础上，要求各地根据当地情况建立附加补贴制度，充分调动各地农民种粮的积极性。在经济发达地区，要在严格保护耕地的基础上，充分利用自身财力，建立水平更高的粮食生产支持保护体系，加快创新农业经营体系，加强农业基础设施和社会化服务体系建设，确保粮食产量达到一定水平。

（三）着眼生产经营主体经济效益和国家粮食安全两个层面的平衡，促使分散小规模经营向适度规模经营转变

突破经营主体在绝对收益方面所受的制约，客观要求改变小规模分散经营的现状。生产经营主体考虑的基本问题，是实现自身绝对收益水平的最大化。只要经营土地的收益大于成本，就有扩大经营规模的内在动力。扩大经营规模的基本路径有两条，一是走新大陆国家发展道路，加快扩大单个主体经营规模，一是以扩大服务规模来弥补直接经营规模较小的不足。诚然，这两条路径并不是绝对的，在具体实践和历史演进中会相互融合。

近年来，一些地方为快速提高经营规模，采取了简单集中土地承包经营权由工商企业或种植大户经营的方式。这样确实能够在极短的时间内提高经营主体的绝对收益水平，并能快速提高科技贡献率。但问题在于，大量农户在没有更好就业机会的情况下被排挤出了农业经营体系，他们的长远生计有没有保障，短期内难见分晓。一旦他们找不到更好的出路，必然回过头来要求收回土地经营权。取消农业税后，不少地方发生了农户要求收回土地经营权的现象，并产生了大量社会矛盾。为化解冲突，政府不得不要求规模化经营主体将土地经营权退回农户，规模化经营只能半途而废。此外，土地经营权集中以后，为追求绝对收益水平的提高，经营主体往往会改变基本农田的用途转而从事高价值作物生产甚至经营地产，这对粮食生产稳定发展、对国家粮食安全带来的影响，确实难以预料。家庭承包经营制度是我国农业农村经济发展、社会管理、民主政治的核心基础。简单集中土地承包经营权还会对农民收入增加、村庄社会稳定和谐、农村民主政治带来潜在而深刻的影响，需要引起重视。

尽管不同品种的具体情况不同，但同一区域内生产经营规模达到一定程度以后，单产水平总体呈现下降趋势。由于土地承包经营权转入成本、雇工费用等快速增加，亩均利润也随之衰减。从提高粮食产量和单位面积效益的角度来看，经营规模并不是越大越好。盲目扩大经营规模，可能使粮食产量减少或者得不到应有提高。经营规模适度，既是稳定农村基本经营制度和维护农村社会稳定的需要，也是提高粮食产量的客观要求。

因此，在提高粮食生产经营主体绝对收益和确保粮食产量得到应有增加之间，确实需要平衡。只有发展适度规模，才能兼顾不同层面的要求。由于不同地区资源禀赋、发展水平、农业结构差异很大，国家统一确定适度规模标准显然并不合适。通常而言，要遵循两个基本原则：第一，经营主体绝对收益水平不低于当地平均水平，这是骨干劳动力留在农业的基本前提；第二，不雇工或者尽可能少雇工，这是确保劳动过程和劳动成果紧密挂钩、保护劳动积极性和提高单位面积产量效益的基本前提。

（四）着实加强粮食生产支持保护，适度提高粮食价格水平

一般性服务支持基本属于绿箱政策，但在提高经营主体产量收益水平和降低成本、风险方面的效果却非常显著。东部地区样本户的成本利润率之所以大大高于中部地区和东北地区，主销区和产销平衡区的多数地方种粮成本利润率之所以高于粮食主产区，不仅在于历史上这些地区的农业生产条件好，还在于这些地方的政府支持力度较大，水利化、科学化、机械化水平较高，公共服务体系较为完善，为稳定粮食生产成本和保证种粮获得比较稳定的收益提供了必要条件。在我国农业保护率远远低于发达国家的情况下，加强对粮食生产的一般性支持，还大有文章可做。要按照党的十八大关于"城镇化和农业现代化相互协调"和"促进工业化、信息化、城镇化、农业现代化同步发展"的要求，抓住我国经济发展水平明显提高、财力明显增强的有利时机，将加强一般性支持作为建立农业支持保护体系的主要着力点。

在市场经济体制下，确保粮食价格不低于成本，是保护好农民种粮积极性的一个重要前提。从我国的实际情况来看，农民获得的直接补贴确实有较大增加。但总体来看，粮食收购价仍然相对较低，样本户的粮食销售价仅为 1.14 元 / 斤。适度提高农产品价格，粮农获得的收益就会较大幅度增加。而粮价的适度提高，可以直接减少不必要的浪费和损耗，对缓解粮食供给压力具有积极作用。长期来看，在石油价格快速攀升的情况下，国际粮价还有较大的上升空间。要完善最低收购价格制度，逐步提高粮食最低收购价，扩大最低收购价制度的范围。根据农户成本收益水平，并参考国际市场粮食价格，在确定最低收购价格的基础上出台最高干预价格。

参考文献

1. 曹志宏、郝晋珉、梁流涛：《农户耕地撂荒行为经济分析与策略研究》，《农业技术经济》，2008 年第 3 期。

2. 陈铭恩、温思美：《我国农户农业投资行为的再研究》，《农业技术经济》，2004 年第 2 期。

3. 陈晓红、汪朝霞：《苏州农户兼业行为的因素分析》，《中国农村经济》，2007 年第 4 期。

4. 邓大才：《中国粮食生产的机会成本研究》，《经济评论》，2005 年第 6 期。

5. 韩俊主编，陈洁、罗丹副主编：《14 亿人的粮食安全战略》，学习出版社、海南出版社，2012 年。

6. 李刚：《工资上升、劳动力短缺与刘易斯拐点幻觉》，《人口与经济》，2012 年第 6 期。

7. 李联习：《种粮效益偏低是粮食安全的最大隐忧》，《农村工作通讯》，2005 年第 5 期。

8. 梁流涛、曲福田等：《不同兼业类型农户的土地利用行为和效率分析——基于经济发达地区的实证研究》，《资源科学》，2008 年第 10 期。

9. 林政、唐梦：《农户生产动机行为的实证探析——基于广东样本农户对农业生产力的适应性调查》，《中国农村观察》，2007 年第 3 期。

10. 刘克春：《粮食生产补贴政策对农户粮食种植决策行为的影响与作用机理分析——以江西省为例》，《中国农村经济》，2010 年第 2 期。

11. 刘荣茂、马林靖：《农户农业生产性投资行为的影响因素分析——以南京市五县区为例的实证研究》，《农业经济问题》，2006 年第 12 期。

12. 刘伟：《刘易斯拐点的再认识》，《理论月刊》，2008 年第 2 期。

13. 马晓河：《中国农业收益与生产成本变动的结构分析》，《中国农村经济》，2011 年第 5 期。

14. 钱贵霞、李宁辉：《不同粮食生产经营规模农户效益分析》，《农业技术经济》，2005 年第 4 期。

15. 屈艳芳、郭敏：《农户投资行为实证研究》，《上海经济研究》，2002 年第 4 期。

16. 史清华、卓建伟：《农户粮作经营及家庭粮食安全行为研究——以

江浙沪 3 省市 26 村固定跟踪观察农户为例》,《农业技术经济》, 2004 年第
5 期。

17. 卫新、胡豹、徐萍:《浙江省农户生产经营行为特征与差异分析》,
《中国农村经济》, 2005 年第 10 期。

18. 翁贞林:《农户理论与应用研究进展与述评》,《农业经济问题》,
2008 年第 8 期。

19. 薛亮:《从农业规模经营看中国特色农业现代化道路》,《农业经济
问题》, 2008 年第 6 期。

20. 张建杰:《粮食主产区农户粮作经营行为及其政策效应——基于河
南省农户的调查》,《中国农村经济》, 2008 年第 6 期。

21. 张忠明、钱文荣:《不同土地规模下的农户生产行为分析——基于
长江中下游区域的实地调查》,《四川大学学报(哲学社会科学版)》, 2008
年第 1 期。

22. 周天勇:《中国的刘易斯拐点并未来临》,《江苏农村经济》, 2010
年第 11 期。

23. Barbier, E. B., Burgess, J. C., 1997, "The Economics of Tropical
Forest Land Use Options", Land Econ, 73(2), pp.174~195.

24. C. Beus, R. Dunlap, 1990, "Conventional Versus Alternative
Agriculture: The Paradigmatic Roots of the Debate", Rural Sociology, 55
(4), pp. 590~616.

25. Carter, M. R., 1984, "Identification of the Inverse Relationship
between Farm Size and Productivity: An Empirical Analysis of Peasant
Agricultural Production", Oxf. Econ. Pap.(U.K.)36(March), pp.131~145.

26. D. Pannell, G. Marshall, N. Barr, A. Curtis, F. Vanclay, R.
Wilkinson, 2006, "Understanding and Promoting Adoption of Conservation
Technologies by Rural Landholders", Australian Journal of Experimental
Agriculture, 46, pp. 1407~1424.

27. Devendra, C. and D. Thomas, 2002, "Smallholderfarming Systems
in Asia", Agri. Syst., 71, pp.17~25.

28. E. Austin, I. Deary, G. Gibson, M. McGregor, J. Dent, 1996,
"Attitudes and Values of Scottish Farmers: 'Yeoman' and 'Entrepreneur' as

Factors, Not Distinct Types", Rural Sociology, 61（3）, pp. 464~474.

29. Feder, G., Lau, L. J., Lin, J. Y., Luo, X., 1992, "The Determinants of Farm Investment and Residential Construction in Postreform China", Econ. Dev. Cultur. Change, 41（1）, pp.1~26.

30. Hayami, Y., 2001, Development Economics from the Poverty to the Wealth of Nations, Oxford University Press Inc., New York, 2nd Edn., pp.197.

31. Newell, A., Pandya, K., Symons, J., 1997, "Farm Size and the Intensity of Land Use in Gujarat", Oxf. Econ, Pap. 49, pp.307~315.

32. P. Petrzelka, P. Korsching, J. Malia, 1996, "Farmers' Attitudes and Behavior towards Sustainable Agriculture", The Journal of Environmental Education, 28（1）, pp. 38~44.

33. Perkins, J. Blake, 2011, "The Arkansas Tick Eradication Murder: Rethinking Yeoman Resistance in the 'Marginal' South", Arkansas Historical Quarterly, 70（4）, pp.363~392.

34. Q. Farmar-Bowers, R. Lane, 2009, "Understanding Farmers' Strategic Decision-making Processes and the Implications for Biodiversity Conservation Policy", Journal of Environmental Management, 90, pp. 1135~1144.

35. S. Bowles, 2008, "Policies Designed for Self-interested Citizens May Undermine the Moral Sentiments: Evidence from Economic Experiments", Science, 320, pp. 1605~1609.

36. S. Brodt, K. Klonsky, L. Tourte, 2006, "Farmer Goals and Management Styles: Implications for Advancing Biologically Based Agriculture", Agricultural Systems, 89, pp. 90~105.

37. Shen, T. Y., 1965, "Economies of Scale, Expansion Path and Growth of Plants", Review of Economics & Statistics, 47（4）, pp.420~428.

38. Wan, G. H., Cheng, E., 2001, "Effects of Land Fragmentation and Returns to Scale in the Chinese Farming Sector", Appl. Econ, 33（2）, pp.183~194.

39. Wu Shunxiang, Prato Tony, Kaylen Michael, 2005, "Cost

Efficiency and its Decomposition for Missouri Grain Farms", Journal of Economics（MVEA）, 31（2）, pp. 19~44.

作者单位　罗丹，中央财经领导小组办公室、中央农村工作领导小组办公室；李文明，国务院参事室；陈洁，农业部农村经济研究中心

发表刊物　《管理世界》2013 年 7 月

中国大豆产业状况和观点思考 [①]

杨树果　何秀荣

内容提要　本文从全产业链的角度分析了中国大豆产业主要环节的发展状况，并对国内流行的有关大豆产业的若干观点进行了辨析。本文认为，中国大豆产业总体上处于历史最好时期，除大豆生产在经过一段时间的持续发展后有所下滑外，大豆及其产品的消费、贸易、加工等环节正处于前所未有的繁荣状态；大豆进口损害中国大豆生产和豆农利益、外资企业垄断中国大豆产业的观点缺乏事实支持；中国大豆产业链在大豆进口增加和外资企业进入的背景下强劲成长，大豆主产区农民在产业结构转变中获益，消费者在充足的大豆及其产品供给和植物油加工企业竞争中获益，国内食用植物油加工企业在向外资企业学习和竞争中得到发展壮大。在大豆研发和生产发展战略上，中国应当考虑转基因技术，主攻提高国产大豆单产，重点发展高蛋白大豆。

关键词　中国　大豆　产业链　外资企业

①　本文是国家大豆产业技术体系经济研究室大豆产业经济研究内容之一。感谢国家大豆产业技术体系的支持。感谢中国农业大学经济管理学院田维明教授、吉林农业大学食品学院胡耀辉教授、四川农业大学杨文钰教授和吉林农业科学院孙寰研究员对本文的建设性帮助。

中国大豆产业常常被用来举证进口农产品挤垮国产农产品、外资企业控制国内产业的典型案例。东北大豆产区和大豆科技工作者一直在大声疾呼保护中国大豆产业，民粹主义者更是将进口大豆涌入和外资油脂加工企业进入视作帝国主义和跨国公司对中国的阴谋，政府对大豆产业发展也始终没有明确和有效的产业政策。这一切使得对中国大豆产业状况和发展出现了种种判断和主张，其中不乏冷静客观的，也不乏听似有理的，但更多的是一隅之说，甚至诡言浮说。① 本文拟先对中国大豆产业做一些基于数据的概要分析和全产业链主要环节发展状况的判断，在了解其演变和现状的前提下对中国大豆产业发展中若干有争议的观点进行辨析，以期推动客观冷静地判断和思考中国大豆产业的状况及未来发展。

一、中国大豆产业的演变和基本格局

说到产业，很多人用产业链上的一个环节来替代，比如经常看到用大豆生产替代大豆产业，这样的讨论往往容易得到以偏概全的结论，从而导致不切实际的主张。一个产业环节的好坏不等于一个产业的好坏，在经济全球化的开放条件下更是如

---

① 比如，引发全国媒体关注的黑龙江省大豆协会一位负责人发表转基因大豆与肿瘤高度相关的说法："笔者不是肿瘤疾病、分子生物学研究业内人士，对饮食风俗也没有研究，但依据自身在粮食行业 20 年工作经历，却发现致癌原因可能与转基因大豆油消费有极大相关性"（见新浪财经频道，http://finance.sina.com.cn，2013 年6 月 20 日）。但是，科学理论告诉我们，油脂不含转基因成分，转基因只存在于蛋白质中。换句话说，连豆油不含转基因成分这一科学常识还没有搞清楚，很多人就已经在发布因果关系判断了。

此。基于这种认识，这里概要地反映中国大豆产业几大环节的情况，以便对整体中国大豆产业有个基本了解和客观判断。

（一）中国大豆产业演变

1. 生产。种植面积是反映大豆生产的主要指标之一。在"以粮为纲"的计划经济时代，大豆虽身属粮食，但实际上让位于水稻、小麦和玉米三大主粮和薯类。改革开放初期，全国大豆种植面积在 700 万公顷的水平。改革开放以后，大豆种植面积扩大，整个上世纪 80 年代在 722 万～845 万公顷的幅度内波动。90 年代，大豆种植面积波动较大，1991 年跌回到改革开放初期 700 万公顷的水平，1993 年突然从 1992 年的 722 万公顷陡扩到 945 万公顷，但整个 90 年代，大豆种植面积主要在 750 万～850 万公顷内波动。21 世纪的前 10 年中，大豆种植面积除了两年低于 900 万公顷外，其他年份在 913 万～959 万公顷内波动，这是大豆种植面积相对稳定的时期，但同期也恰恰是大豆进口迅猛增加和国内油脂企业经受严重冲击的时期。2010 年后，大豆种植面积明显地逐年下降，2013 年又跌回到改革开放初期或 90 年代初 700 万公顷的水平。

产量是反映大豆生产的另一个主要指标。1949～1984 年期间，中国大豆年产量基本上低于 1000 万吨；1985～1992 年在 1100 万吨的水平；1993～2009 年处于 1500 万吨上下的水平，其中，2004 年曾达到创纪录的 1740 万吨；2010 年后以每年约 60 万吨的幅度减少，2012 年为 1305 万吨，2013 年预计在 1220 万吨上下。从大豆总产量的影响因素看，1992 年以前，种植面积和单产均对总产量的变动有明显的影响；但 1992 年以后，总产量基本上随种植面积的变动而变动，换句话说，近几年大豆总产量下降主要是因为大豆种植面积减少。

从上面生产环节的演变可以得出这样一个基本判断：改革开放以来，中国大豆生产总体上处于发展状态；2010年以后出现了滑坡，大豆种植面积回到了改革开放初期或90年代初的水平，但产量处于历史次高位水平。

2. 消费。1978年，中国大豆处于进出口平衡状态，当时，全国大豆消费量约750万吨；2013年，全国大豆消费量达到7530万吨，但其中84%是通过进口来提供的。也就是说，改革开放35年间，国内大豆生产能力增长了约1倍，但消费需求增长了约10倍。由此得到的推断是，国内生产能力的增速赶不上消费的增速，中国需要依靠进口大豆来满足国内消费需求。

得益于大豆国内生产能力上升和进口量扩大，中国居民大豆及其制品的消费量明显增加。根据国家统计局和中国海关总署的数据计算，1978年，中国人均占有大豆8.1公斤，到1990年缓慢上升到8.8公斤，1995年11.1公斤，2000年20.4公斤，2005年32.5公斤，2010年52.0公斤，2013年预计达到55.4公斤。1978年，中国人均占有豆油只有0.6公斤，到1990年缓慢上升到1.0公斤，1995年1.9公斤，2000年2.5公斤，2005年4.2公斤，2010年6.5公斤，2013年预计达到7.5公斤。与此同时，大豆油品质量大大提高，油品种类大大丰富，大豆深加工产品不断增多。此外，中国也由此获得了巨量的豆粕来满足畜牧业发展的需求。[①]

---

① 有种观点认为，中国大量进口大豆是为了获得豆粕。客观事实是，中国进口大豆确实为畜牧业提供了大量豆粕，但主要还是为了获得豆油。如果主要是为了获得豆粕，中国可以选择直接进口豆粕。现在中国已经成为豆粕出口国，但大豆和豆油的进口量依然在扩大，这点也反映出并不是豆粕需求决定大豆进口。

3. 贸易。从上面的分析可以看出，中国大豆供需存在着巨大的缺口，这一缺口只能通过进口来弥补。1996 年是中国大豆贸易的转折点，中国由大豆净出口国转为净进口国，此后净进口量几乎逐年上升，成为全球最大的净进口国。2013 年，中国净进口大豆 6310 万吨，占全球大豆（进口）贸易量的六成、国内大豆总供给量的 84%；此外，中国还净进口了 115 万吨豆油，折合成大豆相当于进口了 640 万吨。[①] 也就是说，2013 年，中国净进口大豆当量是 6950 万吨。今天中国大豆需求依靠国际市场来满足，中国大豆供求状况也明显影响着世界大豆贸易和大豆出口大国的作物结构，比如，中国的大豆需求严重影响了巴西的作物结构。中国的大豆出口规模一直不大，多年来一直维持在 30 万吨左右。

4. 加工。目前，大豆加工业主要包括三大类：以豆制品为主的大豆食品加工、大豆压榨与精炼豆油（食用油加工）、大豆生化提取。从加工大豆消耗量来看，食用油加工消耗大豆最多，约消耗 86% 的原料大豆；其次是大豆食品加工，约消耗 12% 的原料大豆；用于生化提取的大豆消耗量较少，约占 1%。根据中国食品加工协会豆制品专业委员会的资料，目前约 80% 的国产大豆用于大豆食品加工。

80 年代初期，中国大豆压榨量仅有几百万吨，豆油产量只有区区 61 万吨；1992 年，全国大豆产量才 1030 万吨，所以，大豆油脂加工业发展得很缓慢。随着大豆产量上升以及 1995 年以后大豆进口增加，中国大豆油脂加工业有了较快的

---

① 根据大豆 18% 的实际出油率计算。

发展。2004 年，中国大豆油脂加工业在遭受第一次"危机"冲击后进入低谷阶段，因此，这里以较为常态的 2003 年与 2012 年的情况进行比较。这一时期的数据[①]显示，中国进入统计的规模以上食用植物油加工企业数从 1493 家增加到 1734 家，食用植物油加工业总产值从 841.5 亿元增加到 5008.2 亿元；食用植物油产量从 953.1 万吨提高到 3975 万吨，其中，豆油产量从 226.5 万吨提高到 1316 万吨；从业人数从 9.94 万人增长到 19 万人；利润总额从 21.9 亿元增长到 97.0 亿元；税收从约 9 亿元[②]增长到 73.8 亿元。以大豆压榨和豆油精炼为主的食用植物油加工业获得了迅速的发展。中国食品加工协会豆制品专业委员会的资料显示，中国大豆食品加工业也呈现类似的发展状况，2008 ~ 2012 年，全国年销售额上亿元的豆制品企业不断增多，分别为 17 家、20 家、27 家、29 家和 38 家。

从大豆产业链上几大环节的状况可以看到：改革开放 35 年来，中国大豆产业的整体发展态势是良好的。尽管 2010 年以后，大豆生产环节连续几年出现了明显的滑坡，但消费、贸易、加工几个环节却是一片繁荣，国内普遍认为的中国大豆产业"岌岌可危"，实际上只是大豆生产出现了滑坡。同时也可以

---

① 因为缺乏完整的大豆油脂加工业资料，这里以食用植物油加工业资料来替代。由于中国食用植物油加工业中，大豆的加工量最大、产油量最多，是整个食用植物油加工业的最主要部分，因此，这种替代能够间接反映出大豆油脂加工业的发展状况。

② 由于缺乏 2003 年的税收数据，此处该值根据该行业通常的利润：税收约为 0.55：0.45 的经验数据估算。

看到，大豆生产有所滑坡并不等于整个大豆产业衰退①（关于生产滑坡和外资进入引起的产业安全问题将在后面专题讨论，这里暂不展开）。

（二）当前中国大豆产业的基本格局

经过改革开放以来的发展，特别是经过了大豆大规模进口的冲击和食用植物油加工业的两次"洗牌"，中国大豆产业形成了新的格局，其主要特征概述如下：

从生产格局看，东北产区、黄淮海产区和南方产区依然是中国大豆主产区。2009年以来，东北产区大豆种植面积明显减少，黄淮海产区面积略有减少，南方产区面积略有增长，但三大产区的相对地位并没有改变。2012年，三大产区的大豆种植面积分别占全国大豆种植总面积的50%、30%和15%，三大产区的大豆产量分别占全国大豆总产量的50%、26%和15%。

从加工格局看，①大豆加工以油脂加工为主，食用加工次之，生化加工再次之。②大豆食品加工基本按照地区人口数量和消费习惯分布，大豆油脂和生化加工主要分布在沿海地区和大城市。③油脂加工主要采用进口大豆，食用加工和生化提炼基本采用国产大豆。④在加工主体上已经形成了国内民营企业、外资企业、国有企业三足鼎立的基本格局。国内企业在生产能

---

① 正如吉林农业科学院前院长孙寰研究员在2012年大豆产业技术体系会议上所言，中国大豆产业总体上是有史以来最繁荣的时期：科研队伍素质高，研发投入多，科研成果多；虽然大豆种植面积下滑，但生产技术水平大大提高；加工技术特别是榨油和分离蛋白技术及其设备处于国际先进水平；人民从没有像现在这样消费如此之多的大豆及其制品，享受大豆产业发展带来的高品质生活。

力上已全面占优；在实际产品产量上，国内企业在总体的原料处理和油脂精炼上明显占优，在大豆处理上略占优；外资企业在豆油精炼和小包装油脂灌装上占优。在生化深加工方面，国内企业占有七成的大豆蛋白产量，中国大豆蛋白出口量占国际市场一半以上的份额。但是，中国食用植物油行业总体的突出问题是产能过剩。

从国内流通格局看，油用大豆的物流路径基本上是由国外进口后，除自用部分在沿海地区内部流通外，从东部沿海地区向中西部地区流通。食用大豆以各地自产大豆为主，部分由东北产区向南流动。豆制品多数在本地流通，豆油和豆粕的流通与植物油加工企业的布局相对应，主要由豆油产区向销区流通，特别是豆粕流通与中国农区养殖业布局密切相关。

从国际贸易格局看，中国大豆贸易是进多出少。中国出口的主要是食用大豆，进口的基本上是油用大豆；九成以上的进口大豆来源于巴西、美国和阿根廷；除了进口原料大豆外，中国每年还净进口 900 万吨左右的食用植物油，其中 100 万吨左右是豆油。这种进口格局在相当长的一段时期内不会改变。

二、几个有争议的重要观点思考

（一）关于大豆进口损害中国大豆生产和豆农利益

中国大豆进口从 1995 年开始增加，2000 年突然放大，从 1999 年的 432 万吨猛增到 1042 万吨，即进口量与国内产量之比从 30% 一下提高到 68%，引起国人关注。2001 年 12 月中国加入 WTO，2003 年，大豆进口量突破 2000 万吨，相当于国内产量的 1.35 倍，引发了"大豆进口损害中国大豆生产和豆农利益"的业界观点和社会舆论，主张控制大豆进口的呼声高涨。此后，大豆进口量依然一路上升，2013 年达到 6338 万吨，"大豆进口损害中国大豆生产和豆农利益"和要求控制大豆进口的业界观点和社会舆论也始终活跃。

官方统计数据显示，1995～2010 年是中国大豆进口迅速增加的 15 年，进口量从 30 万吨上升到 5480 万吨（年均增加进口363 万吨），但无论从种植面积还是产量来考察同期的中国大豆生产，这也正是中国大豆生产发展最好的 15 年。即使在大豆进口扩张和外资油脂企业大规模进入两项因素并存的 2005～2010年（年均增加进口 564 万吨），中国大豆总产量和种植面积也分别维持在 1500 万吨（波动极值 -14.8%～9.4%）和 920 万公顷（波动极值 -4.7%～4.4%）上下，波动值在正常的农业生产波动范围内。至此能看到的是，中国大豆生产经过一段时期的发展后维持在一个相对稳定的水平上，但并没有出现下降。2010～2013 年，中国大豆进口量从 5480 万吨上升到 6338 万吨，但年均进口增加量下降到 215 万吨。这一时期，中国大豆生产却出现了明显的滑坡现象，总产量和种植面积分别下降了19.1% 和 17.8%。开始时，人们普遍将这三年大豆生产滑坡归咎于大豆进口，而后来越来越多的人认识到，是高比较效益的竞争作物水稻和玉米的种植面积替代了部分大豆种植面积。

豆农利益受损是反对大规模进口大豆的主要依据之一。从大豆价格和亩收益考察，国家农产品成本收益调查数据[①] 显示，

[①] 　国家发展与改革委员会价格司：《全国农产品成本收益资料汇编》，中国统计出版社，历年（2006-2013 年）

2005～2012年，每公斤大豆价格一路上升，从2.66元上升到4.82元，主产品收入扣除物耗和服务费用后的亩收益（含人工费）从255.63元波动增加到488.73元。因此，大豆生产的亩收益是上升的，豆农利益并没有受到损害，但与同期玉米亩收益比较，2010年后，玉米亩净利润要比大豆高60%以上，甚至在有的年份超过1倍。显然，2010年后中国大豆生产滑坡并不是因为大豆价格和收益没有上升，而是因为竞争作物具有更高的收益。从农户层面考察，农民是否因为大豆生产滑坡而减少了农业生产收入呢？国家大豆产业技术体系经济研究室2012年和2013年对大豆生产滑坡最明显的黑龙江的农户调查结果显示，农户减少大豆种植面积是因为转种了具有更高收益的水稻、玉米等竞争作物，农户不仅没有利益受损，反而在种植结构调整中获得了更高的收益，所以，豆农利益受损的观点并不成立，大豆主产区的农民也不是注定只能靠种植大豆才能存活的。

有一种观点认为，如果没有大豆进口或不是如此大规模的进口，国内大豆价格就会大幅上涨，豆农收入也会增加，这样就会提高大豆生产收益，因而也就会提高国产大豆的竞争力。大豆进口导致国内豆农没能足够获得大豆需求增长带来的好处，因而豆农利益受损的观点似乎十分在理，但这种逻辑推理的结论只有在类似垄断供给的条件下才可能成立，贸易保护就是在一定程度上为国内创造供给垄断，通过人为减少供给量来维持高价。在走向贸易自由化的时代，特别是中国对WTO已经做出承诺的前提下和进一步走向市场经济的宏观大趋势下，这种观点显然只是美好的逻辑虚拟。即使这种美好的逻辑能够付诸现实，与大豆相关的食品加工业、畜牧业等下游行业的产品的成本该有多高？消费者又该以怎样的代价为此买单？这种美好的逻辑本身还存在着很大的纰漏，即中国进口大豆的主要用途是榨油，而食用植物油的消费价格弹性和产品替代弹性较大，即使通过控制大豆供给量来抬高大豆价格，消费价格弹性和其他油品的替代作用也会使这种美好的愿景大打折扣，甚至落空，是否还需要再去控制与大豆相关的豆油及其他食用植物油的进口？显然，这种观点给出的只是虚拟的镜花水月。

（二）关于中国大豆产业安全

产业安全是近几年国内最热门的话题之一，大豆产业安全是农业产业安全讨论中的热点。国内对大豆产业安全的担忧立足于两点：一是认为大豆进口冲击了国内大豆生产和豆农利益，二是认为外资控制了中国大豆加工行业。

尽管产业安全的话题在国内很流行，但似乎并没有在理论上辨析清楚"什么是产业安全"。经常看到的评判农业产业安全的做法是：①给不同幅度的进口比例毫无事实依据地主观划定安全等级；②计算净进口量与国内产量的比例；③根据计算得到的比例对号入座。这种数字机械主义式的判断法意味着不进口就是100%的安全，全部进口就是100%的不安全。转为经济学解释就是，自给自足经济是100%安全的，但当咖啡100%进口时，谁也没有觉得咖啡产业100%的不安全又有什么问题。如此机械地刻划产业安全程度，那么，讲求产业安全程度又有什么实际意义呢？评判产业安全应当与风险损害分析联系起来，如果不存在重大损害风险，是否还有必要去强调产业安全？这里限于篇幅暂不做这方面的探讨。

前面对大豆生产环节的讨论实际上已经间接从大豆生产和豆农利益的视角提供了本文对中国大豆产业安全问题的看法，这里着重从加工环节的角度进行讨论。外资植物油加工企业借中国加入WTO的机会，开始加速从大豆进出口贸易环节进入加工环节。2004年，很多国内植物油加工企业投机国际大豆交易失败，严重亏损，经营困难或倒闭，外资油脂公司趁机大规模收购兼并国内油脂企业和新建加工厂。进入统计的规模以上植物油加工企业总数中，外资企业所占比重从2003年的2.23%上升到2008年的7.28%。2008年，外资植物油加工企业的油料处理能力、油脂精炼能力和产品销售收入分别占到全国同类指标的29.4%、39.0%和54.7%，这一状况引起了国内对中国大豆产业安全的普遍忧虑，很多人认为，外资控制了中国的食用植物油加工业。

中国企业的一大特点是善于学习和在竞争中成长，经过2004～2010年这段时期的学习、仿效和转型，国内食用植物油加工企业在经营理念、运作方式、企业规模、技术装备、工艺水平、产品质量、营销能力等方面都有了脱胎换骨的变化。在人们对中国大豆产业安全的担忧中，国内食用植物油加工企业逐渐展示出了强劲的发展。如果以份额反映重要性，2012年，食用植物油加工业的重要指标表明（见表1）：外资企业除了在小包装油脂灌装产能上还处在份额高峰外（39.2%），其它方面的份额已从高峰全面下落；在实际产量份额上，外资企业只在豆油精炼产量和小包装油脂灌装产量这两项指标上依然超过国内企业。更为可喜的是，在与外资油脂企业的竞争中，国有和民营企业不仅在国内市场上不断壮大，而且正以跨国油脂企业巨头为竞争目标迅速向大型化、自动化、整体化、国际化发展，以中粮集团为代表的中国食用油脂企业正发展成国际食用油脂行业中不可小觑的竞争者。

表1 中国食用植物油加工业中的外资份额（%）

项目	2008年	2009年	2010年	2011年	2012年	2012年与高峰差值
企业数	**7.3**	7.0	6.9	6.9	6.4	-0.9
年末从业人员	n.a.	**18.8**	16.2	18.3	15.8	-3.0
产能份额						
一、油料处理	**29.4**	26.4	27.6	27.6	24.1	-5.3
大豆处理	n.a.	29.6	36.9	**41.5**	31.7	-9.8
二、油脂精炼	**39.0**	36.9	36.7	34.9	31.1	-7.9
精炼豆油	n.a.	47.3	48.0	**48.6**	41.9	-6.7
三、小包装油脂灌装	n.a.	0.0	19.7	36.1	**39.2**	0
实际产量份额						
一、油料处理	n.a.	38.9	39.5	**41.5**	34.0	-7.5
大豆处理	n.a.	48.5	54.6	**58.6**	46.8	-11.8
二、油脂精炼	n.a.	50.3	48.3	**52.4**	40.7	-11.7
精炼豆油	n.a.	53.2	59.6	**66.6**	55.7	-10.9
三、小包装油脂灌装	n.a.	n.a.	35.8	**63.5**	54.8	-8.7
绩效份额						
工业增加值	**60.6**	51.1	40.5	43.9	40.1	-20.5
产品销售收入	**54.7**	48.3	45.0	47.7	40.2	-14.5
利税总额	**58.6**	52.3	44.1	55.4	38.1	-20.5
利润总额	49.6	**50.0**	42.2	48.3	24.3	-25.7

注："n.a."表示未能获得数据。表中以粗体表示的数值是外资份额的高峰。"年末从业人员"指食用植物油加工企业中就业人员的年末统计数据。

数据来源：根据国家粮食局（编）《粮油加工业统计资料》（2008～2011年，历年）中的数据计算。

对产业安全的担心，究竟是担心外资控制产业，还是担心政府对外资企业缺乏有效的调控手段？但无论是哪一种担心，目前来看，中国食用植物油加工企业在经过了学习成长期后正显示出强劲的竞争力。

表 1 中的数据和前面的概况表明，在大豆进口增加和与外资企业竞争的过程中，国内食用植物油加工企业发展迅猛，延长产业链，丰富食用植物油品种，扩大行业规模，升级技术工艺，呈现一片兴旺发展的景象；消费者的食用植物油需求和下游行业的需求得到了满足，农民增收，直接和间接就业人员增加，国家税收增长。为什么面对这种发展景象还有人时时担忧中国大豆产业不安全了呢？难道产业安全就是为了追求有利局部但不利全局的结果？在没有外资进入的大豆产业安全年代，为什么大豆产业从没有发生过如此快速的发展呢？一个陈旧的观念是未能把现代产业作为生死与共的共生体，而时常用"谁控制谁"的观念来替代。假设美国或巴西不把大豆卖给中国，谁的日子会好过？又是谁的日子可能更难过？

（三）关于大豆生产保护

经常听到要求保护中国大豆生产的呼声，如果这种呼声出自大豆生产者和科技工作者，那是十分自然和有情可原的，但很多学者和媒体也不断发出这样的呼声。那么，为什么在如此强大的呼声中政府还不采取保护措施呢？将这一问题深究下去就是如何保护？保护的代价是什么？保护得住吗？不保护又会如何？

由于历史的原因，中国加入 WTO 时，大豆就是口岸保护程度最低的农产品，基本上只保留了3%的进口关税税率。对于与大豆密切相关的豆油，配额内关税税率也只有9%，并且2006年1月1日，其关税配额也取消了。因此，根据对WTO的承诺，中国对大豆和豆油缺乏有效可行的口岸保护措施。加之国内大豆供求巨大的缺口，政府想保护也是心有余而力不足；考虑到下游行业、消费者利益和物价总水平影响等因素，政府更是投鼠忌器。从2009年起，中国谷物净进口规模扩大，2012年海关净进口量迅速达到了1302万吨，2013年为1402万吨，事实上还有为数不小的边境走私进入。谷物贸易受人注目的变化进一步引起了"中国农业能否养活中国"的深层次问题"。中国能养活自己"的判断曾经一直是中国准官方阐述的一句话。但现实的问题是，怎么才算养活自己？养活自己是针对当前、短期还是长期而言的？如何养活自己？用怎样的代价来养活自己？

目前，中国农业发展至少遭遇了三大瓶颈挑战：一是农业自然资源与农产品需求的矛盾。随着人民生活水平提高和经济发展，中国对农产品的需求越来越大，在现有生产条件和技术水平下，土地密集型基本农产品的国内生产难以满足需求。二是农业与非农产业比较效益的冲击。中国农场规模极小，导致难以发挥先进农业技术的效率，也难以抵御农业生产成本和机会成本的连年上升，农业收入不足以维持正常水平的农家生活。因此，农业成为被从业者和投资者普遍离弃的产业。三是生态环境质量与农产品供给的矛盾。中国农业消耗大量资源的同时，反馈给环境的是严重的面源污染，对农产品质量安全甚至人类生存环境以及农业不可持续的担忧日盛一日。这三大挑战的结果是中国不断扩大农产品进口。

很多研究成果表明（例如马晓河，2012；黄宗智、高原，2014），目前中国如果不进口主要农产品，那么就需要增加25%～30%的农作物种植面积才能保障农产品供给。在这种情形下，中国农产品贸易政策选择的逻辑起点和问题已经是：我们不能完全依靠自己的水土资源来提供所需的全部农产品（也就是说，已经不需要讨论进口不进口的问题了），现在摆在我们面前的现实选择是：我们应当保什么和放什么？如何保和放多大？

从中国最近几年的实际经济操作不难看出，中央政府对此的政策选择是确保具有超经济①战略意义的粮食安全，因为很多农产品（例如大豆、水果等）具有较高的贸易度和较低的贸易风险，并且在出现贸易风险时具有较高的供求弹性和替代产品；而粮食的贸易风险和超经济意义很大，比如，2008年全球粮食危机时，很多粮食出口国禁止本国粮食出口，从而进一步加剧了粮食进口国的危机，这就是中国一直保持粮食基本自给政策的主要原因。然而，即使如此，中国依然不能保障原定95%以上的粮食自给率。事实上，从2008年开始，这一粮食自给率的底线就已经被突破了，并且粮食自给率逐年降低，2013年下降至88.2%。尽管2013年中国粮食产量实现了"十连增"，但粮食进口量仍在增长，谷物净进口量达到了1402万吨，其中，小麦进口量超越埃及，中国成为全球最大的小麦进口国。2014年中

---

① 这里所说的超经济是指不仅具有经济意义，同时具有很强的政治、社会和外交意义。

央"一号文件"依据客观现实对粮食基本自给政策做出了底线放宽和品种细分的调整：谷物基本自给、口粮绝对安全。这表明，中国的农业政策进一步调整为保障谷物安全。这也意味着大豆在中国农业政策目标中的地位进一步下降，将继续走向市场化。在耕地有限的竞争前提下，这也意味着从种植面积上保大豆会影响保谷物的战略目标，因为如果要国内生产完全满足现有的大豆需求量，就需要增加约3500万公顷大豆种植面积，也就是现有大豆种植面积的5倍。换句话说，大豆种植面积要占到现有粮食种植面积的38%，这显然是极不现实的。

社会上有一种陈旧的观念：进口多了就是不好。这种狭隘的观点背弃了经济活动是为了满足人民生活的需要和经济发展的本意。中央政策一再强调要充分利用好国内国外两种资源和两个市场。因此，保大豆不能再简单地采用以种植面积论发展的传统思路，而是要以提高单产、单位面积收益和保持良好生态作为着力点；只有通过以高单产为基础的高收益，才可能保住大豆种植面积。提高单产实际上也就是提高竞争力，因为当前中国大豆生产的致命缺陷是单产太低，缺乏自身竞争力，而空喊保护是不会有任何实质性效果的。

（四）关于大豆生产的短期潜力与前景

今天，国内对大豆生产普遍存在着一股悲观情绪。客观地说，在形势有利时不必过分乐观，在形势不利时也大可不必过分悲观。1958年以来，中国大豆种植面积占粮食种植面积的比例最高是9.4%，最低是5.5%，2013年是6.5%，以此为参考，假设未来该比例能恢复到9.4%的乐观水平，也就是大豆种植面积要增加 327 万公顷，达到 1040 万公顷，以年景较好的 2012 年的单产计算，大豆总产量为 1893 万吨，只是 2013 年总需求量的 25%，比 2013 年的大豆自给率高 9 个百分点。尽管未来大豆单产会提高，但大豆种植面积比例也未必能恢复到 9.4% 这样乐观的水平。问题是对大豆的需求还在继续扩大，耕地面积还将继续减少，目前来看，这两个因素的作用要大于单产提高的作用。由此大概可以判断，在常规情况下，短期内中国大豆产量提高的潜力是有限的，绝大部分需求还是要以进口来满足，这个基本态势不会改变。

农业生产受制于很多因素，一般情况下，影响作物种植面积的有两个重要因素：一是经济方面的，可以称之为"经济因素"，尤其是比较效益；另一个是非经济方面的，比如种植习惯、技术要求（例如轮作、积温）等，这里姑且称之为"技术因素"。在短期内影响种植面积的往往是经济因素，当经济因素的影响发挥到一定程度后，技术因素的作用就相对突出起来，从而成为主要作用因素，此时短期内作物种植面积的下降或上升似乎有一个受阻的界限。但是，在长期中，技术进步会使来自技术因素的制约减小甚至消除。如果看一下比大豆更不受待见的芝麻、绿豆、赤小豆、大麦等农作物的状况，就容易理解这种现象了，它们并没有因为比较效益低而变得无影无踪，每年依然保持着一定的种植规模。由此，似乎可以得到一个启示，即近期大豆种植面积是否也接近了这个"技术受阻界限"？1958 年以来，中国大豆种植面积占粮食种植面积的最低比例是 5.5%，比 2013 年的比例还要低 1 个百分点。大豆种植面积经过三年的大幅下降后，2013 年其下降速率已经降到了 2.39%，短期内好像已经逼近了一个"技术受阻界限"。从目前的情况判断，中国大豆种植面积可能还将继续减少，但下降幅度将有限了。退一步说，即使大豆种植面积再减少100万公顷，低至600万公顷左右，以2012年的单产估算，大豆总产量也在1100万吨左右。综合上述两种情形，短期内中国大豆生产似乎处于上不到多高、也掉不到多低的境地。

（五）关于国产大豆的错位发展思路

在进口大豆的强势竞争下，不少人主张国产大豆扬长避短，于是就出现了错位发展的思路。错位发展思路主要有两种：一是虽然国产大豆竞争不过进口大豆，但国外大豆是转基因大豆，那么，国产大豆就走非转基因大豆的发展道路，占领非转基因大豆市场；二是国产大豆的蛋白含量比进口大豆高，适用于豆制品加工（食品大豆），这是一种优势，因此，国产大豆就走高蛋白食品大豆的发展道路。这种错位发展的战略选择可行吗？

如何看待非转基因大豆的错位发展道路？转基因大豆已经在全球大豆生产中取得了主流地位，其胜出的原因就在于转基因大豆比非转基因大豆具有更高的收益。只要转基因大豆具有经济优势，中国农民也会选择种植转基因大豆的，这点不是由学界、政界以及反转基因人士的主观选择决定的，因为农民是很现实的，农业是他们养家糊口的手段。虽然目前中国在法律上不允许种植转基因大豆，但法律开禁是迟早的事，因为大气候和发展方向是偏向转基因大豆的。中国已经允许了一些转基因作物的生产，当转基因水稻也允许种植时，又有多少理由不允许转基因大豆种植呢？中国已经在大规模地消费转基因大豆了，又有多少理由不允许种植转基因大豆呢？从长远看，转基因大豆可能是中国大豆生产的未来取向。世界大豆主产国转基因大豆的发展轨迹也是如此，尤其是巴西案例更能说明这点。巴西经过多年法律争议后，最终开禁，转基因大豆迅速成为巴西的主栽大豆。只要法律开禁，转基因大豆也会同样在中国推开，只要它具有竞争优势，农民总是选择具有更高收益的作物。有一种误识是把非转基因大豆视作中国的"专利"，似乎美国和巴西不种植非转基因大豆，但事实上它们也种植非转基因大豆，2013 年，美国有 7%（约 216 万公顷）的大豆种植面积种植的是非转基因大豆，[1] 2012/2013 年度，巴西也有 7%（约 194 万公顷）的大豆种植面积种植的是非转基因大豆。[2] 具体种植哪种大豆和种植多少主要取决于市场，当市场有利于非转基因大豆时，它们很快就扩大非转基因大豆生产了。当今世界以竞争力论英雄，即使在非转基因大豆上也是如此，中国不能指望安享非转基因大豆市场。长期以来，国产大豆主要用于国内大豆食品加工，国内有些人把非转基因大豆的国际市场描绘得非常广阔，但中国大豆出口数据显示的事实是：1995 ~ 2013 年的 18 年中，出口量在最多的一年也只有 48 万吨，一般只在 30 万吨上下，并且其中一半以上是出口到韩国和日本的。相对于中国 6000 多万吨的进口量和世界 9000 多万吨的贸易量，这只是沧海一粟。如果非转基因大豆的国际市场真的像所描绘得那般广

---

① 资料来源：ERS/USDA：JuneAgriculturalSurveyfortheYears2000–13，2013，http://www.ers.usda.gov。

② 资料来源：FAS/USDA：BrazilAgriculturalBiotechnologyAnnual2013，2013，http://gain.fas.usda.gov。

阔，那就一定不是中国在独享这顿大餐了。

考虑两条腿走路总比只考虑一条腿要好，为什么非要选一条腿走路呢？今天看来是需要考虑增加转基因大豆这条腿了，因为事实上中国迄今为止一直走的是努力发展非转基因大豆的路，却走到了需要为国产大豆疾呼保护的地步。无论是考虑转基因大豆还是非转基因大豆，重要的都是必须提高国产大豆的竞争力，这才是国产大豆发展的根本之道。未来中国究竟是选择非转基因大豆还是转基因大豆抑或二者并存，应当由市场来决定，如果市场需要非转基因大豆，无论如何号召种植转基因大豆，农民也不会买账；反之亦然。

如何看待走高蛋白食品大豆的错位发展道路？高蛋白食品大豆是目前国产大豆的优势，中国已经有了一个很好的先发平台；从国产大豆的用途看，目前80%的国产大豆用于大豆食品加工，可以预见，在未来几年内，国产大豆将全部用于大豆食品加工。与目前的转基因大豆相比，国产大豆的豆制品产出率要高一些，成本也相对要低一些。因此，中国走高蛋白食品大豆的错位发展道路完全正确，高蛋白食品大豆也是大豆科学研究的制高点之一。

但是，目前对高蛋白食品大豆也存在一种误解，主要是把高蛋白大豆与非转基因的国产大豆划等号。从技术角度说，大豆在提高单产、脂肪含量、蛋白含量方面似乎天生就具有缓慢的特性，因为所积累的物质不同，大豆主要是积累高能量的脂肪和蛋白，而不像谷物那样主要积累淀粉。改变一种产品内在物质的比例关系，那更是一桩难事。经过大豆科技工作者多年的努力，中国出现了一批高油或高蛋白的大豆品种，但这一切都是用传统的技术手段达到的。当脂肪或蛋白含量达到一定程度后，进一步提高就会变得更为困难，传统技术手段在这方面还有多大的潜力和提高速率？过去的经验告诉我们，提高大豆蛋白含量的速率变慢了；而每当新的育种理论和技术手段出现时，这个速率往往容易加快。转基因技术的出现带来了新的途径，在提高蛋白含量方面很可能比传统技术手段以更快的速率和更大的幅度达到目的。所以，必须清醒地意识到以下两点：一是拒绝转基因技术，事实上也就是自动放弃了一条很有希望的技术进步途径。一旦国外转基因大豆在提升蛋白含量上取得突破，国产大豆的高蛋白优势很可能会迅速消失，其结果也很可能是国外高蛋白转基因大豆替代国产大豆，因为大豆食品加工业看重的是大豆的高蛋白，而不在乎是否是转基因大豆。因此，即使我们选择走高蛋白食品大豆的错位发展道路，也绝不应当拒绝转基因技术手段。二是无论大豆蛋白含量有多高，大豆生产没有高单产的支撑一定是不行的，因为农民更关心单产，尤其在优质未必优价的市场环境中。

三、结论

本文从全产业链的角度主要依靠数据概要地分析了中国大豆产业主要环节的状况，其结论是：中国大豆产业总体上处于历史上最好的时期，并不像社会舆论中广泛流传的那样"岌岌可危"。分产业链环节来考察，中国大豆生产在经过一段时间的持续发展后，目前正受到竞争作物的影响而有所下滑，但大豆及其产品的消费、贸易、加工等环节正处于前所未有的繁荣状态。经过 21 世纪以来的发展，中国大豆产业除了原料生产格局没有发生重大变化外，加工格局、贸易格局和流通格局都已经发生了巨大的转变。

通过对目前国内流行的有关大豆产业若干观点的辨析，本文认为，这些观点往往缺乏全局思考，甚至缺乏事实支持，目前的数据和事实不仅不能支持大豆进口损害中国大豆生产和豆农利益以及外资企业垄断中国大豆产业的观点，反而显示出中国大豆产业链在大豆进口和外资进入的背景下强劲成长、大豆主产区农民在产业结构转变中获利、广大消费者在充足供给和竞争中获益、国内食用植物油加工企业在向外资企业学习和竞争中发展壮大的景象。本文主张，在中国大豆研发和生产发展战略上，应当把转基因技术纳入大豆发展战略加以考虑，应当主攻提高国产大豆单产，应当重点发展高蛋白大豆。

本文在分析和讨论上述观点的过程中虽然也提出了关于未来中国大豆产业发展的一些主张，但没有专门对其未来发展进行系统分析并提出政策建议。之所以如此，一方面是限于本文的目的和篇幅，另一方面是对未来发展尚缺乏成熟的看法，这也将是下一步的工作目标。

参考文献

1. 马晓河:《当今我国利用了多少世界农业资源》,《农业经济问题》
2012 年第 12 期。

2. 黄宗智、高原:《大豆生产和进口的经济逻辑》,《开放时代》2014
年第 1 期。

作者单位　杨树果, 中国农业大学经济管理学院; 何秀荣, 黑龙江
　　　　　　八一农垦大学经济管理学院
发表刊物　《中国农村经济》2014 年第 4 期

粮食生产技术效率的空间收敛及功能区差异[①]
——兼论技术扩散的空间涟漪效应

高　鸣　宋洪远

内容提要　本文使用 DEA-Moran's I-Theil Index 模型，依据 1978~2012 年 31 个省份的面板数据测量了中国各省区粮食生产技术效率值，分析了粮食生产技术效率的空间自相关情况，测度了中国粮食生产功能区之间的技术效率差异。本文得出的主要结论有：第一，随着农业科技的进步，农业科技贡献率的提升促进了粮食生产技术效率的提高，且中国粮食生产技术效率存在空间自相关关系；第二，在技术推广过程中粮食生产技术效率不仅不会随着距离的扩大而降低，反而会形成规模效应使效率提高，即一定程度上改进了传统的空间涟漪效应理论；第三，中国粮食生产功能区的粮食生产技术效率差异较大，特别是粮食主销区内部的差异最为明显。对此，在粮食生产技术推广的过程中，应充分整合区域间的资源条件，扩大技术推广力度，使相似条件下的地区在技术效率上形成规模效应，从而提高大范围的粮食生产技术效率。此外，还应该注重粮食生产

---

①　本研究得到国家社会科学基金重大项目（12&ZD055）、国家软科学重点项目（2013GXS3B056）、农业部软科学重点课题（Z201301）和国家自然科学基金（71341017）的资助。宋洪远为本文通讯作者。

功能区之间技术效率的平衡发展，充分发挥各功能区的作用。

关键词 粮食生产技术效率 粮食功能区 空间涟漪效应

一、引言

2004 年至今，中国粮食产量连续 10 年增产，这也是中国建国以来第一次实现连续 10 年粮食增长，据统计，2013 年总产量达 60193.5 万吨，同比增长 2.1%。然而，中国粮食生产是否能够持续增长，近年来成为政府和经济学者研究的热点问题。对粮食产量持续增长提出质疑的原由是粮食投入要素的利用率低，或是受制于粮食规模生产的适宜性等影响（马九杰等，2001；郭玮等，2003；许庆等，2011），因此有学者认为提高农业科技水平与粮食生产技术效率是保障粮食安全的主要因素（黄季焜等，2009；陈飞等，2010）。而中国地域辽阔，地形与地貌复杂，单一的生产经营模式不能充分的提高粮食生产技术效率（伍山林，2000），因此，怎样充分的挖掘与提高不同资源禀赋条件下的区域粮食生产技术效率是值得深入研究的问题。

由于农业政策的作用和省份间资源禀赋条件的差异，中国粮食生产呈现区域化的特点。各省份针对当地的粮食生产情况，研发和创新了农业科学技术，以保障粮食的有效供给（王德文、黄季焜，2001）。为促进农业科技的有效运用，中国建立了一套较为健全的农业科技推广体系，有效地将生产与科研结合为一体，此外，各级政府都加大了对农业科技的投入和支持力度（智华勇等，2007）。但是农业科技水平的提高是否可以促进粮食生产技术效率的提高？邻近的省份和资源禀赋条件相似的地区是否会由于技术推广而导致粮食生产技术的溢出，使得邻近地区的技术效率水平满足空间收敛效应，最终形成规模效应？如果存在，这种效应是否会拉大中国粮食生产功能区之间技术效率的差异？如果不存在，是否会让中国省份间的粮食生产技术效率存在收敛性？因此，本文将基于这几个问题的思考，从粮食生产技术效率的空间自相关的角度来解释粮食生产特点的区域性、差异性和相关性。

目前，中国具体部门的技术效率的研究主要集中在产业部门。比如，姚洋等（2001）结合经济理论与1995年工业普查数据，具体分析了影响工业企业技术效率的各个因素，并认为公共研究机构与企业自身的R&D支出对企业的技术效率有不同的影响，而且不同区域企业的技术效率有显著的差异性。Allen Rae 和 Hengyun Ma（2006）对中国农业生产的技术效率进行了较为系统的研究，他们认为中国改革开放以前农业生产技术效率呈现了下降的趋势，改革开放以后农业技术效率有了极大的提高，1985～1998年间，中国农业技术效率的增长速度在逐渐减慢。在此研究基础上，周端明（2009）扩展了前人的研究成果，利用DEA模型解释了2000年以后农业技术效率增长较快的原因，计算出其年均增长达3%，且1978～1989年、1989～2000年和2000～2005年3个阶段的效率值呈"U"变化轨迹。此外，还有很多学者针对不同的产业或行业进行了技术效率的评价和分析（李胜文等，2013；顾乃华等，2006；Fare，2001；Mathru，2006），并针对不同的研究对象，提出了提高技术效率的对策思路。

关于技术溢出导致的技术空间收敛（聚集）相关文献较少，主要的文献关注于技术扩散带来的地理上的趋同或产业的空间收敛。Kaivan Munshi（2004）通过分析印度粮食生产过程中技术的使用和扩散，发现不同的人会采用不同的方式去接受粮食生产技术，有些会选择吸取邻居的经验（Neighbors' experience），有的会选择社会教育（Social learning）的方式，最终技术在不断的扩散中使不同地区的粮食增长趋同。徐舒等（2011）通过建立动态随机一般均衡模型分析了技术扩散对中国经济波动的影响，他们认为在中性技术冲击下，技术扩散冲击在长期中使产出和技术处在一个较高的均衡水平上，因此，R&D 投入和技术扩散是经济发展的主要因素。另外，Mei Wen（2004）分析并对比了第三世界国家的制造业行业的聚集情况，认为中国由于交易和产品的规模报酬递增的原因，使制造业形成了产业聚集效应。吴玉鸣等（2004）通过使用时空数据和 Moran's I 指数分析了中国区域经济增长的聚集效应及其相关的影响因素。Audretsch 和 Feldman（1996）、Lim（2003）、Hu Jefferson 和 Qian（2005）、吴延兵（2006）等也做了相关的研究。

综上，目前国内外对粮食生产技术效率的空间收敛分析的文献较少，因此，本文将结合前人的研究成果，从以下几个方面对文献进行拓展：（1）运用 DEA 模型测度中国各省区 1978～2012 年粮食生产的技术效率；（2）使用 Moran's I 指数具体分析中国各省区的粮食生产技术效率的空间收敛效应，并剖析形成的原因；（3）将中国粮食生产功能区划分为主产区、主销区和平衡区，使用 Theil 指数分析区域间的粮食生产技术效率的差别，并分析是否是由于空间收敛或经济差异导致的；（4）

最后为提高粮食生产技术效率与保障粮食安全提供思路与对策。

本文内容安排如下：第一部分为引言；第二部分是理论假设与方法设计；第三部分具体分析粮食生产技术效率的空间收敛与功能区差异；第四部分给出简要的结论与对策建议。

二、理论假设与方法设计

（一）理论假设

H1：随着技术扩散和经济溢出，中国省域间的粮食生产技术效率存在空间收敛。

由于世界经济的飞速发展，各国（各区域）间的经济增长依赖性增强，特别是在技术扩散的过程中，邻近地区的经济表现（或经济数据）存在高度自相关性（Anselin et al.，1998），使技术扩散受空间距离和资源禀赋条件的影响（Martin and Ottoviano，2001）。基于此，本文提出假设1，即随着农业技术的扩散，中国粮食生产技术效率存在空间收敛的现象。

H1a：以技术效率溢出较强的省区为中心向周围散开，技术效率值递减，形成"涟漪效应"（Keller，2002）；从长期（小范围）来看，毗邻省域间的粮食生产效率存在趋同现象，最终形成"规模效应"。

H2：由于空间收敛具有局部性，因此中国粮食功能区的生产技术效率差异明显。

虽然技术扩散效应和空间收敛效应会带动某个地区的经济发展、技术效率的提高，但是带动的范围受限。从大范围来看，技术的溢出会造成技术的整体差异，最终导致经济发展的不平衡（吴玉鸣，2006；符淼，2009）。同样，粮食生产的技术好坏直接影响到技术溢出状况。随着空间距离的不断扩大和溢出效应的减弱，中国粮食生产功能区的生产技术效率存在明显差异。

（二）方法设计

技术效率的测算通常是建立生产可能性边界得出，而生产可能性边界的估计有两种方法（Farrell，1957）：参数下的随机前沿分析法（SFA）和非参数下的数据包络分析法（DEA）。相比 SFA 方法，DEA 法在计算技术效率时，可以解决技术中性、技术非有效等问题；此外，粮食生产技术效率的空间收敛分析，需要采用空间计量分析，而空间自相关（Spatial Autocorrelation）是最常用的计量空间收敛的方法。在空间自相关的方法中，较为常见的指标是 Moran's I 指数和 Grary C 系数（Moran et al.，1950；Geary et al.，1954），其中，Moran's I 指数更能真实地反映空间邻近省区的相似程度；在分析粮食生产技术效率区域差异时，简单的效率值比较不能剔除经济实力、规模大小等对技术效率的影响，因此，本文将中国粮食生产分为 3 个功能区，采用泰尔指数分析功能区之间、区域内部和总体的粮食生产技术效率差异（或不均衡）。

1. 粮食生产技术效率的测算（DEA-te 模型）

在 DEA 方法中，技术效率可以分为综合技术效率、纯技术效率。Cooper 和 Charnes（1978）等提出了在规模报酬不变（CRS）的情况下技术效率的测算，即综合技术效率。之后，Banker 和 Cooper（1984）等对 DEA 方法进行了拓展，提出了可变规模报酬（VRS）下的技术效率测算，即纯技术效率。本文测算的是粮食生产技术效率，侧重于投入要素与规模等因素对技术效率的影响，因此选用了综合技术效率模型，其定义为通过技术改造优化投入与产出的生产前沿面，达到效率最优。该模型的线性规划见（1）式。

$$s.t.\begin{cases} \rho_i{}^* = \min \rho \\ \sum \lambda_i X_i + S_i^- = \rho X_0 \\ \sum \lambda_i Y_i - S_i^+ = Y_0 \\ \lambda_i \geq 0, i=1, \ldots, n; S_i^- \geq 0, S_i^+ \geq 0 \end{cases} \quad （1）$$

（1）式中，$\rho_i{}^*$ 表示的是测算出来粮食生产技术效率，且满足 $\rho_i{}^* \in [0, 1]$。X_i 表示的是投入要素，Y_i 表示的是产出要素，λ_i 表示的是权重系数，S_i^+ 和 S_i^- 是投入要素和产出要素的冗余（或不足）值。当 $\rho_i{}^* < 1$ 时，技术效率没有达到最优；当 $\rho_i{}^* = 1$ 时，表明粮食的生产技术效率达到最优，没有可以改进的空间。

2. 粮食生产技术效率的空间收敛（Moran's I 指数）

本文主要是检验某一个省区的粮食生产技术效率是否与邻近省区的该效率值相关或趋同。因此，本文选用 Moran's I 指数来计量粮食生产技术效率的空间收敛情况。

粮食生产技术效率的空间 Moran's I 指数的计算公式如（2）式。

$$I = \frac{n \sum_{i=1}^{n} \sum_{j=1}^{n} w_{ij} (\rho_i - \bar{\rho})(\rho_j - \bar{\rho})}{S^2 \sum_{i=1}^{n} \sum_{j=1}^{n} wij} \quad （2）$$

在（2）式中，I 为 Moran's I 指数值，ρ_i 为各省区的粮食生产技术效率值，S^2 为各省区粮食生产技术效率的方差，[①] $\bar{\rho}$ 为各省

---

① 其计算公式为 $S^2 = \frac{1}{n} \sum_{i=1}^{n} (x_i - \bar{x})^2$

区的粮食生产技术效率均值，W_{ij} 为空间权重矩阵。Moran's I 取值为 [-1, 1] 之间，大于 0 表明空间正相关，小于 0 为空间负相关，等于 0 为不相关，即在空间上随机分布。不同的空间权重矩阵对 Moran's I 指数值会产生较大影响。为了得到较为稳定的 Moran's I 指数值，本文结合前人研究成果（徐彬，2007），选择了地理单元距离 2 次方的倒数来形成空间权重矩阵。[①] 其定义为：$W_{ij}=1/d^2_{ij}$，d_{ij} 为省区 i 与省区 j 之间的地理距离。[②]

计算出的 Moran's I 指数值需要用标准化 Z 统计量来检验各省区的粮食生产技术效率是否存在空间自相关关系，其计算公式见（3）式。

$$Z = \frac{Morans'I - E(I)}{\sqrt{VAR(I)}} \qquad (3)$$

从（3）式的 Z 值可以得出：当 Z > 0 且显著时，表示存在正的空间自相关，即存在空间收敛，反之，存在空间分散分布，等于 0 时为随机分布。

3. 粮食生产技术效率的功能区差异分析（Theil Index：泰尔指数）

为了进一步分析粮食生产技术效率的区域分布差异，本文将根据中国各省区粮食生产的具体产销情况和资源禀赋状况，把中国粮食生产区域划分为 3 个功能区（主产区、主销区和平

---

① 由于 Moran's I 指数对距离的权重、阈值权重以及相邻权重的误差较为敏感，经过多种实证研究发现，距离 2 次方的倒数来形成的空间权重矩阵对误差的敏感度较低，且结果具有可比性，因此，本文选择此方法作为权重来衡量。

② 由于各省区的距离需要具体的一个经纬度，因此本文选用省会间的距离来表示省区之间的距离来计算空间权重矩阵。省会经纬度数据来自于 Google Earth，距离计算则使用 R 中的 fields 包。

衡区）。为了准确反映各区域间的粮食生产技术效率差异程度，以及了解总差异中有多少比例是由 3 个功能区的区间农业经济差异导致，有多少比例是由功能区内部差异而导致，本文采用泰尔指数模型来深入分析粮食生产技术效率的功能区差异情况。将中国粮食生产功能区分为主产区、主销区和平衡区，详见表 1。

表 1　中国粮食生产功能区划分

分类	省市地区
主产区	黑龙江、吉林、辽宁、内蒙古、河北、河南、山东、江苏、安徽、江西、湖北、湖南和四川（13 个）
主销区	北京、天津、上海、浙江、福建、广东和海南（7 个）
平衡区	山西、广西、重庆、贵州、云南、西藏、陕西、甘肃、宁夏、青海、新疆（11 个）

假设 T_P、T_S、T_B 分别表示主产区、主销区和平衡区的泰尔指数值，根据泰尔指数的定义，各功能区的内部差异计算公式为：

$$T_P = \sum_P \frac{Y_i}{Y_P} Ln\left(\frac{\rho_p Y_i}{\rho_a Y_p}\right); \quad T_s = \sum_s \frac{Y_i}{Y_s} Ln\left(\frac{\rho_s Y_i}{\rho_a Y_s}\right);$$
$$T_B = \sum_B \frac{Y_i}{Y_B} Ln\left(\frac{\rho_B Y_i}{\rho_a Y_B}\right); \tag{4}$$

其中，ρ_P、ρ_B、ρ_S 分别表示主产区、平衡区和主销区的粮食生产技术效率均值占全国粮食生产技术效率均值的比例，ρ_a 表示第 a 省区的粮食生产技术效率占全国粮食生产技术效率均值的比例，Y_P、Y_S、Y_B 分别表示的是主产区、主销区和平衡区的第一产业 GDP 占全国第一产业 GDP 的比例，Y_i 表示的是第 i 省区的第一产业 GDP 占全国第一产业 GDP 的比例。

为了进一步分析各粮食功能区之间的粮食生产技术效率的差异，因此，此处将以各功能区的第一产业 GDP 总额为权数，计算公式如下。

$$T_D = Y_p Ln\left(\frac{Y_p}{\rho_p}\right) + Y_s Ln\left(\frac{Y_s}{\rho_s}\right) + Y_B Ln\left(\frac{Y_B}{\rho_B}\right) \tag{5}$$

由于泰尔指数的可加分解特性，将功能区内部差异和区间差异加总，则可以得到总体差异，即泰尔指数总差异。

$$T_t = T_D + Y_p T_P + Y_s T_s + Y_B T_B \tag{6}$$

根据（4）式到（6）式，可以分别计算出粮食功能区的区内差异、区间差异和总体差异。

三、实证分析

（一）粮食生产技术效率的实证分析

1. 指标选取

本文结合前人的研究成果和粮食生产的特征，在数据可得性、科学性和可比性的原则指导下，建立粮食生产技术效率的投入产出指标体系，如表 2 所示。

改革开放以来，中国农业经济增长较快，农业政策的导向和农业科技的发展为粮食生产提供了保障（宋洪远等，2003）。因此，研究 1978 年以来，中国粮食生产技术效率具有现实意义。为了研究的整体性，本文将基于中国 31 个省区市 1978 ~ 2012 年组成的面板数据，根据表 2 建立的粮食生产技术效率的指标体系，对中国各省份的粮食生产技术效率进行评价。

表 2　粮食生产技术效率的指标体系

指标	体系层	指标层 [a]		
体系	产出	粮食总产量（万吨）		
	投入	粮食直接生产费用（万元）[b]	粮食间接生产费用（万元）[c]	粮食生产用工量（万人）
		粮食播种面积（千公顷）	政策变量 [d]	

注：a 本文数据均来自于《全国农产品成本收益资料汇编》（1978~2013 年，历年）、《新中国 60 年统计资料汇编》和《中国统计年鉴》、《中国农村统计年鉴》（2009~2013 年，历年），此外，部分数据由 Wind 资讯宏观数据库提供，对此表示感谢。b 直接生产费用主要包括：种籽秧苗费、农家肥费、化肥费、农膜费、农药费、畜力费、机械作业费、排灌费、燃料动力费、棚架材料费、其他费用。c 间接费用包括：固定资产折旧费、小农具购置修理费、管理及其它间接费、销售费用。d 本文使用虚拟变量反映政策的影响。2004 年以后，我国各地区开始实行粮食补贴并逐渐取消农业税，对粮食生产具有较大意义，因此，本文在 2004 年以前用"0"来表示，2004 年及以后使用"1"来表示，以期考察政策变量对粮食生产技术效率的影响。

2. 粮食生产技术效率的实证分析

本文运用 DEA 方法中的技术效率模型，选取投入角度，使用 DEA 相关软件，针对 31 个决策单元（DMU）的 1978 ~ 2012 年数据进行测算，结果如图 1 所示。

从图 1 的粮食生产技术效率均值折线图可知，粮食生产技术效率有了很大的提高，1978 ~ 2000 年间的粮食生产技术效率总体维持在 0.715 左右的效率水平，峰值出现在 1984 年的 0.754。进入新世纪以后，总体上提升了 5%，在 0.72 上下波动，最高值在 2012 年的 0.782。从农业科技贡献率的折线图可知，2000 年以前，农业科技贡献率在 0.35 上下浮动，最高值出现在 1983 年的 0.504，2000 年以后在 0.45 左右徘徊，在 2012 年达到

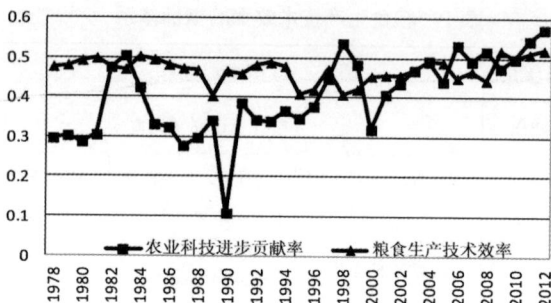

图1　中国粮食生产技术效率均值及农业技术进步贡献率变化

注：由于版面有限，不能将所有结果列出，因此，此处使用1978~2012年各省份的粮食生产技术效率均值作图。如需原始数据和结果，可向作者索取。另外，农业科技贡献率的计算是根据C-D生产函数构建的生产模型，并计算了科技进步贡献率。[①]

最高（近0.573）。从整体上看，会发现两条折线图的波动相似，只是存在滞后期（从图1中可知，粮食生产技术效率值滞后两期左右），这是由于农业科技贡献率的波动在实践中对粮食生产的效果需要累积一定时间才能体现。

总体上可知，随着农业科技的进步，农业科技贡献率也在不断提高，促使粮食生产技术效率有了很大的提升。形成这种现象的主要原因是：（1）宏观农业政策的导向和支持。1982年，中央政府颁布了改革开放以来第一个"中央一号文件"，要求确立农业生产责任制，将农业生产包干到各农户，此外，重视并研发农业科学技术，恢复并健全农业技术推广机构，这样不仅提高农民的种粮积极性，也改进了粮食生产技术，因

[①] 函数式中所选用的指标分别为：农业总产值（Y）、农业中间消耗资金和耕地面积（K）、农业劳动力（L），选用的系数分别为：$\alpha=0.55$，$\beta=0.2$，$\lambda=0.25$（朱希刚，1997）。

此，粮食生产技术效率在 1982 年有了很大的提高。2004 以来，连续 10 个"一号文件"更是将"三农"问题放在了经济发展的首要位置，尤其是每年的农业政策都着重关注粮食安全和农业技术的推广，这势必能提高粮食生产的技术效率。（2）农村税费改革及补贴制度的建立。为了减轻农民负担，2000 ~ 2003 年间，政府多次进行农村税费改革，取得了较好的效果。2006 年全面取消农业税，标志着具有几千年历史的农业税正式终结，农业税的取消可以减轻农民负担每年近 1250 亿元。中央政府为了扶持农村经济的发展，财政支农资金由 1978 年的 76.95 亿元增长到 2006 年的 2161.35 亿元，增长了近 28 倍。① 为了进一步鼓励农民进行农业生产，政府还设立专项资金对农业进行补贴，例如，粮食直补、良种补贴和农机具补贴等。据统计，农业补贴总额由 2000 年的 1 亿元增长到 2010 年的 1344.9 亿元（程国强等，2012）。例如湖南省对粮食生产的补贴和奖励由 2010 年的 65.3 亿元增长到了 2011 年的 72 亿元，这对提高农民的种粮积极性有很大的帮助。（3）农业科技水平的提高。a. 农业科技投资主体的多元化。由于政府对农业科技的重视，农业科技经费投入大幅度提升，投资主体也由单一化向多元化转变，改革开放初期以政府投资为主体，现在政府的投入量在下降，但是企业、民间机构、私人投资正逐年增长。例如，2004 年的全国农业科技投入量中，非政府投资量占 40.63%，而 1985 年却仅占 27.27%（王启现等，2007）。b. 农

---

① 数据来于《新中国 60 年统计资料汇编》；2007 年后，财政支农的口径有调整，因此仅列出 2006 年数据。

业科技推广项目的推进。我国已经建立了多项农业科技推广项目工程，尤其是"农业科技进村入户"工程已经实施近10年，此项目不仅对专业大户、专业合作社等生产经营主体提供技术支持，还对涉农企业向农户推广专业实用技术提供资助，扶持各项农业科技推广项目，形成具有推广力度强、经营主体参与度高的农技推广体系（宋洪远，2005）。（4）农业机械化的普及。1978年，全国农业机械总动力约为11749.9万千瓦，增长到2012年的102559万千瓦，年均增长率达到6%左右。此外，农用大中型拖拉机的年均增长率达到了9%、小型拖拉机的年均增长率为4.7%，而农用排灌柴油机也由1978年的265.7万台增长到2012年的982.31万台，年均增长率达4.2%。除了机械总动力和机械总量的大幅度增加以外，人均农业机械拥有量也有大幅度提升，例如，1978年人均机动脱粒机不到1台，2012年人均拥有量达到了11.49台，反映了农业机械化的普及和农业技术的快速发展，同样，这对提高粮食生产的技术效率也有很大的推动作用。

（二）粮食生产技术效率的空间收敛及收敛模式分析

1. 粮食生产技术效率的空间收敛分析

为了验证粮食在生产过程中，其技术效率是否存在空间收敛的情况，本文采用Moran's I指数方法，使用1978~2012年的各省区的粮食生产技术效率组成的空间面板数据，运用R软件，计算出了粮食生产技术效率的空间Moran's I指数，详见表3。

表3 1978~2012 年各省区粮食生产技术 效率的 Moran's I 指数值

年份	Moran's I 值	方差	P 值	年份	Moran's I 值	方差	P 值
1978	0.2243	0.0079	0.0018	1996	0.3806	0.0079	0.0000
1979	0.3133	0.0078	0.0000	1997	0.3607	0.0080	0.0000
1980	0.1828	0.0078	0.0072	1998	0.3219	0.0079	0.0000
1981	0.2488	0.0079	0.0008	1999	0.3351	0.0080	0.0000
1982	0.2861	0.0079	0.0002	2000	0.2637	0.0080	0.0004
1983	0.2111	0.0079	0.0031	2001	0.2789	0.0080	0.0002
1984	0.2646	0.0079	0.0004	2002	0.4479	0.0080	0.0000
1985	0.2176	0.0080	0.0025	2003	0.3686	0.0080	0.0000
1986	0.2965	0.0080	0.0001	2004	0.3593	0.0080	0.0000
1987	0.2702	0.0080	0.0003	2005	0.3386	0.0080	0.0000
1988	0.2374	0.0080	0.0012	2006	0.3571	0.0080	0.0000
1989	0.3590	0.0080	0.0000	2007	0.3251	0.0080	0.0000
1990	0.2414	0.0080	0.0011	2008	0.3800	0.0080	0.0000
1991	0.2022	0.0080	0.0043	2009	0.2514	0.0079	0.0007
1992	0.2511	0.0080	0.0007	2010	0.2581	0.0079	0.0005
1993	0.2658	0.0080	0.0004	2011	0.2867	0.0078	0.0002
1994	0.2669	0.0080	0.0004	2012	0.2859	0.0079	0.0002
1995	0.3835	0.0080	0.0000				

注：以上结果是使用 R 软件中的 spdep 计算包得出。

从表3的结果可知，1978 ~ 2012 年的 Moran's I 指数值在 0.28 左右上下波动，且 P 值都小于 0.05，说明中国各省区的粮食生产技术效率具有显著的空间正相关关系，即存在空间收敛现象。1978 ~ 1999 年的 Moran's I 指数值在 0.26 左右上下波动，2000 年以后有明显的上升趋势，在 0.3 左右波动，表明了聚集的程度随时间的发展变得更为明显。形成这种现象的原因主要是：（1）农机的跨区作业。自 1996 年我国开始推广农机跨区作业以来，这种作业方式已经逐渐成为农业机械化、市场化的一种较为成熟的模式。农机跨区作业实质是利用农作物的耕种、收获的时间差异、地域差异，在跨行政区域的条件下进行的大规模生产作业。这不仅提高了农业机械化利用率，还减少了农机的重复投资与购买，此外，还可以将先进的农机技术推广到其他行政区域，使得其成为技术溢出的一种途径和工具。据统计，农机的跨区作业，使小麦收割时间由20世纪90年代的20多天缩短到现在的5~7天，不仅减少了劳动力的投入，还为农民增收提供了源头。（2）区域粮食生产的规模化。由于当前我国农业劳动力非农化的数量较大，加速了家庭联产责任承包制下的土地流转，使得耕地形成了规模化。粮食生产的规模化发展有利于粮食生产的集中连片，这不仅便于统一耕种和收割，还进一步的降低了成本。另外，粮食生产的规模化不仅可以使技术更为直接的扩散，也可以使连片的耕地在粮食生产技术效率水平上形成空间的收敛。（3）农业技术推广力度日益提高。2007年以来，国家现代农业产业技术体系内部推广粮食生产技术，以实验站为中心的培训，对区域化的粮食生产技术有一定的推动。此外，政府还为技术推广做出了相应的措施：一是资金支持力度持续增长。2012年，中央财政安排了26亿资金以帮助农业技术推广工作的顺利开展，相比前一年经费增长了1/5左右，并在全国建设100个农业科技推广示范县。[①]粮食主产区的农技推广经费涨幅相比更大，例如，湖南省农业技术推广体系改革与建设费用由2011年的0.5亿元上升到2012年的1.26亿元，涨幅达39.6%。二是农业技术人员的增多。据统计，

---

① 曹茸：《100个全国农技推广示范县今年开建经费增20%以上》，中国农业新闻网，http://www.farmer.com.cn/xwpd/btxw/201305/t20130506_838687.htm。

2000 年我国农业技术人员数约为 61.5 万人，到了 2009 年人数达 67.8 万人。农业技术人员的增多，将农业科技的成果直接运用到农业生产当中，提高了粮食生产总量，这也是我国连续 10 年粮食产量递增的重要原因。三是农技推广主体的多元化。以前，在粮食生产过程中的技术推广由政府进行研发和推广，呈现出单一性和公共物品性，随着技术的更新和经济的发展，部分农业科研机构和企业也参与到农技推广体系中，它们结合当地农业资源禀赋的特点研发出适合的农业技术并申请专利，在推广中实现利润，实现农技推广的多元化。(4)农民受教育程度的提高与技术使用的推广。随着农村教育的发展，农村劳动力文化水平有了很大的提高。在农村劳动力中，具有高中文凭的比例由 1990 年的 6.96% 上升到 2010 年的 9.86%，具有大专及以上文凭的比值由 1990 年的 0.5% 上升到 2010 年的 2.65%。此外，各省份的农村劳动力文化程度的差异较大。经济发达地区或位于粮食主产区省份的农村劳动力的文化程度远远高于全国平均水平。例如，2011 年具有高中及以上文化的农村劳动力的全国平均水平为 12.6%，而北京和上海分别为 33.7% 和 19.1%，河南和湖南分别为 14.9% 和 16.6%。随着农村劳动力的文化素质提高，其对科技的需求也在逐渐加大。大量的实证研究证明，当农民面临价格和市场风险时，受过高等教育的农民往往会选择适宜当地土地和气候条件的技术进行生产革新，并借鉴邻近村庄的先进技术和科技，改进粮食生产技术，规避价格和市场风险，提高了自身的利润（Huerta，1978；Griliches，1957；Young，1993），从而形成了以农户需求为基础的农业技术推广，在空间范围内形成了聚集效应，证明了假设 1 的合理性。

2. 粮食生产技术效率的空间收敛模式分析

中国粮食生产技术效率的空间收敛模式是否一致？是否存在收敛模式的差异和区别？为此，本文将粮食生产技术效率分为 4 种空间收敛模式，以期进一步分析粮食生产技术效率的空间收敛差异性。如表 4 所示，两条垂直虚线将平面分为 4 个象限，4 个象限分别表示不同的空间收敛模式。

表 4   粮食生产技术效率的空 间收敛模式分析

象限	空间收敛模式
第一象限	高值被高值环绕（H–H）
第二象限	低值被高值环绕（L–H）
第三象限	低值被低值环绕（L–L）
第四象限	高值被低值环绕（H–L）

此处结合表 4 的分类模式、各省区的粮食生产技术效率与空间滞后变量，绘出了中国各省区的 1978 ~ 2012 年空间收敛散点图。由于数据样本量较大，为确保能分析粮食生产技术效率的空间收敛的差异性，本文将 1978 ~ 2012 年的空间收敛分为 5 个时期的散点图。[①] 每一个散点图的值均由该时间段内的粮食生产技术效率的均值求得。

从图 2–1 ~ 2–5 可知：（1）部分粮食生产技术效率较高的省份带有较强的溢出效应。从 5 个时期散点图的菱形点可知，

----

① 此处将 1978~2012 年按照粮食生产的技术产生和发展而划分成 5 个时期，第一时期为：1978~1983 年（传统粮食生产技术时期）；第二时期：1984~1989 年（杂交水稻技术的应用和推广）；第三时期：1990~1997 年（矮秆小麦等新品种的推广使用）；第四时期：1998~2003（杂交玉米品种的推广和使用）；第五时期：2004~2012 年（其他粮食生产技术应用）。

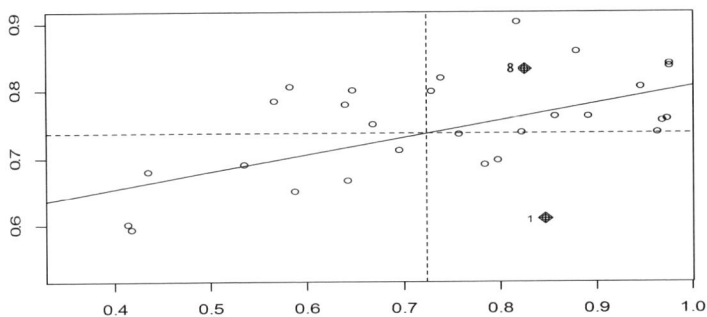

图 2-1 "1978~1983" 时期空间收敛及溢出

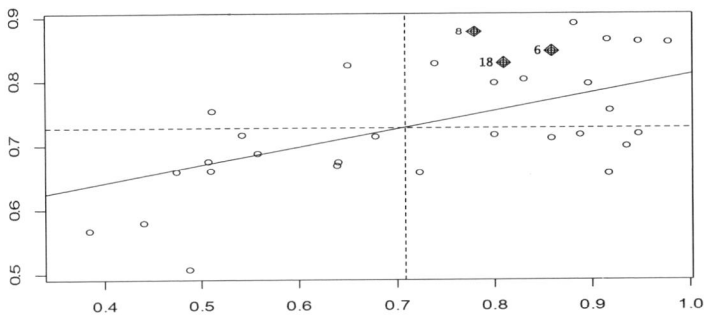

图 2-2 "1984~1989" 时期空间收敛及溢出

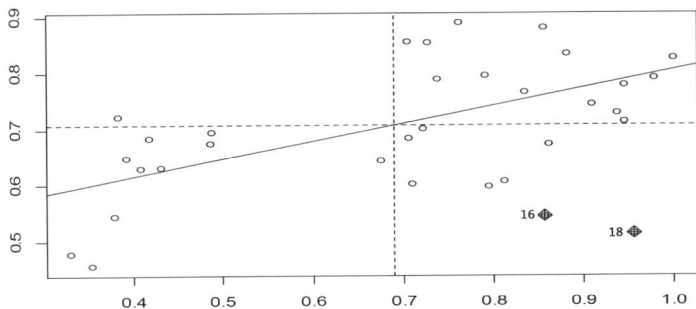

图 2-3 "1990~1997" 时期空间收敛及溢出

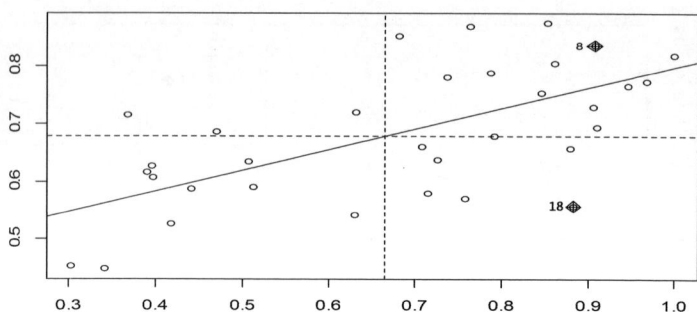

图 2-4 "1998~2003"时期空间收敛及溢出

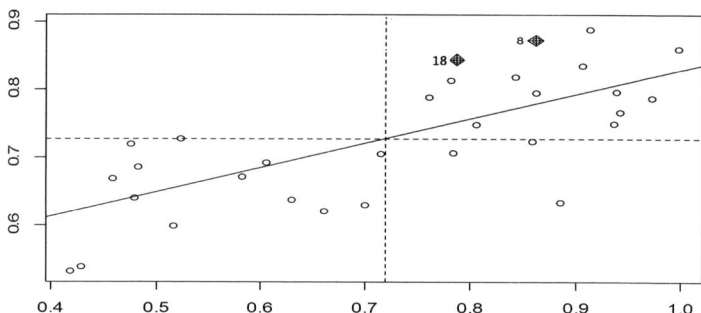

图 2-5 "2004~2012"时期空间收敛及溢出

图 2-1~2-5 分别是期间粮食生产技术效率的空间收敛及溢出散点图

注：图 2-1~2-5 中，横坐标为粮食生产技术效率，纵坐标为空间滞后变量，实线为各散点的拟合直线，菱形点表示相应省区有着较强的空间溢出能力，即粮食生产技术效率的空间溢出较强。溢出较强的省份（菱形）主要是（括号内为图中代号）：1 为北京、6 为辽宁、8 为黑龙江、16 为河南、18 为湖南。

经济发达地区和粮食主产区的技术溢出较强，这些省份主要是黑龙江（4 次）、湖南（3 次）、河南（2 次）、辽宁（1 次）、北京（1 次）。北京等地凭借着经济较为发达的优势，加大了对粮食科技的投入，并将技术进行推广，从而形成了粮食生产技术效率的较强溢出。而中国的粮食大省不仅在土地、气候等自然条件具有优势，而且长期拥有国家政策的扶持与重视，此外，家庭联产承包责任制的生产模式提高了粮食的单产，从制度上保障了粮食生产技术效率的稳步提高，从而带动邻近省份粮食生产技术效率的提高。（2）部分地区粮食生产技术的空间收敛存在涟漪效应。从象限来看，主要是分布在第四象限（高值被低值环绕），表明粮食生产技术效率的溢出随着范围的扩散，技术效率在减弱。例如，从图 2-1 ~ 2-5 可看出，河南有 2 次处于第四象限的溢出较强省份，这表明河南邻近的河北、山西、陕西和安徽等地的技术效率值较低。从效率值来看，在一定范围内以河南为核心，半径越长，其技术效率越低。形成这种现象的主要原因在于河北、山西等地的农业发展较为落后，且土地较为贫瘠，地形多样，而河南是我国的小麦生产大省，其拥有较为发达的小麦科研体系和政策的优惠，但是粮食生产技术的推广较难，也存在适宜性的问题，因此，粮食生产技术效率的空间收敛存在涟漪效应。（3）部分地区粮食生产技术效率的空间收敛存在规模效应。从象限来看，主要是分布在第一象限（高值被高值环绕）。由于粮食生产的资源禀赋条件相似、经济发展模式相同以及粮食生产技术的有效推广，部分地区的粮食生产技术效率的空间收敛存在规模效应。例如，黑龙江和湖南多次处于第一象限的溢出较强省份。黑龙江处于东北平原，自然条件较好，农业一直是当地优势产业，2011 年粮食产量达1114 亿斤，比 2010 年增长了 11.1%，粮食产量多次位居全国第一。由于粮食生产技术的较好运用，黑龙江的玉米、水稻两大高产作物平均亩产达到 1000 斤以上。而邻近的吉林和辽宁也拥有相似的资源禀赋条件，受黑龙江技术溢出的作用，最终形成了东北地区的粮食生产技术效率空间收敛的规模效应。此外，湖南重视粮食生产技术的研发，例如1984年成立了中国杂交水稻研究中心等，并成立了相应的农业科技推广公司（例如，隆平高科等），使水稻的最新技术在区域间进行扩散，并在地理上形成了空间收敛的规模效应。因此，粮食生产的技术效率不仅存在涟漪效应，实际上由于资源禀赋条件和地域间技术的相互推广和作用，也能形成规模效应。此发现在一定程度上修正了涟漪效应：从大范围来看，技术扩散存在涟漪效应，但是从局部或者小范围来看，技术扩散也能形成规模效应。

（三）粮食生产技术效率的功能区差异

前文分析了粮食生产技术效率存在空间收敛的现象，且不同的地域有着不同的收敛模式和特点，但是值得注意的是，中国幅员辽阔，粮食生产功能区并不是按技术效率的空间收敛而形成，它是结合了当地的粮食生产条件和粮食产销情况进行功能区的划分。因此，粮食生产技术效率的空间收敛和粮食技术推广是否会导致粮食功能区技术效率的差异？如果存在差异，有多少份额是由于功能区之间的差异带来的？有多少份额是由于功能区内部差异导致的？为了回答这几个问题，本文采用泰尔指数模型，使用公式（4）~（6）来计算中国粮食生产功能区的差异，并对其进行分解，结果见表5。

从表5的结果可知：（1）粮食主销区的生产效率泰尔指数值最大，其次是平衡区，最小的是主产区。1978年，主销区的指数值为0.4672，远远大于主产区的0.0561，随后，三者的差距在逐渐缩小。到了2012年，主销区的指数值达到了0.2348，

表 5　1978~2011 年中国粮食生产功能区总体差异的分解

时间	主产区 IC	主销区 IX	平衡区 IP	区域间 ID	区域内 IT-ID	总和 IT
1978	0.0561	0.4672	0.1915	0.1075	0.1847	0.2922
1979	0.0583	0.4952	0.1711	0.0946	0.1967	0.2913
1980	0.0565	0.4547	0.1679	0.1047	0.1868	0.2915
1981	0.0589	0.5124	0.1695	0.0896	0.2135	0.3031
1982	0.0596	0.4658	0.1507	0.0858	0.2134	0.2993
1983	0.0686	0.4444	0.1463	0.0805	0.2089	0.2894
1984	0.0766	0.4856	0.1731	0.0889	0.2145	0.3033
1985	0.0599	0.4636	0.1833	0.0806	0.2119	0.2925
1986	0.0711	0.4697	0.1782	0.0735	0.2255	0.2990
1987	0.0642	0.4500	0.2007	0.0644	0.2293	0.2937
1988	0.0707	0.4638	0.2438	0.0580	0.2491	0.3071
1989	0.0657	0.4305	0.1755	0.0491	0.2571	0.3063
1990	0.0602	0.4359	0.2785	0.0414	0.2620	0.3034
1991	0.0794	0.4348	0.2661	0.0487	0.2720	0.3207
1992	0.0785	0.4374	0.2671	0.0409	0.2809	0.3218
1993	0.0704	0.4571	0.2532	0.0460	0.2685	0.3145
1994	0.0573	0.4480	0.2455	0.0507	0.2469	0.2977
1995	0.0589	0.4581	0.1886	0.0497	0.2497	0.2993
1996	0.0733	0.4470	0.2013	0.0513	0.2531	0.3044
1997	0.0633	0.4370	0.1947	0.0359	0.2603	0.2961
1998	0.0715	0.4540	0.2369	0.0523	0.2521	0.3044
1999	0.0747	0.4240	0.2191	0.0462	0.2520	0.2982
2000	0.0533	0.4217	0.2345	0.0455	0.2397	0.2851
2001	0.0634	0.4077	0.2544	0.0458	0.2386	0.2844
2002	0.0911	0.4176	0.2007	0.0400	0.2657	0.3057
2003	0.0858	0.3760	0.2071	0.0379	0.2639	0.3018
2004	0.0842	0.4168	0.2588	0.0509	0.2505	0.3014
2005	0.0875	0.4434	0.2903	0.0500	0.2590	0.3089
2006	0.0805	0.4987	0.3348	0.0435	0.2695	0.3130
2007	0.0644	0.4724	0.3164	0.0627	0.2317	0.2944
2008	0.0843	0.4985	0.2322	0.0614	0.2539	0.3153
2009	0.0503	0.4735	0.2138	0.1013	0.1866	0.2879
2010	0.0603	0.4793	0.2513	0.0913	0.2084	0.2997
2011	0.0599	0.5048	0.2749	0.0861	0.2197	0.3057
2012	0.1024	0.2348	0.2425	0.0628	0.2119	0.2747

注：效率值是由（1）式求得，第一产业 GDP 和 GDP 总值均来源于《新中国六十年统计资料汇编》和历年的《中国统计年鉴》，经（4）~（6）式计算求出表 5 各值。

而主产区上升到了 0.1024，形成的原因在于：a. 功能区资源禀赋条件的制约。首先，粮食主销区内部的生产技术效率差异较大。由表 1 可知，我国粮食主销区主要分布在东部沿海地区，虽然经济相对发达，但是粮食的生产技术效率值差异较大，例如，1978 年的北京技术效率值为 0.97，而天津仅仅为 0.61；其次，主销区的粮食需求量较大。例如北京市虽然拥有先进的生产技术，但是受限于耕地等资源没有形成生产规模，且人口众多，导致需求量的补给依赖于粮食主产区，依赖性的大小也决定了主销区内部的粮食生产技术效率的差异值。位于粮食平衡区的省份可以自给自足，由于受粮食科技的重视程度、当地的资源禀赋条件和人口规模等因素的制约，其内部也存在一定的差异，但这种差异一直稳定在 0.25 左右的水平。b. 粮食技术推广力度大小与适宜性。粮食生产技术效率存在空间收敛，且部分省份有较强的溢出效应，前文分析了部分粮食生产大省之间也能存在空间收敛的规模效应，而这些粮食生产大省都位于适宜技术推广的平原地区，因此，粮食主产区的粮食生产技术效率随着经济的发展和科技的进步，内部差异在逐渐降低。（2）区域间的粮食生产技术效率的泰尔指数值在降低，而区域内部的该值相对较大且稳定在 0.07 左右。我国重视农业产业的发展，进入新世纪以来，连续颁布 10 个一号文件，重视农业科技对农业的发展，粮食安全也是近几年全社会热议的话题，中国 3 个粮食功能区的技术效率值都在不断提高，且差异在逐渐减小，这主要是中央政府对"三农"问题的重视而带来的结果，注重了各区域间粮食生产技术效率的平衡发展，也保障了粮食安全；与区域间相比，区域内部的粮食生产技术效率的泰尔指数值较大。相比区域间的指数值，区域内部的指数值要大 0.15 个水平。这主要是由于区域内的粮食种植结构不同，技术水平也大不相同，此外，区域内的地形地貌的差异也决定了技术推广的难度和机械化生产的适宜度，因此，解决区域内差异也是粮食生产技术效率提高的另一个突破口。（3）粮食生产功能区的技术效率总差异维持在 0.3 左右。该差异是由区域间差异和区域内差异加总得来。虽然区域间的差异值在减小，但是减小的幅度较小，而区域内部的差异一直稳定在 0.15 左右，最终总体差异变化不大，例如 1978 年粮食生产技术效率的总体差异值为 0.2922，到了 2012 年是 0.2742，仅仅下降了 0.018。但是总的来看，中国粮食生产功能区的技术效率的泰尔指数值仅仅在 0.25 左右波动，说明这种差异度并不大，这主要是由于中国的粮食生产技术较好，例如杂交稻提高了粮食单产、生物育种技术培育了高产优质的粮食品种等。

四、简要结论

本文使用了 DEA 方法测量了中国各省区粮食生产技术效率值，通过空间自相关 Moran's I 指数值分析了粮食生产技术效率的空间收敛情况，最后运用泰尔指数分析了中国粮食生产功能区的效率差异及其分解。结果发现：（1）随着中国农业科技的进步，粮食生产技术效率也有了很大的提高；（2）中国粮食生产技术效率存在空间收敛，即各省区的粮食生产技术效率存在空间自相关；（3）中国部分地区的粮食生产技术效率的空间收敛存在涟漪效应，同样有部分地区存在规模效应。传统经济学指出"涟漪效应"是技术推广和经济溢出在扩散过程中的一个弱化现象，但本文发现在技术扩散的过程中，不仅不会弱化，反而能形成规模效应，范围越小，规模效应更明显，这也进一步修正了涟漪效应在技术推广领域的运用；（4）由于技术的空间收敛与扩散及当地的资源禀赋条件约束，中国粮食生产功能区的技术效率差异较大，特别是粮食主销区的技术效率差异最大，最小的是粮食主产区，但随着农业的发展，粮食生产功能区的差异在降低。

基于以上结论，可以启示我们：首先，应鼓励农业技术创新和粮食生产技术的研发，在粮食生产过程中，鼓励优化投入产出结构，从而加快前沿的粮食技术进步，提高粮食生产效率。其次，在粮食生产技术推广的过程中，应充分结合当地的资源禀赋条件，扩大技术推广力度，使相似条件下的地区在技术效率上形成规模效应，从而提高粮食生产的技术效率。最后，应该注意粮食生产功能区的平衡发展，特别是粮食的生产技术效率，减少各功能区之间和功能区内部的差异。

参考文献

1. Allen N. Rae, Hengyun Ma, Jikun Huang, Scott Rozelle, 2006, "Livestock in China: Commodity-Specific Total Factor Productivity Decomposition Using New Panel Data", American Journal of Agricultural Economics, Vol.88（3）, pp.680~695.

2. Audretsch D. B., Feldman M. P., 1996, "R&D Spillovers and the Geography of Innovation and Production", American Economic Review, Vol.86, pp.630~640.

3. Anselin, Luc and Anil K. Bera, 1998, "Spatial Dependence in Linear

Regression Models with an Introduction to Spatial Econometrics", Statistics Textbooks and Monographs, Vol.15 (5), pp. 237~290.

4. Banker, R. D., Charnes, A. & Cooper, W. W., 1984, "Some Models for Estimating Technical and Scale Inefficiencies in Data Envelopment Analysis", Management Science, Vol.30 (9), pp.1078~1092.

5. Charnes, A., Cooper, W. W. & Rhodes, E., 1978, "Measuring the Efficiency of Decision Making Units", European Journal of Operational Research, vol.2 (6), pp.429~444.

6. Carrillo-Huerta, Mario M., 1978, "Determinants of the Adoption of Agricultural Innovations", The American Economist, Vol.22 (2), pp. 50~55.

7. Fare, R., Grosskopf, S. and Margaritis, D. 2001, "APEC and the Asian Economic Crisis: Early Signals from Productivity Trends", Asian Economic Journal, Vol.15 (3), pp. 325~342.

8. Farrell, M. J., 1957, "The Measurement of Productive Efficiency", Journal of the Royal Statistical Society, Series A (General), pp.253~290.

9. Geary, Robert C., 1954, "The Contiguity Ratio and Statistical Mapping", The Incorporated Statistician, Vol.5 (3), pp. 115~146.

10. Griliches, Zvi., 1957, "Hybrid Corn: An Exploration in the Economics of Technological Change", Econometrics, Journal of the Econometric Society, Vol.3 (2), pp. 501~522.

11. Hu G., Jefferson G., Qian J., 2005, "R&D and Technology Transfer: Firm-Level Evidence from Chinese Industry", The Review of Economics and Statistics, Vol.87 (4), pp. 780~786.

12. Kaivan Munshi, 2004, "Social Learning in a Heterogeneous Population: Technology Diffusion in the Indian Green Revolution", Journal of Development Economics, Vol.73 (1), pp.185~213.

13. Keller W., 2002, "Geographic Localization of International Technology Diffusion", American Economic Review, Vol.92 (1), pp.120~142.

14. Lim U., 2003, "The Spatial Distribution of Innovative Activity in U.S. Metropolitan Areas: Evidence from Patent Data", The Journal of Regional

Analysis & Policy，Vol.33（2），pp. 97~126.

15. Leon-Ledesma, Miguel A., 2000, "Economic Growth and Verdoorn's law in the Spanish Regions, 1962~1991", International Review of Applied Economics, Vol.14（1），pp.55~69.

16. Mathur, S. K., 2006, "Growth Accounting for Some Developed, Developing and Newly Industrialized Countries: from 1966 to 2000: A Data Envelopment Analysis", Conference Proceedings International Conference of Korea Development Institute Jointly Organized by Korean Develop men Institute and Korean American Economic Association.

17. Mei Wen, 2004, " Relocation and Agglomeration of Chinese Industry", Journal of Development Economics, Vol.73（1），pp.329~347.

18. Martin, Philippe and Gianmarco IP Ottaviano, 2001, "Growth and Agglomeration", International Economic Review, Vol.42（4），pp. 947~968.

19. Moran, Patrick A. P., 1950, "Notes on Continuous Stochastic Phenomena", Biometrika, Vol.37（1/2），pp.17~23.

20. Robert M. Solow, 1956, "A Contribution to the Theory of Economic Growth", The Quarterly Journal of Economics, Vol.70（1），pp. 65~94.

21. Verdoorn, Petrus J., 1949, "Factors that Determine the Growth of Labour Productivity", Productivity Growth and Economic Performance, Essays on Verdoorn's Law.

22. Young, A., 1993, "Invention and Bounded Learning by Doing", Journal of Political Economy, Vol.101, pp.443~472.

23. 陈飞、范庆泉、高铁梅：《农业政策、粮食产量与粮食生产能力调整》，《经济研究》，2010 年第 11 期。

24. 程国强、朱满德：《中国工业化中期阶段的农业补贴制度与政策选择》，《管理世界》，2012 年第 1 期。

25. 符淼：《地理距离和技术外溢效应——对技术和经济集聚现象的空间计量学解释》，《经济学（季刊）》，2009 年第 4 期。

26. 郭玮、赵益平：《威胁粮食安全的主要因素及应对政策》，《管理世界》，2003 年第 11 期。

27. 顾乃华、李江帆：《中国服务业技术效率区域差异的实证分析》，

《经济研究》，2006 年第 3 期。

28. 黄季焜、杨军、仇焕广、徐志刚：《本轮粮食价格的大起大落：主要原因及未来走势》，《管理世界》，2009 年第 1 期。

29. 李胜文、李大胜、邱俊杰、李新春、何轩：《中西部效率低于东部吗？——基于技术集差异和共同前沿生产函数的分析》，《经济学（季刊）》，2013 年第 3 期。

30. 陆文聪、黄祖辉：《中国粮食供求变化趋势预测：基于区域化市场均衡模型》，《经济研究》，2004 年第 8 期。

31. 马九杰、张象枢、顾海兵：《粮食安全衡量及预警指标体系研究》，《管理世界》，2001 年第 1 期。

32. 宋洪远、庞丽华、赵长保：《统筹城乡，加快农村经济社会发展——当前的农村问题和未来的政策选择》，《管理世界》，2003 年第 11 期。

33. 宋洪远：《中国主产区粮食综合生产能力建设问题调研报告》，中国财政经济出版社，2005 年。

34. 伍山林：《中国粮食生产区域特征与成因研究——市场化改革以来的实证分析》，《经济研究》，2000 年第 10 期。

35. 王德文、黄季焜：《双轨制度下中国农户粮食供给反应分析》，《经济研究》，2001 年第 12 期。

36. 吴玉鸣、徐建华：《中国区域经济增长聚集的空间统计分析》，《地理科学》，2004 年第 6 期。

37. 吴延兵：《R&D 存量、知识函数与生产效率》，《经济学（季刊）》，2006 年第 3 期。

38. 吴玉鸣：《空间计量经济模型在省域研发与创新中的应用研究》，《数量经济技术经济研究》，2006 年第 5 期。

39. 王启现、李志强、刘自杰：《我国农业科技进步与科研投资分析》，《科学管理研究》，2007 年第 4 期。

40. 许庆、尹荣梁、章辉：《规模经济规模报酬与农业适度规模经营——基于我国粮食生产的实证研究》，《经济研究》，2011 年第 3 期。

41. 徐彬：《空间权重矩阵对 Moran's I 指数影响的模拟分析》，南京师范大学，2007 年。

42. 徐舒、左萌、姜凌:《技术扩散、内生技术转化与中国经济波动——一个动态随机一般均衡模型》,《管理世界》,2011 年第 3 期。

43. 姚洋、章奇:《中国工业企业技术效率分析》,《经济研究》,2001 年第 10 期。

44. 朱希刚、刘延风:《我国农业科技进步贡献率测算方法的意见》,《农业技术经济》,1997 年第 1 期。

45. 智华勇、黄季焜、张德亮:《不同管理体制下政府投入对基层农技推广人员从事公益性技术推广工作的影响》,《管理世界》,2007 年第 7 期。

46. 周端明:《技术进步、技术效率与中国农业生产率增长——基于 DEA 的实证分析》,《数量经济技术经济研究》,2009 年第 12 期。

47. 钟甫宁、刘顺飞:《中国水稻生产布局变动分析》,《中国农村经济》,2007 年第 9 期。

作者单位　高鸣,中国农业大学中国农村政策研究中心、中国农业大学经济管理学院;宋洪远,中国农业大学中国农村政策研究中心、农业部农村经济研究中心

发表刊物　《管理世界》2014 年 7 月

村委会选举中的村民投票行为、投票过程及其决定因素[①]
——基于全国 5 省 100 村 2000 户调查数据的实证研究

张同龙　　张林秀

内容提要　本文首次使用了一个具有全国代表性的大样本农村村委会选举的微观数据集，发现村民参与的高投票率不是完全真实的，在 83% 的高名义投票率后面，实际"完整"投票率只有 51%，在所有名义投票的人群中，有 18.9% 的人是在"虚假"投票。另外，不同人群的参与率也有所不同。一些特定人群的参与率和参与程度都较低，比如女性、年轻人、不工作的、工作地点离村庄比较远的以及教育程度较高和较低的人群。如果这其中一些因素叠加起来，那些人群更值得关注，选举中几乎没有他们的声音。根据本文的研究，我们建议在下一步的村委会选举工作中，要着重提高村民的"完整"投票率，特别是那些低参与率的人群。如果整个投票过程的质量有所改善，即使选举质量提高缓慢，仍可以使村民们积累选举经验，为长期民主的巩固提供基础。

关键词　村委会选举　投票过程　投票率　完整投票

---

①　本文研究得到国家社会科学基金青年项目（项目编号：11CGL058）、中国科学院知识创新工程重大项目（项目编号：KZZD-EW-06-02）以及天津师范大学博士基金项目（项目编号：52WW1208）的资助。

一、引言

在 20 世纪 80 年代的中国农村，伴随着家庭联产承包责任制的推行，基层治理组织也由生产大队逐渐转变为村委会。几乎同时，一些地区开始试验通过民主选举而不是上级任命来产生村委会。随后十几年中，越来越多的村庄都开始采用这种民主选举的方式，并且在模仿的过程中对一些选举程序进行了改进。直到 1998 年，《中华人民共和国村民委员会组织法》正式通过，才具体规定了村委会的法律地位、明确了村委会与乡镇政府以及村党支部的关系，并对推选村民选举委员会、直接提名、差额选举、秘密划票、当场公布选举结果等都做了细致规定。由此制度化的村委会选举在全国范围内得到了普及，而且在随后的实践中不断的得到完善。在民政部公布的最近的一轮村委会选举中，全国 31 个省份的 626655 个村中的 623690 个村已完成选举，完成率达到了 99.53%。至今，全国农村普遍已完成 7 ~ 8 届村委会选举，最多的已完成了 10 届（福建、辽宁、山东），最少的也完成了 4 届（云南），选举产生的村委会已在农村生产和生活中发挥了重大作用（徐轶青，2009）。

从学术研究的角度看，已有的大部分实证研究文献都支持村委会选举提高了村庄治理的质量。他们发现，选举使村委会更负责任，减少了行政管理费用的支出，有助于减轻贫困和满足村民的消费需求，还减少了人均税费水平，显著的增加了村庄人均公共支出，同时降低了收入不平等水平（Zhang et al., 2004；Shen & Yao, 2008；Luo et al., 2007a，2007b；Wang & Yao, 2007；Gan et al., 2006，2007）。但对于选举本身的质量，很多学者从不同侧面提出了批评，如有些地区的选举还缺乏竞争，有些地区有贿选情况，还有些地方的选举受到上级力量的操控等（Chen & Zhong，2002；Shi，1999；O'Brien，1994；2001；Brandt & Turner，2007）。即使如此，大部分学者依旧保持乐观，他们认为即使是低质量的选举，也能透过选举程序连接当权的村委会和村民的关系，进而使得村委会必须回应村民需求，因此选举仍能起到很大的激励作用，促使村委会提高治理水平（Brandt & Turner，2007；Luo et al.，2007b）。随着村委会选举逐步进入稳态阶段，研究的焦点也应由早期研究所关注的村委会是由选举产生，还是由上级任命，转为关注选举本身的质量变化。

在选举中，投票环节具有特殊重要性。首先，它作为村民选举参与最直接的方式，是其行使权利，表达偏好最重要的渠道。其次，从研究选举质量的角度看，一个重要的指标是投票率，它不但测度了选举的民众参与状况，而且也预示着权力来源基础的宽泛程度。民政部官方公布的最近一轮村委会选举的数据显示，全国范围的平均投票率达到了90.97%，在部分省市，如浙江省，更是达到了95%。这是一个相当高的投票率，也是民政部一直以来引以为豪，并用来佐证村委会选举成功的证据。学者们也同样认为这是一个重要的事实，根据政治学的文献，即使选举系统有缺陷，投票行为本身仍然是有价值的，它会为未来选举质量的提高提供基础（Diamond & Myers，2000；Manion，1996；Horsely，2001；Liu，2000）。因为在选举成为村委会获得权力的合法途径前提下，当一个村民去投票时，他是在发出自己的声音，表达自己的偏好，实施自己的选举权。此时，即使选举系统有问题（如贿选或上级操纵等），他的选择不能直接反映在最终的选举结果上，仍然能从投票的过程中积累选举参与的经验，比如学习了民主程序、自我权利义务、如何表达自己的倾向以及逐步内化民主价值（O'Brien & Li，2000；胡荣，2001）。所以，从长期看，选举的投票率以及投票过程具有重要意义（Pang & Rozelle，2010）。

对于村委会选举中的高投票率，有学者从物质激励、精英动员、政治动员等因素予以解释（Shi，1999；熊易寒，2008；张雅雯、耿曙，2008）。①但对于这一高投票率本身的真实性，特别是高投票率背后的具体投票过程的研究还很少见。更为关键的是，目前对这一问题的研究者主要是社会学者和政治学者，其主要的研究资料是小样本调查（仅是几个村子或一个省的数据，如 Chen 和 Zhong，2002；O'Brien，1994；Kennedy，2002；胡荣，2006）或案例研究（何包钢、郎友兴，2000）。尽管这些研究在把握事件的"真实性"上更具优势，但有以"故事"代替"整体"的倾向（姚洋，2006）。而基于系统的具有全国代表性的大样本调查数据的研究少之又少，笔者所见的只有孙昕等（2007）及 Pang 和 Rozelle（2010）。目前，包括孙昕等（2007）在内的大部分研究（Shi，1999；Chen & Zhong，2002）在收集数据时，都只统计了每个村的投票数，计算了投票率，只跟踪到个体村民是否投票了。而没有进一步调查投票过程的细节，比如是否是投票人亲自填写的选票（若是他人代填，代填人是否征询了投票人的意见）、是否是投票人亲自将选票放入

---

① 后两篇文章主要针对的是城市中的社区选举。

投票箱（甚至可以细分放入哪类投票箱，固定投票箱，还是流动投票箱？）、是否代理他人投票，以及委托代理投票的具体要求和操作流程等。[①] 而正是通过这些细节才能判断一个投票人是否真正的参与到选举过程中，而不是"被参与"了。如上文所述，真实的投票经历很有价值，所以细致研究投票过程很有必要，也是我们评估这一高投票率的关键。反之，若忽略了投票的一些重要环节，虚高的投票率背后可能仅是一小撮人的参与和选择，而大部分村民被排斥在选举之外，他们根本不可能积累选举的经验，而且有可能形成民主选举不过是形式主义"花架子"而已的印象，这会更不利于日后选举的改善。

为了理清村委会选举中村民的投票过程和分析其投票行为，本文主要在以下3个方面做出努力：（1）具体刻画整个投票过程，找出投票的行为模式，构造指标测度村民的参与强度；（2）识别出哪些人真正参与到投票过程之中，哪些人是"假参与"；（3）尝试去理解这些不同投票行为背后的决定因素。当然，如果我们能清楚的理解投票过程，那么提高村委会选举中村民的真正参与程度就相对容易做到了，未来也就可能提高村委会选举的长期质量了。

对于一个如此宏大的目标，我们必须清楚的界定自己的研究范围。整个村委会选举过程由很多环节组成（从组成选举委员会、选民登记、提名候选人、竞选、投票，直到最后计票、公布选举结果），本文着重研究的是其中的最关键的一环——

---

① Pang 和 Rozelle（2010）是笔者所见的唯一一篇详细讨论投票过程的文章，其对投票过程的划分对本文帮助很大。但该文主要从性别视角来观察投票参与，他们发现女性，特别是外出的女性的投票率很低。

投票过程（Pastor & Tan，2000）。换句话说，本文集中讨论从给村民发放选票到投票入箱的过程，这一过程可以粗略的分为填写选票、征询意见（对于那些由别人代为填写选票的投票人）和投票入箱。对于选举的其他环节也会有所提及，但限于篇幅，不做具体展开。本文以下的结构安排如下：第二部分主要介绍数据来源；第三部分对整个投票过程进行描述性分析；第四部分运用回归分析探寻不同投票行为的决定因素；最后总结全文。

二、数据来源

本文所使用的数据来自中国科学院农业政策研究中心于2008年进行的农村公共投资和公共服务调查。该调查于2008年4月在全国有代表性地抽取了5个省25个县50个乡100个村，样本的选取过程采用了分层逐级抽样和随机抽样相结合的办法。首先将全国按照农业生产条件和经济发展水平分为东北地区（辽宁、吉林和黑龙江）、东部沿海发达地区（江苏、浙江、山东、福建和广东）、北部和中部地区（河北、河南、安徽、湖北、湖南和江西）、西北黄土高原地区（山西、陕西、内蒙古、宁夏、甘肃、青海、新疆）、西南地区（四川、贵州、云南、广西）5个大区，从中随机地抽取了5个省作为样本省，它们分别为：吉林、江苏、河北、陕西和四川。在选取好样本省后，将所在省份的所有县（市）根据人均工业总产值大小按降序排列，[①]然后每个省等距随机地抽取5个县，一共选取了25个

---

① 根据 Rozelle（1996）的研究，人均工业总产值比农村人均收入指标来说可以更准确、可信地体现生活标准和经济发展潜力。

县作为样本县。在每个样本县中，先将每个县的各个乡镇按人均工业总产值排序，然后分为两组，在每个组里随机抽取一个乡镇作为样本乡镇，5 个省共计抽取了 50 个乡镇。按选取乡镇的方法在每个样本乡镇选取 2 个村，共选取了 100 个村。在选定的样本村里，每个村根据农户花名册按照随机数随机抽取 20 个农户，100 个村共随机抽取 2000 个农户样本。[①]

　　这次调查分别设计了乡镇、村庄和农户 3 个层次的问卷，本文只用到了家户问卷的信息。在家户问卷中，我们专门设计了一部分问题来调查村民参与村庄治理的情况，在这其中包括一系列问题详细记录了村民参与最近一轮村委会选举（2005 ~ 2007 年间）投票的全过程。这些问题包括：该村民是否有选举权、他是否知道选举的事、选举时是否在家、是否参加了选举等。对于宣称参加了选举的村民，进一步询问了：是否是自己填写的选票（若不是，是谁帮你填的，以及代填的人是否征询你的意见）、是否是自己将选票投到投票箱（若不是，是谁帮你投的）以及把票投到哪种投票箱（固定投票箱还是流动投票箱）。对于选举当天没在家但宣称参加了选举的村民进一步询问了委托投票的问题，包括是否投票、委托谁投的、以什么方式委托的（打电话、委托书还是其他方式）以及是否征询了委托人的意见等。另外，还附加询问了那些受别人委托投票

---

　　① 该调查总共进行了 3 次，分为于 2003 年、2005 年和 2008 年进行，整个调查构成了一个信息十分丰富的面板数据。2003 年的调查没有涉及到家户层面的问卷，2005 年每村抽取 10 户（另外抽取 10 户做了参与式访谈），2008 年每村调查了 20 户（均是 2005 年抽到的）。Pang 和 Rozelle（2010）所使用数据与本文的数据为同样的样本框，该文使用的是 2005 调查数据，本文同时使用了 2005 年和 2008 年的调查数据，本文数据的样本量是其 3 倍，并且可以展示以下时间变化。

的村民关于代理投票的相关细节。总结一下，对于一个参加了选举的村民，主要问题可以按 Pang 和 Rozelle（2010）分为 3 个层次：是否是自己填写的选票；若不是，是否征询投票人的意见；是否是自己亲自投票入箱。

除了选举方面的信息，在家户表中，我们还收集了大量个人的社会经济信息，具体包括：个人的年龄、性别、政治面貌、受教育状况、就业和收入状况、家庭财产、耕地状况以及上缴税费状况等。这些信息将给我们在下文对村民在选举中的投票行为进行分析时提供支持。

三、"拷问"投票率

如前文所述，投票率是衡量村民选举参与的关键指标，所以本节首先基于本文所使用的数据集计算出投票率，并与民政部的数据和以前文献中所得的数据相验证。接下来我们将打开投票过程的黑箱，详细考察整个投票人群的组成状况。投票由一系列的环节组成，在投票过程中完成环节的不同，也就是投票参与的深度不同，当然能积累的选举经验也不同。我们有必要进一步计算不同参与强度的参与率。最后，到底是哪些人群在投票过程中表现的比较积极，而又是哪些人群没有投票或只是形式上参与了呢？所以我们有必要按照社会经济变量划分人群来看参与情况。

（一）村委会选举的（毛）投票率

在我们 2005 年的调查中共访问了 800 个农户的 2903 个村

民，2008 年的调查共访问了 2000 个农户的 8524 个村民。由这个数据集，我们来计算投票率。我们采用投票率的最直接的定义，用参加投票的人数除以有投票权的人数，即毛投票率。

为计算投票率，我们首先来看投票权的情况，然后再通过投票数据计算投票率。根据《村委会组织法》规定，选民登记有一些标准，如年龄、户籍和居住年限等。表 1 显示，平均而言所有村民中有 77% 的人有投票权，从样本数量来看，2004 年的选举中有投票权的村民 2238 人，2007 年 6770 人。下面的分析都以此子样本为对象，不再涉及没有投票权的人群。

表 1　2004 年和 2007 年村委会选举*中村民中投票权的状况
（人数或百分比）

	全国	江苏	四川	陕西	吉林	河北
2004 年有投票权的人数（人）	2238	485	502	444	456	351
2004 年有投票权的比例（%）	77	80	81	74	77	73
2007 年有投票权的人数（人）	6770	1545	1563	1298	1161	1168
2007 年有投票权的比例（%）	77	84	83	73	72	73

注：* 在我们 2008 年的调查数据中，发现大部分村庄最近一次选举发生在 2007 年，只有很少村庄在 2005 年或 2006 年进行。为了行文简洁，在后文中使用 2007 年选举表示离 2008 年最近的一次选举。同样，以 2004 年选举表示离 2005 年最近的一次选举。当然，调查年份的选择本身是研究团队精心安排的。

资料来源：作者调查。

在表 2 中，我们利用村民是否参加了选举信息加上是否有投票权，计算出了毛投票率。其中在 2004 年的选举中，87% 有选举权的村民通过投票参与了选举，与民政部报告的水平相当，这是一个相当高的投票率。从分省数据看，江苏省、四川省和吉林省都超过了 90%；只有河北省的投票率低于 80%，只有 76%。而在 2007 年的村委会选举中，全国的毛投票率降为了 83%，比民政部报告的投票率低了 6 ~ 7 个百分点，但仍然是一个相当高的水平。从分省数据看，只有吉林省达到 94% 超过了 90%，比 2004 略有上升；陕西省也变化不大；河北省的投票率上升很大，达到了 88%；而江苏省和四川省都有大幅下降，其中江苏省的投票率下降了 18 个百分点只有 72%。[1]

表2　2004 年和 2007 年村委会选举中村民中的毛投票率（百分比）

	全国	江苏	四川	陕西	吉林	河北
2004 年的毛投票率（%）	87	90	92	85	92	76
2007 年的毛投票率（%）	83	72	82	84	94	88

资料来源：作者调查。

（二）投票过程与委托投票

在计算过投票率之后，我们进一步来打开投票过程的黑箱，详细分解整个投票人群和毛投票率。第一步，我们按照选举时投票人是否在村里，将所有有投票权的人群分为两部分。当时在村里的村民可以进行现场投票，而不在村里的村民只能进行委托投票（有的文献也称为缺席投票）。表3 分别计算了两类人群的毛投票率，我们发现从两届村委会选举情况来看，选举时不在村里的人群的投票率显著低于在村里的人群，而且由于在村里的人群的投票率几乎都超过 90%，所以没有投票的人群主要是选举时不在村里的人群。也就是说，省际之间毛投票率的差异主要由选举时不在村人群所占比例决定。为什么选举时有些人群会不在村呢，一个重要原因是在我国农村很多劳动力外出打

---

[1]　由表3 可知这一下降主要是由于对于选举时不在家的村民的委托投票执行相对严格的限制。

工。这或许可以提醒我们如果选择好选举时间，例如在外出打工人群在村时进行选举能够大幅度提高选举投票率。

表3　2004年和2007年村委会选举中村民中的毛投票率
（按是否现场投票划分）（百分比）

	全国	江苏	四川	陕西	吉林	河北
2004年选举时不在村的比例（%）	23	27	29	22	12	22
2004年选举在村人群的毛投票率（%）	93	96	95	91	98	83
2004年选举不在村人群的毛投票率（%）	68	73	83	66	45	50
2007年选举时不在村的比例（%）	23	30	26	21	13	21
2007年选举在村人群的毛投票率（%）	91	89	92	94	98	95
2007年选举不在村人群的毛投票率（%）	46	33	53	48	63	62

资料来源：作者调查。

接下来，我们首先分析选举时在村里的人群，这些人中大多数进行现场投票，他们的选票填写情况。对于投票人来说，通过投票时对候选人的选择直接反映自身的偏好和利益。同时这也是投票人的重要选举参与经历，所以我们关注选票是否是投票人亲自填写。但是，在农村一个现实的情况是还有一些投票人由于受教育情况限制，自身无法做到。那么关注由谁帮助填写选票，也反映了一些农村中特有的关系联接。另外，一个值得关注的问题是选票中候选人的选择是否反映了投票人的意愿。

在表4中，我们发现在所有现场投票的人群中，绝大多数人都是亲自填写的选票，2007年选举中的比例为89%。对于由其他人代填选票的人群，代填人出现频率最多的是配偶（多数情况是丈夫帮妻子填写）和儿子，二者相加超过了一半，这也反映了农村中家庭结构和传统思想仍然起作用。让人比较忧虑的是在其他选项中大部分出现的是小组长、村干部、发选票的人以及村民代表等，这些人往往与候选人是利益相关者，能否如实反映投票人的想法可能会有问题，并且这个比例由2004年的8%上升到2007年的17%。所以，我们继续关注代填人是否询问了投票人的意见。结果表明，只有一半多一点的投票人被咨询过意见。也就是说，没有亲自填写选票的投票人的选票有相当多的情况是没有反映出投票人的偏好和意见，他的选举权完全没有实现。无论代填人与投票人关系如何，这都可能造成投票人选举权的实际丧失，也反映投票人和代填人公民理念的部分缺失，同时投票人没有获得选举体验，自然很难积累民主参与经验。

表4　2004年和2007年村委会选举中村民现场投票中的
选票填写情况（百分比）

		2004年选举	2007年选举
投票人亲自填写选票比例（%）		76	89
他人代填选票，代填人是谁？	1. 配偶	49	42
	2. 儿子	17	15
	3. 女儿（儿媳妇）	8	3
	4. 父亲（公公）	7	8
	5. 母亲（婆婆）	1	2
	6. 亲戚朋友	10	12
	7. 其他	8	17
代填人征询投票人意见比例（%）		55	60

资料来源：作者调查。

除了填写选票，另外一个重要环节是投票入箱，这是投票的最末一环，也是在选举体验中最能激发公民责任感的一环。在表5中，我们发现在所有现场投票的人群中，绝大多数人都是亲自投票入箱，2007 年选举中的比例为 85%。但是对这个几乎每个投票人都具备能力来完成的环节，仍有 15% 的人没有亲自完成（2004 年更是高达 28%）。同时，也有很多村民（14%）承认他们帮其他人投票入箱。但是一个可喜的变化是从时间趋势来看这两个比例在 2007 年都比 2004 年大幅降低。对于由其他人代为投票入箱的人群，代投人出现频率仍然最多的是配偶（多数情况是丈夫帮妻子填写）、儿子和父亲（公公），二者相加超过了 60%，这同样也反映了农村中家庭结构和传统思想的作用。让人比较忧虑的依然是在其他选项中大部分出现的是小组长、村干部、发选票的人以及村民代表等，而且这个比例高达 25%。在这个成本最低也是选举参与体验最深刻的环节，出现了较高比例的代投现象，值得我们进一步思考，如何做好选举宣传、公民教育和民主理念培养工作，以保证投票的独立性。鉴于投票入箱环节对于积累民主参与经验的重要性，我们在下文中将此作为重要指标。

表 5　2004 年和 2007 年村委会选举中村民现场投票中的
投票入箱情况（百分比）

		2004 年选举	2007 年选举
投票人亲自投票入箱比例（%）		72	85
投票人帮他人投票入箱的比例（%）		26	14
他人代投选票入箱，代投人是谁?	1. 配偶	45	42
	2. 儿子	13	16
	3. 女儿（儿媳妇）	7	3
	4. 父亲（公公）	10	8
	5. 母亲（婆婆）	2	2
	6. 亲戚朋友	2	3
	7. 其他	21	26

资料来源：作者调查。

接下来，我们将考察选举时没在村的村民的投票情况，这些人只能采取委托投票的方式参与选举。对于委托投票，一直是有争论的话题。很多学者认为，投票权是不能让渡的个人权利，而委托投票，即允许一个人为其他人投票，是与这个准则不相容的。赞成委托投票的观点认为，采取委托投票（缺席投票）是为了允许生病的、年老的或出门在外的人投票。为了提高选民的参与水平，它是可取的，而且法律也要求至少要有50%的合格选民投票，选举才有效。如果在没有委托投票的情况下，村民参与水平会降低，而且可能会导致很多选举无效。而我国《村委会组织法》（第十五条）也规定：登记参加选举的村民，选举期间外出不能参加投票的，可以书面委托本村有选举权的近亲属代为投票。但要注意到，实际上规定对于委托投票有两个限制条件：有书面委托书和近亲属代投。

　　表6显示了在村委会选举中委托投票的情况不容乐观。2004年的选举中，在所有的委托投票中，只有21%的投票是在得到了投票人的授权的情况下进行的，而绝大多数情况选票没有得到投票人的授权。而且在所有的委托投票中，只有13%的投票征询过投票人的意见，其他投票都没有反映投票人自身的偏好和倾向。这些投票都侵害了投票人的选举权。从时间变化来看，这两种情况都在好转，在2007年的选举中有差不多一半的委托投票得到了投票人的授权，将近1/3的投票征询了投票人的意见。这两个指标是从投票结果来看，下面我们从委托投票的程序规范来看。委托投票的第一个条件，书面委托书，在两次选举中，只有5%左右的委托投票满足这一条件。也就是说，严格来讲几乎所有的委托投票都不符合规范。大部分委托投票

的委托方式是通过电话委托，仍有 1/4 多的委托投票通过其他方式（大部分是口头委托）进行的，其可信度成疑。委托投票的第二个条件，受托人为近亲属，这个条件在选举中基本上都得到了满足。我们还可以看出受托人中比例较高的有父亲（公公）和母亲（婆婆），这也反映了外出务工的主要是年轻劳动力。

表 6　2004 年和 2007 年村委会选举中村民缺席投票中的
委托投票情况（百分比）

		2004 年选举	2007 年选举
委托人得到投票人的授权比例（%）		21	47
委托方式	1. 打电话	68	66
	2. 书面委托书	6	5
	3. 其他	26	29
委托投票时，受托人是谁？	1. 配偶	24	23
	2. 儿子	3	2
	3. 女儿（儿媳妇）	0	0
	4. 父亲（公公）	55	48
	5. 母亲（婆婆）	11	18
	6. 亲戚朋友	2	7
	7. 其他	5	2
征询投票人意见的比例（%）		13	32

资料来源：作者调查。

（三）投票模式和分人群投票率

如上文所述，投票过程是一个充满复杂细节的过程。为了进一步分析，我们通过选取几个重要指标将投票过程清晰的总结为不同的投票模式。按照 Pang 和 Rozelle（2010），在所有宣称参与了投票（名义上投票）的人群中，按照是否亲自填写选票、是否按自己意愿投票和是否亲自投票入箱可以分为六类。为清晰起见，我们采用了 Pang 和 Rozelle（2010）的四位编码 x1–x2–x3–x4，其中 x1 表示是否投票，x2 表示是否亲自填写选票，x3 表示是否按自己意愿投票，x4 表示是否亲自投票入箱。每位编码可能取值 1 或 2，回答"是"取 1，回答"否"取 2。因为我们只讨论参与了投票的人群，所以第一位总是 1，六类为：1111、1112、1211、1212、1221、1222。这些编码的含义都十分清楚，比如 1111 表示该村民完全亲自履行了投票的全过程，我们可以称其为"完整"投票。再比如 1222 表示只是名义上投票了，实际上没有他的票并没有反映他的意见，而且他也没有得到任何的投票参与经验。

在表 7 中，我们可以看出在所有行使了投票权的人群中，只有 61.7% 的人完全亲自履行了投票的全过程，如果按这个最严格的标准，"完整"投票率只有 51%（83%*61.7%），也就是说在有投票权的人群中，只有一半多一点体验到了投票的全过程。而在所有行使了投票权的人群中，有 18.9% 的人只是名义上投票了，他们没有积累任何投票经验，选举也没有反映他们的意愿，是典型的"被"投票了。

表 7　2007 年村委会选举中的不同人群分类投票模式（百分比）

分类标准	类别	该样本在总样本中的比例	投票模式代码					
			1111	1112	1211	1212	1221	1222
参加投票的全部村民		100	61.7	1.7	6.1	10.9	0.7	18.9
性别	男性	54	65.6	1.1	6.4	9	0.5	17.4
	女性	46	57.2	2.5	5.6	12.5	1.1	21.1
年龄	<26	11	30.7	0.3	1.1	19	0.5	48.5
	26~35	14	47.1	0.9	3.5	16.1	0.5	32
	36~45	21.5	69.3	0.6	5.4	9.6	0.2	16.9
	46~55	22	73.2	2.6	7.3	6.1	1	10
	>55	31.5	65.8	2.7	8.7	9.9	1.2	11.7

分类标准	类别	该样本在总样本中的比例	投票模式代码					
			1111	1112	1211	1212	1221	1222
受教育程度	文盲	18	49.2	6.6	6.4	16.5	1.7	19.5
	小学	32	67.6	0.9	9	7.6	0.9	14
	初中	37	64.2	0.4	4.4	10.3	0.4	20.3
	高中或中专	11	60.5	0.5	3.5	11.1	0.2	24.3
	大专及以上	2	29	0	1	28	0	42
政治面貌	党员	8	82.4	1	5.1	4	0.8	6.7
	非党员	92	59.9	1.8	6.1	11.3	0.8	20.2
家庭财产	富有的1/3 中间的	33.3	58.5	2.5	8.5	12.2	1	17.3
	1/3 贫穷的1/3	33.3	62.3	1.8	5.5	10	0.6	19.8
		33.3	61.7	0.9	4.5	10.5	0.6	19.6
就业状态	不干活	12	45.4	2.3	4.5	15.7	0.4	31.7
	干活但没有非农收入	46	72.7	2.5	7.9	7,2	1	8.7
	有工资性非农收入	31	48.4	0.8	4.6	14.6	0.4	31.2
	自营工商业	11	70.6	0.3	3.7	7.7	0.6	17
工资水平	较高的1/3 中间的	33.3	65	0.5	5.5	8.9	0.6	19.5
	1/3 较低的1/3	33.3	44.2	1.2	5.8	15.3	0.7	32.8
		33.3	35.2	0.5	1.6	18.2	0.2	44.3
工作地点	本村	73.7	69.6	2.1	6.7	8.2	0.8	12.6
	本乡非本村	5.7	62.5	0.9	4	8.9	0.6	23.1
	本县非本乡	6	57.6	0.3	6.1	12.6	0	23.4
	本省非本县	6.4	27.7	1.1	2.7	18.4	0.6	50
	外省	8.1	20.3	0.4	4.1	25.9	0.4	48.9

资料来源: 作者调查。

村民在投票过程中有不同的表现, 这种表现和他们自身的一些社会经济特征有怎样的联系呢? 在表7中, 我们按照不同的人口学变量和社会经济变量, 将参加投票的村民分为不同的人群。在不同人群中, 投票参与的程度也有显著差异。比如男性"完整"参与率要高于女性, 完全的名义投票的情况也要低于女性。不同年龄段的人群中，一般来说年龄越大的参与情况越好些（"完整"参与率高，完全的名义投票比例低），但大于55岁以后又有所下降。不同受教育程度人群的投票参与情况，显示小学和初中文化程度的参与情况最好，这和大多数文献中投票参与与教育程度正相关的结论不一致。而这很可能和受教育程度较高的人群大都在外工作，或者参加选举的机会成本较高相关，具体结论需要在第三节的实证模型中通过控制更多变量来检验。党员的参与程度远高于非党员，这与以往文献结论一致，无疑也是符合直觉的。从家庭财产角度看，不同富裕程度的家庭参与率相差不大，中间阶层略高一点。从就业状况看，纯务农和自营工商业人群参与程度很高，前者可能是工作在村里参与成本较低，而后者可能在村里利益相关度较高所致。而有工资性非农收入的人群参与度较低，这很可能是其投票的机会成本较高所致，而这其中工资较高的参与程度也越高。工作地点不同导致不同的选举参与程度最好理解，离家越远的参与程度就越低，出不出县的差异最为明显。

另外，有些人群值得特别关注，由于种种原因，他们的"完整"投票率很低，而完全的名义投票所占的比例很高。比如，小于25岁的青年人，其"完整"投票率只有30%多一点，而"虚假"投票的情况接近50%。大专以上的受教育程度人群"完整"投票率还不到30%，而"名义"投票的情况超过40%（由这部分人群在1212部分占38%可以推测出，这很可能是他们不生活在本村所致）。由工作地点和就业状态两类情况结合来看，在外打工人群的参与状况也是参与程度较低的人群。当然，在这里我们只是试图从直觉角度去理解不同人群的不同参与模式，更可靠的证据需要我们在第四部分的回归模型中给出。

沿着上文的思路，我们进一步依照 3 个关键指标"是否参与投票"，"选票是否反映了投票人的意见"以及"是否亲自完成所有投票环节"，将投票行为分为 3 个层次。第一个层次，包括所有 6 类参加选举的人群，由他们在拥有投票权的总人数中所占的比例，计算出毛投票率（前文已经完成了此任务）。第二个层次，包括 4 类（投票模式代码为 1111、1112、1211、1212）参与人群，由他们在拥有投票权的总人数中所占的比例，计算出意愿投票率。第三个层次，只包括亲自完成所有投票环节（投票模式代码为 1111）的参与人群，由他们在拥有投票权的总人数中所占的比例，计算出完整投票率。

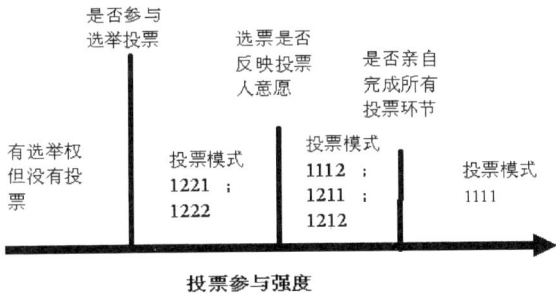

图 1 村委会选举中村民参与行为模式与投票层次

表 8 显示，在 2004 年的选举中全国平均意愿投票率只有 64%，即只有 64% 的选票反映了投票人偏好和意见。这比当时的毛投票率 87% 低了足足 23 个百分点，这部分人群或者是当时不在村通过委托投票而帮他投票的人没有征询他的意见，也有可能当时在村选票由别人代填，而代填人也没有征询他的意见。

从分省份的数据来看，吉林省意愿投票率依然保持在一个相对高的水平，而其他省份的意愿投票率都比毛投票率有大幅下降，基本都在 50% ~ 60% 之间。从时间变化来看，2007 年的意愿投票率有了很大的提高，达到 72%，这其中四川省和陕西省提高幅度都很大。

表8　2004 年和 2007 年村委会选举中村民中的意愿投票率（百分比）

	全国	江苏	四川	陕西	吉林	河北
2004 年的意愿投票率（%）	64	56	59	64	85	55
2007 年的意愿投票率（%）	72	65	75	77	86	57

资料来源：作者调查。

表 9 显示的完整投票率情况，它的总趋势和意愿投票率相同。在 2004 年的选举中，真正完整完成了所有投票环节的村民只有 47%，不足一半，在四川省更是低到了 25%。到了 2007 年，情况有了一定程度的好转，其中四川省最为显著，提高了 17 个百分点。这主要是由于其起点较低所致，在选举程序和质量得到改善后，迅速提高。[①] 但全国整体 55% 的完整投票率仍不能让人乐观起来。

表9　2004 年和 2007 年村委会选举中村民中的完整投票率（百分比）

	全国	江苏	四川	陕西	吉林	河北
2004 年的完整投票率（%）	47	41	25	51	77	40
2007 年的完整投票率（%）	51	52	42	63	75	48

资料来源：作者调查。

---

① 其中很多村庄候选人提名改为竞争性更强的"海选"提名，激发了村民的选举参与热情。再有选举最后的计票环节改为向全体村民公开，提高了选举的透明度。

四、村民投票行为的决定因素分析

上一节的描述统计分析显示，不同人群之间投票状况有很大差异，那么到底是哪些因素影响到村民的投票行为呢？描述统计分析只是告诉我们一些个人的社会经济变量和投票行为之间存在着相关关系。由于这些变量本身还存在着相关关系，比如说受教育程度较高的村民外出打工比例更高，再如男性劳动力工资一般比女性高，各种因素缠绕在一起，很难看出每种因素对投票行为的单独影响。为了更好的识别这些变量的影响，我们将通过回归分析进行考察。

（一）模型设定及变量描述

为了识别出不同人群的投票模式，有必要建立一个投票行为函数来描述个人变量和投票行为之间的关系。自 Downs（1957）以来，经济学家将个体层面上的投票行为看作是选民通过理性算计以后得到的选择结果（Downs，1957；Buchanan and Tullock，1962）。因此很多个体社会经济特征，例如性别、年龄、收入水平、受教育程度、职业等因素都是通过影响个体投票成本和 / 或收益而影响投票决策的。比如，现代化理论指出，教育水平的提高将提升政治参与的技能，降低参与投票的认知成本，从而增加投票的可能性（Brady，Verba & Schlozman，1995；Wolfinger & Rosenstone，1980）。在下面的分析中，我们使用有投票权的人群样本来分析，具体通过 3 个回归式来解释 3 种投票行为：（1）一个村民是否参与投票（6 种投票模式全部包括在内）；（2）一个村民是否按自己意愿投票（只包括 1111、

1112、1211 和 1212）；（3）一个村民是否"完整"投票（只包括 1111）。投票行为函数可以表述为：投票行为 =f（性别、年龄、受教育程度、政治面貌、家庭财产、就业状态、工作地点等）。其中性别是虚拟变量（男 =1，女 =0）；年龄和受教育程度都是连续变量，以年为单位；政治面貌也是虚拟变量（党员 =1，非党员 =0）；就业状态、工作地点以及村民对选举的认知和评价也是虚拟变量；家庭财产和非种植业工资都为连续变量，以元为单位，按照惯例在回归中都取对数处理。

以往文献还发现村庄本身特质、选举程序和选举质量等都会影响村民的投票行为。为了控制不同村庄特性，我们加入了村庄虚拟变量，[①] 这样就控制住了村庄之间的差异，所以回归模型可以视为捕捉同村庄内不同村民投票模式的差异。另外，在同一个村庄内部有可能存在扰动项相互不独立情况，在估计时采用标准误的组群（cluster）校正（Deaton，1997）。表 10 给出了所有涉及到变量的基本统计量。

表 10　2007 年村委会选举中村民投票行为决定因素模型中的描述统计量

变量分类	变量定义	样本数	均值	方差	最小值	最大值
投票行为变量（是 =1，否 =0）	是否投票	6770	0.83	0.37	0	1
	是否按自己意愿投票	6770	0.72	0.45	0	1
	是否亲自完成所有投票程序	6770	0.51	0.50	0	1
基本人口特征变量	性别（男 =1，女 =0）	6770	0.54	0.50	0	1
	年龄	6770	45.44	15.45	16	95
	教育年限	6770	6.78	3.84	0	16
	是否党员（是 =1，否 =0）	6770	0.08	0.27	0	1

---

① 村庄虚拟变量指的是对于一个特定村庄取 1，其他 99 个村庄取 0。这样100 个村庄一共可以得到 100 个虚拟变量，但为防止完全共线性，只能加入 99 个虚拟变量。加入村庄虚拟变量后的模型可以认为是控制住了每个村庄固定不变的特性。

变量分类	变量定义	样本数	均值	方差	最小值	最大值
个人工作、收入和财产	家庭财产（万元）	2000	9.17	14.94	0.2	300.54
	工作状态（不干活 =0，干活但无非农收入 =1 有工资性非农收入 =2，自营工商业 =3）	6770	1.41	0.85	0	3
	工作地点（本村 =1，本乡非本村 =2，本县非本乡 =3，本省非本县 =4，外省 =5，外国 =6）	6770	1.74	1.35	1	6
	有工资性非农收入人群的工资水平（元 / 年）	2541	10282	10303	800	170000

资料来源：作者调查。

（二）模型估计结果及讨论

由于被解释变量为 0—1 变量，所以在估计时，我们采用了 Probit 模型。在 Probit 模型中系数很难解释其现实含义，所以我们进一步估计了其边际效应。由表 11 所显示的回归结果，其中（1）、（3）、（5）列是 Probit 模型结果，（2）、（4）、（6）列是进一步估计的 Probit 模型的边际效应，分别对应的被解释变量为 3 个层次的投票行为。整体来看，实证结果与表 6、表 7 所做描述统计的结果类似，而且大部分结果也符合直觉。3 个模型的结果一致，这也说明了结论的稳健性，以下讨论以模型 3（"完整"投票）为例。性别的影响不但在统计上非常显著，而且从实际意义上看男性比女性参加"完整"投票的可能性大 8%。年龄的影响也很显著，每年长 1 岁参加"完整"投票的概率能提高 3%（这是一个很大的效应），而且二次项也很显著。这预示着年龄和参加"完整"投票的概率之间呈倒 U 型关系，平均而言 57 岁的人群参加"完整"投票的可能性最大。政治

表11 2007年村委会选举中村民投票行为的 Probit 模型估计结果

	（1）	（2）	（3）	（4）	（5）	（6）
个人基本特征变量						
性别	0.19***	0.04***	0.20***	0.05***	0.26***	0.08***
	（0.05）	（0.01）	（0.04）	（0.01）	（0.05）	（0.01）
年龄	0.08***	0.02***	0.10***	0.03***	0.10***	0.03***
	（0.01）	（0.00）	（0.01）	（0.00）	（0.01）	（0.00）
年龄的平方	−0.00***	−0.00***	−0.00***	−0.00***	−0.00***	−0.00***
	（0.00）	（0.00）	（0.00）	（0.00）	（0.00）	（0.00）
政治面貌	0.30***	0.06***	0.36***	0.09***	0.48***	0.14***
	（0.11）	（0.02）	（0.10）	（0.03）	（0.09）	（0.03）
教育年限	0.07***	0.01***	0.09***	0.02***	0.16***	0.05***
	（0.02）	（0.00）	（0.02）	（0.00）	（0.02）	（0.01）
教育年限的平方	−0.00	−0.00	−0.00***	−0.00***	−0.01***	−0.00***
	（0.00）	（0.00）	（0.00）	（0.00）	（0.00）	（0.00）
对数家庭财产	0.03	0.01	0.01	0.00	−0.01	−0.00
	（0.02）	（0.00）	（0.02）	（0.01）	（0.02）	（0.01）
就业状态（以不干活为基准）						
干活但无非农收入	0.57***	0.12***	0.46***	0.12***	0.49***	0.14***
	（0.08）	（0.02）	（0.09）	（0.02）	（0.10）	（0.03）
有工资性非农收入	0.49***	0.10***	0.37***	0.09***	0.41***	0.12***
	（0.12）	（0.02）	（0.11）	（0.03）	（0.13）	（0.04）
自营工商业	0.43***	0.09***	0.29**	0.07**	0.44***	0.13***
	（0.11）	（0.02）	（0.12）	（0.03）	（0.12）	（0.03）
就业地点（以本村为基准）						
本乡非本村	−0.42***	−0.09***	−0.38***	−0.10***	−0.36***	−0.10***
	（0.12）	（0.02）	（0.11）	（0.03）	（0.11）	（0.03）
本县非本乡	−0.53***	−0.11***	−0.50***	−0.13***	−0.58***	−0.17***
	（0.11）	（0.02）	（0.10）	（0.03）	（0.12）	（0.03）
本省非本县	−0.82***	−0.17***	−0.77***	−0.20***	−0.97***	−0.28***
	（0.12）	（0.02）	（0.11）	（0.03）	（0.13）	（0.04）
外省	−0.95***	−0.20***	−0.92***	−0.23***	−1.21***	−0.35***
	（0.12）	（0.02）	（0.11）	（0.03）	（0.12）	（0.03）
外国	−1.74***	−0.36***	−1.75***	−0.44***	−2.21***	−0.64***
	（0.39）	（0.08）	（0.38）	（0.38）	（0.56）	（0.16）
村虚拟变量	有	有	有	有	有	有
Pseudo R2	0.23	0.23	0.25	0.25	0.33	0.33
N	6770	6770	6770	6770	6770	6770

注：括号中为标准差，*** 代表1% 的显著性水平，** 代表5% 的显著性水平，* 代表10% 的显著性水平。

资料来源：作者调查。

面貌的影响很显著，实际效应也非常大，两个特征相似的人中，党员参加"完整"投票的概率比非党员要高14%。受教育程度的影响也很显著，每多受1年教育参加"完整"投票的概率能提高5%（这也是一个很大的效应），而且二次项也很显著。这预示着受教育程度和参加"完整"投票的概率之间呈倒U型关系，平均而言受9年教育（初中毕业）的人群参加"完整"投票的可能性最大。这是一个比较重要的发现，它和大部分文献（Dee，2004；Campante & Chor，2011；Chong & Gradstein，2009；Hillygus，2005）所支持的教育与投票参与正相关的结论有所不同。和描述统计类似，家庭财产对投票行为的影响也不显著。

就业状态中，和不干活状态比，其他3种就业状态参加"完整"投票的概率都显著提高大约12%~14%，其边际效应大小排序与描述统计完全逆转，但3类人群之间相差不大（这很可能是由于它和其他变量相关，当控制住其他变量后差异变小了）。工作地点的影响也十分显著，而且是一个数值很大的负向效应，在本乡其他村庄工作，参加"完整"投票的概率比本村工作降低10%。而距离越远负值越大，在国外工作，参加"完整"投票的概率下降64%，这几乎是所有因素中影响最大的一个，说明投票成本在村委会选举参与中至关重要。

在新政治经济学中，人们很关注的一个问题是收入水平和民众参与的关系（Acemoglu et al.，2008，2009）。在表11中，我们使用家庭财产来测度财富积累水平，回归结果显示其与投票行为的关系在统计上不显著。由于调查财产公认的难度，所以本文使用的财产变量很可能存在测量误差，① 它可能导致我们不能正确识别出家庭财富对投票参与行为的影响。在表 12 中我们进一步使用更准确也和 Acemoglu 等（2008，2009）所讨论主题更一致的工资变量。

在表 12 中，我们使用所有有工资性非农收入人群的子样本，其观察值共 2541 个。其所显示的回归结果与表 11 的结果类似，但是由于样本量减少，除了年龄、是否党员以及工作地点仍然显著外，其他变量或者显著程度下降或者变得不显著了。但值得注意的是，对数工资的符号在 3 个回归中都是负的，并且在后两个模型中分别在 1% 的水平上显著。这就意味着两个教育程度、工作地点等相关变量完全一样的村民，工资较高的一个反而参与村委会选举投票的可能性较低。这与自 Lipset（1959）以来一直为大多数文献支持的收入提高能增进民主参与的假说相反。一个可能的解释是，以往文献所研究的民主参与都是在全国性的选举中投票，而村委会选举只是一个基层选举。而有工资性非农收入的村民很可能是在私营企业打工，其收入来源与村庄治理及相关的村庄公共投资等关联度不高，同时对于工资收入较高的村民来说参与选举投票的机会成本也会较高，这可能会导致其参与程度下降。当然，对数工资的系数虽然在统计意义上显著，但其实际影响很小，其工资每提高 10%，其"完整"参与投票的可能性才下降 0.5 个百分点。

---

① 我们在问卷调查中，分别调查了房产、家具、禽畜以及自营资产等，估价加总而得总家庭财富。

表 12 2007 年村委会选举中村民投票行为的 Probit 模型估计结果
（仅使用有工资性非农收入人群的子样本）

	（1）	（2）	（3）	（4）	（5）	（6）
个人基本特征变量						
性别	0.05	0.01	−0.05	−0.01	−0.09	−0.02
	（0.08）	（0.02）	（0.07）	（0.02）	（0.08）	（0.02）
年龄	0.08***	0.02***	0.10***	0.03***	0.10***	0.03***
	（0.02）	（0.01）	（0.02）	（0.01）	（0.02）	（0.01）
年龄的平方	−0.00**	−0.00**	−0.00***	−0.00***	−0.00***	−0.00***
	（0.00）	（0.00）	（0.00）	（0.00）	（0.00）	（0.00）
政治面貌	0.24	0.07	0.28**	0.08**	0.41***	0.11***
	（0.16）	（0.04）	（0.13）	（0.04）	（0.15）	（0.04）
教育年限	0.06*	0.02**	0.05	0.01	0.09*	0.02*
	（0.03）	（0.01）	（0.04）	（0.01）	（0.05）	（0.01）
教育年限的平方	−0.00	−0.00	−0.00	−0.00	−0.00	−0.00
	（0.00）	（0.00）	（0.00）	（0.00）	（0.00）	（0.00）
对数家庭财产	0.02	0.00	0.03	0.01	−0.03	−0.01
	（0.05）	（0.01）	（0.04）	（0.01）	（0.05）	（0.01）
对数非种植业工资	−0.09	−0.03	−0.15***	−0.04***	−0.18***	−0.05***
	（0.06）	（0.02）	（0.05）	（0.02）	（0.06）	（0.02）
就业地点（以本村为基准）						
本乡非本村	−0.28*	−0.07*	−0.30**	−0.09**	−0.13	−0.04
	（0.16）	（0.04）	（0.15）	（0.04）	（0.14）	（0.04）
本县非本乡	−0.33**	−0.09**	−0.31**	−0.09**	−0.26*	−0.07*
	（0.14）	（0.04）	（0.13）	（0.04）	（0.15）	（0.04）
本省非本县	−0.57***	−0.15***	−0.56***	−0.16***	−0.68***	−0.18***
	（0.16）	（0.04）	（0.14）	（0.04）	（0.16）	（0.04）
外省	−0.65***	−0.18***	−0.64***	−0.19***	−0.80***	−0.21***
	（0.16）	（0.04）	（0.13）	（0.04）	（0.14）	（0.03）
外国	−1.49	−0.40	−1.50	−0.44	−1.63	−0.43
	（0.49）	（0.13）	（0.54）	（0.15）	（0.72）	（0.19）
村虚拟变量	有	有	有	有	有	有
Pseudo R2	0.24	0.24	0.24	0.24	0.27	0.27
N	2541	2541	2541	2541	2541	2541

注：括号中为标准差，*** 代表 1% 的显著性水平，** 代表 5% 的显著性水平，* 代表 10% 的显著性水平。

资料来源：作者调查。

五、结论及政策建议

理清选举中的村民投票过程和投票行为模式是研究选举质量的关键，本文努力刻画了村委会选举过程中的投票过程，尝试着概括和区分了村民投票行为模式。按照我们的逻辑，即使选举系统有问题，选举质量本身还有待提高的地方，只要村民实际参与了投票过程，高投票率总是好的。但是，在本文中我们发现，高投票率不是完全真实的，在高达 83% 的毛投票率后面，实际"完整"投票率只有 51%，在所有名义投票的人群中，有 18.9% 的人是在"虚假"投票。

我们还发现不同人群的参与率也有所不同。受种种因素的影响，一些特定人群的参与率和参与程度都较低，比如女性、年轻人、不干活的、工作地点离村庄比较远的人群。当然如果这些因素再叠加起来，那些人群更值得关注，因为选举中几乎没有他们的声音。另外，本文还有两个有趣的发现：（1）受教育程度和参加投票的概率之间呈倒 U 型关系；（2）工资收入与参加投票的概率之间呈负相关关系。这两点都值得以后研究中继续深入探讨。

根据本文的研究，我们建议在下一步的村委会选举工作中，要着重提高村民的"完整"投票率，特别是上文提到那些低参与率的人群。可以通过完善选举系统，修改选举程序，提高选举质量，使他们更难"被投票"。如可以通过给予投票当天的误工补贴以弥补投票成本，还可以修改选举时间以利于降低在外工作的人投票成本等。如果在整个投票过程中，村民参与行为的质量有所改善，即使整体选举质量提高缓慢，仍可以使村民们积累选举经验，为长期民主的巩固提供基础。

参考文献

1. Acemoglu, Daron, Simon Johnson, James A. Robinson and Pierre Yared, 200, "Income and Democracy", American Economic Review, 98, pp.808~842.

2. Acemoglu, Daron, Simon Johnson, James A. Robinson and Pierre Yared, 2009, "Reevaluating the Modernization Hypothesis", Journal of Monetary Economics, 56, pp.1043~1058.

3. Brandt, L., Turner, M. A., 2007, "The Usefulness of Imperfect Elections: The Case of Village Elections in Rural China", Economics & Politics, Nov2007, Vol. 19 Issue 3, pp.453~480.

4. Brady, H., Verba, S. and Key Schlozman, 1995, "Beyond SES: A Resource Model of Political Participation", American Political Science Review, Vol. 89, No. 2, pp.271~294.

5. Buchanan, James and Gordon Tullock, 1962, The Calculus of Consent, Ann Arbor: University of Michigan Press.

6. Campante, Filipe R. and Davin Chor, 2011, "'The People Want the Fall of the Regime': Schooling, Political Protest and the Economy", HKS Faculty Research Working Paper Series RWP11-018, March 2011.

7. Chen, Jie, Zhong, Yang, 2002, "Why do People Vote in Semicompetitive Elections in China?" The Journal of Politics, Vol. 64, No.1, pp. 178~197.

8. Chong, Alberto and Mark Gradstein, 2009, "Education and Democratic Preferences", Mimeo.

9. Deaton, A., 1997, The Analysis of Household Surveys: A Microeconometric Approach to Development Policy, The Johns Hopkins University Press.

10. Dee, Thomas, 2004, "Are there Civic Returns to Education?" Journal of Public Economics, 88, pp.1697~1720.

11. Diamond, Larry, Myers, Romon H., 2000, "Introduction: Election and Democracy in Greater China", China Quarterly, No.162, pp.365~386.

12. Downs, Anthony, 1957, An Economic Theory of Democracy, New York: Harper Collins.

13. Gan, L., L. Xu, Y. Yao, 2006, "Health Chocks, Village Elections and Long-Term Income: Evidence from Rural China", NBER Working Paper 12686.

14. Gan, L., L. Xu and Y. Yao, 2007, Local Elections and Consumption Insurance: Evidence from Chinese Villages, World Bank Policy Research Working Paper. No. 4205.

15. Hillygus, D. Sunshine, 2005, "The Missing Link: Exploring the Relationship between Higher Education and Political Engagement", Political Behavior, 27, pp.25~47.

16. Kennedy, John James, 2002, "The Face of 'Grassroots Democracy' in Rural China: Real versus Cosmetic Elections", Asian Survey, Vol.42, No.3, pp.456~482.

17. Horsely, Jamie, 2001, "Village Elections: Training Ground for Democratization", China Business Review, Vol. 28, No. 2, pp. 44~52.

18. Liu, Yawei, 2000, "Consequences of Village Committee Elections in China", China Perspective, No.31, pp.19.

19. Lipset, Seymour M., 1959, "Some Social Requisites of Democracy: Economic Development and Political Legitimacy", American Political Science Review, 53, pp.69~105.

20. Luo, R., L. Zhang, J Huang, S. Rozelle, 2007a, "Elections, Fiscal Reform and Public Goods Provision in Rural China", Journal of Comparative Economics, 35, pp.583~611.

21. Luo, R., L. Zhang, J. Huang, S. Rozelle, 2007b, "Village Elections, Public Goods Investments and Pork Barrel Politics, Chinese-style", Working Paper, aedecon.ag.ohio-state.edu.

22. Manion, Melanie, 1996, "The Electoral Connection in the Chinese Countryside", American Political Science Review, Vol.90, No.4, pp.736~748.

23. O'Brien, K., 1994, "Implementing Political Reform in China's

Villages", Australian Journal of Chinese Affairs, 32, pp.33~60.

24. O. Brien, K., Li L., 2000, "Accommodating Democracy in a One-Party State: Introducing Village Elections in China", The China Quarterly, 162, pp. 465~489.

25. O. Brien, K. Villagers, 2001, "Elections and Citizenship in Contemporary China", Modern China, 27.

26. Pang, Xiaopeng and Scott Rozelle, 2010, "Who Are True Voters？Village Elections and Women's Participation in Voting in Rural China", Asien（April）, S., pp.68~87.

27. Pastor, Robert A., Qingshan Tan, 2000, "The Meaning of China's Village Elections The Meaning of China's Village Elections", The China Quarterly, No.162, Special Issue: Elections and Democracy in Greater China, pp.490~512.

28. Shen, Yan, Yang Yao, 2008, "Does Grassroots Democracy Reduce Income Inequality in China？" Journal of Public Economics, 92, pp.2182~2198.

29. Shi, Tianjian, 1999, "Village Committee Elections in China: Institutionalist Tactics for Democracy", World Politics, Vol.51, No.3, pp. 385~412.

30. Wang, S. & Y. Yao, 2007, "Grassroots Democracy and Local Governance: Evidence from Rural China", World Development, Volume 35, Issue 10, pp.1635~1649.

31. Wolfinger R. E., Rosenstones S. J., 1980, Who Votes？, Yale University Press.

32. Zhang, X., Fan, S., Huang, J., 2004, "Local Governance and Public Goods Provision in Rural China", Journal of Public Economics, 88, pp.2857~2871.

33. 何包钢、郎友兴:《村民选举中的竞争：对浙江个案的分析》,《华中师范大学学报（人文社科版）》, 2000 年 5 月。

34. 胡荣:《理性选择与制度实施：中国农村村民委员会选举的个案研究》, 远东出版社, 2001 年。

35. 胡荣：《社会资本与中国农村居民的地域性自主参与——影响村民在村级选举中参与的各因素分析》，《社会学研究》，2006 年第 2 期。

36. 孙昕、徐志刚、陶然、苏福兵：《政治信任、社会资本和村民选举参与——基于全国代表性样本调查的实证分析》，《社会学研究》，2007 年第 4 期。

37. 熊易寒：《社区选举：在政治冷漠与高投票率之间》，《社会》，2008 年第 28 期。

38. 徐轶青：《村庄选举给中国农村带来了什么——文献回顾与新的实证研究》，《新政治经济学评论》，2009 年总第 13 期。

39. 姚洋：《17 年村民选举实验的现实与未来》，《南风窗》，2006 年 3 月上。

40. 张雅雯、耿曙：《中国大陆基层选举中的物质诱因与投票动员》，《东吴政治学报》，2008 年 12 月，第 26 卷第 4 期。

作者单位　张同龙，天津师范大学经济学院农村发展研究中心；张林秀，中国科学院地理科学与资源研究所农业政策研究中心

发表刊物　《管理世界》2013 年 4 月

资本积累、制度变迁与农业增长[①]
——对 1978-2011 年中国农业增长与资本存量的实证估计

李谷成　范丽霞　冯中朝

内容提要　利用永续盘存法和国民收入核算框架，论文对1978-2011年省际层面农业资本存量进行估计。基于此，论文讨论了改革开放以来农业资本积累与深化特征、劳动与土地生产率、人地关系变化等，利用 Griliches 生产函数从生产要素与制度变迁两方面对农业增长因素与趋势特征进行实证。实证表明，转型期农业增长呈阶段性周期变化，在劳动力转移和人地关系未获根本性改善条件下，资本积累及其深化与制度创新是农业增长的重要动力；资本深化是农业应对劳动力转移和城市化进程的自然响应，传统"过密型"生产方式正经历着转变，越来越倾向于节约劳动，逐渐跳出"只有增长没有发展"陷阱；不同时期要素投入和制度变迁扮演了不同角色，资本积累与深化在改革开放中前期不明显，主要发生在 90 年代中期以来，不同省区存在明显失衡，各时期制度作用差异性较大。论文认为，

① 本文获得国家自然科学基金（71273103）、教育部新世纪优秀人才支持计划（NCET-11-0647）、教育部人文社会科学研究青年项目（12YJC790036）、湖北省新世纪高层次人才工程、中央高校基本科研业务费专项基金（2012PY002）和华中农业大学"人文社会学科优秀青年人才培养计划"资助。

农业发展应从现代生产要素和制度创新两方面着手。一方面资本深化是劳动力成本上升条件下保证农产品供需平衡的必然选择，但必须适应人地关系，与劳动力转移相结合；另一方面，必须适时主动推进改革，在制度设计上保证农民以"国民待遇"和农业以平等发展机会。

关键词 农业资本 资本深化 增长因素分析 制度变迁 永续盘存法

一、引言

改革开放以来，中国农业取得了巨大成功，以占世界不到10%的耕地养活了20%多的人口，很好地满足了经济增长对农业产生的新需求，很多时候还为宏观经济充当了制度供给者角色，诸多改革发轫于农村和农业。经济增长是一个复杂过程，是多因素综合作用的结果，不同时期不同因素作用也不尽相同，各有侧重。关于中国农业的成功引了广泛注意力，尤以制度层面居多，包括家庭联产承包责任制（Household Responsibility System, HRS）、农产品价格体制改革、土地产权变化等（Lin，1992；Fan and Pardey，1991；黄少安，2005；冀县卿，2010），其他因素包括 TFP（Xu，1999；Wu et al., 2001；李谷成，2009；朱喜，2011）、R&D 与公共投资（Fan and Pardey，1997；Fan and Zhang，2004）、工业化与城市化（Michael Carter，2004；钱陈，2007）、生物质能源（黄季焜，2009）等。其实，经济增长史表明资本才是增长过程中最为活跃的要素，并给予了高度关注。实证层面上，资本存量估计是所有与增长相关工作的前提，包括 OECD、Stigler、Jorgenson 等都投入了大量研究，例如永续盘存法（Perpetual Inventory Method，PIM）、资本租赁价格度量法、相对效率法和退役模型等，其中永续盘存法应用最广。

上述农业增长文献中，其实我们一直缺乏一个对农业资本存量究竟处于什么状况的准确估计，这是进行增长因素分析的前提。实践层面看，农业劳动力长期处于大范围转移状态，耕地数量基本处于下降通道。那么，用什么来解释 30 多年来农业的成功呢？完全归结于技术进步，显然有失严谨，更何况大量农业技术进步还是资本体现型（Capital-embodied）的。因此，我们将注意力转向经济学的基本要素——资本。作为最活跃的要素，其在农业增长过程中是如何变化的？扮演了怎样的角色？除了生产要素和技术进步外，是否还有其他因素在起作用？人们长期关心的制度变化，到底扮演了什么角色？这些是本文需要回答的问题。

目前，对资本存量的估计包括总量、省区和产业三个层次，张军扩（1991）、Chow（1993）等做了开创性工作，影响较大的有张军（2003、2004）和王小鲁（2000），黄永峰（2002）、孙琳琳（2005）、单豪杰（2008a）估计了工业、制造业资本存量。总体上，我国总量和工业资本文献丰富，形成了公开数据库。但农业资本讨论要沉寂得多，长期缺乏相关面板数据序列，这主要受数据可得性和农业投入产出加总复杂性的限制。

已有农业增长文献主要使用农业机械或拖拉机数量（如FAOSTAT；Ito et al., 2013）、中间投入或物质费用（如王美艳，2011）、牲畜等代理变量，其中又以"我国农业科技进步贡献率测算方法"①等科技进步贡献率文献较为典型。Butzer, Mundlak et al.（2010）证明拖拉机数量不是农业资本的理想代理变量，两者相关系数很低。农业机械也不是农业资本的全部。中间投入或物质费用（Intermediate Inputs）与资本存量是两个平行的概念，不能相互替代。中间投入是核算期内转换或消耗的非耐用货物和服务，在本期一次性使用，如种子、化肥、农膜等；物质资本是若干核算期生产中反复或连续使用的资产，具有耐用性，如机械、房屋建筑等。如美国农业部发布的农业 TFP 将中间投入、劳动与资本并列作为投入变量，包括 Andersen, Alston et al.（2011, 2013）等。他们主要通过 Fisher 理想指数、Törnqvist 指数对机械、拖拉机、建筑和役畜等加总来构建资本存量，例如 Crego et al.（1998）、Larson et al.（2000）、Restuccia et al.（2008）的跨国农业比较，USDA（2009）、Alston et al.（2010）、Andersen, Alston et al.（2011, 2013）对美国农业的研究。因为加总内容和方法不同，上述研究结论并不一致，但更进一步说明了对中国农业资本存量进行有效核算的迫切性。

已有农业资本核算主要集中在全国层面上，例如 Chow（1993）、Crego et al.（1998）和吴方卫（1998）等，但因为核算方法、基期存量与折旧率确定、数据来源等不同，核算结果存在较大差异。不同于指数加总方法，Butzer, Mundlak et

---

① 农业部科技司 1997 年 1 月 23 日发布"关于规范农业科技进步贡献率方法的通知"，将中国农科院农业经济研究所设计"我国农业科技进步贡献率测算方法"作为农口测算科技进步贡献率统一方法。

al.（2010）利用国民收入核算帐户和 PIM 方法，对美国州际层面农业资本进行核算。这不但可以与整个增长核算框架保持一致，而且有利于与其他部门同口径比较。徐现祥（2007）应用该方法对 1978–2002 年省际三次产业资本进行估计，这是有文献首次在省际上进行分产业估计。不过，限于研究目的，其只汇报了核算结果，并没有进行经济政策含义尤其是农业专门分析。诚然，资本存量是增长分析的前提，但我们绝不是为了测算而测算，更重要的是其能说明的问题。例如，Crego et al.（1998）对包括中国在内跨国比较表明，农业属于劳动密集型产业，但其资本—产出比率一直在上升，总体朝着资本密集型方向发展。这意味着我国农业生产方式正可能经历着转变，但需要进一步的证据。

总之，对省际层面上农业资本存量进行专门估计，并进行农业增长因素分析显得尤为迫切。这至少包括 4 个方面的意义：（1）弥补省际层面农业资本存量数据的缺失和不足；（2）弥补以往农业增长文献没有考虑资本的不足；（3）考察不同时期农业增长具体动力，揭示和比较各增长因素贡献的跨期差异；（4）厘清资本在农业增长中所扮演之角色及其与劳动的关系，考察农业生产方式是否正在发生转变。本文在国民收入核算框架内，利用 PIM 方法，对改革开放以来省际层面农业资本存量进行核算，对其增长积累、农业资本深化及要素使用特征进行讨论；然后，利用生产函数等工具进行农业增长因素分析，比较不同时期增长因素的作用差异。考虑到一般文献常将农业增长与制度变迁联系，我们将农业增长因素分为要素投入与制度变化两类。与同类文献相比，论文不仅估算了农业资本这一最具活力的要素，而且考虑了农业制度的最新变化，发展与扩充了农业制度变量，有助于进一步寻找不同时期农业增长源泉。

下文结构安排：第二部分对资本存量估计方法、指标选取、数据处理等进行说明；第三部分对资本积累及其深化、与土地、劳动的关系等进行说明；第四部分从要素投入和制度变化两方面，利用 Griliches 生产函数分阶段讨论不同时期农业增长特征及差异；最后是结论性评述。

二、转型期省际农业资本存量估计

（一）估计方法与数据来源

本文资本存量指狭义物质资本存量，不包括人力资本、土地资本等。土地是重要生产要素，后文将土地要素单列。国际通行 PIM 方法由戈登史密斯（Goldsmith）1951 年开创，基本估计式为：

$$K_t = K_{t-1}(1-\delta) + I_t \qquad (1)$$

K_t 和 K_{t-1} 分别表示当期和上期资本存量，I_t 为当期投资，δ 为折旧率。根据式（1），需要确定基年资本存量 K_{t0}、当年投资 I_t、折旧率（δ）和不变价格投资价格指数（P_t）。式（1）可变形为：

$$K_t = K_{t-1} + I_t - K_{t-1}\delta \qquad (2)$$

即利用资本折旧额（$D_t = K_{t-1}\delta$）和式（2）对 K_t 进行核算。

论文将基年确定为 1978 年，并在国民收入核算帐户内采用单一数据源估计，即《中国国内生产总值核算历史资料》数据集。[①] 该数据集包括了分省 1978-2004 年农业资本存量核算所需全部数据。这最大可能在一个相当长时期内保持数据内容和指标设置的一致性，提高了精确度。

（二）当年投资 I_t 的确定

Young（2002）、张军（2004）和徐现祥（2007）等讨论了投资变量的选择，如物质产品平衡体系（MPS）的积累、全社会固定资本投资、资本形成总额和固定资本形成总额等，并都认为固定资本形成总额是合理指标。本文采用农业固定资本形成总额衡量当年投资。对《历史资料》中缺失的江西、广东、海南和重庆等省市及 2005-2011 年数据，论文采用农业固定资产投资占全社会固定资产投资比重作为权重乘以全社会固定资本形成总额补齐。根据我国统计体系，固定资产投资额是计算固定资本形成额的最基本资料来源和依据，两者构成主体相同。[②] 王小鲁（2000）等直接采用全社会固定资本投资作为投资变量，但因为其与联合国国民经济核算体系（SNA）不相容（张军等，2004），故本文未采用，仅数据缺失时作参考。

（三）基期资本存量 K_{t0} 的确定

基年资本存量的确定较为困难，多采用经验性处理。例如，先估算全国总资本投入，然后按一定比例分配给各产业或省份，如宋海岩（2003）；根据个人判断进行经验设定，如王小鲁（2000）；在确定折旧率基础上，运用基期固定资本形成总额

---

① 该数据集包括《中国国内生产总值核算历史资料》（1952-1995）、（1996-2002）和（1952-2004）三本统计资料，全文统称为《中国国内生产总值核算历史资料》，或《历史资料》。

② 可详细参考国家统计局（www.stats.gov.cn/tjzd/tjzbjs/t20020327_14286.htm）统计指标介绍，全社会固定资本形成总额在《中国统计年鉴》可直接查询。

除以某一个数值确定，如 Hall and Jones（1999）。所以，因为假设、数据和个人判断等不同而存在较大差异，基期农业资本存量文献就更少。不过，永续盘存意义下，基期越早，误差越小，基年资本存量对后续年份影响会加速衰减（张军等，2004；Butzer, Mundlak et al., 2010）。

本文采用 Hall and Jones（1999）方法来对 1978 年省际农业资本存量进行估计，其运用跨国数据估计 1960 年资本存量公式为：$K_{1960} = I_{1960} / (0.06 + g_I)$。0.06 为折旧率，$g_I$ 为样本期投资几何平均增长率。徐现祥（2007）采用 GDP 增长率度量 g_I。本文公式为：

$$K_{1978} = I_{1978} / (5.42\% + g_I) \qquad (3)$$

g_I 为 1978-2011 年农业实际总产值几何平均增长率。论文选择农业总产值增长速度而非投资增长速度，是因为农业投资增长速度涉及投资价格平减指数、2005-2011 年数据补齐等问题，实际总产值增长速度则可直接求解。农业资本折旧率 5.42% 是充分权衡比较后选取吴方卫（1999）利用国务院《国营企业国定资产折旧试行条例》和财政部《企业会计准则》求得的加权农业综合折旧率。

实证表明，论文所设定各省区公式（3）的分母算术平均值为 10.30%，均稳定在 10% 左右。这与 Young（2002）、张军（2004）和龚六堂（2004）在宏观核算时直接将分母设为 10% 较接近，也说明本文 5.42% 和产值增长率设定的合理性。不过，本文在不同省区上比一个统一数值提供了更多信息。

（四）当年折旧 D_t 的确定

已有文献主要通过估计折旧率 δ 来扣减折旧，即 $D_t = K_{t-1} \delta$。

首先，这缺乏一个统一标准，如 5.0%（王小鲁，2000）、6.0%
（Hall and Jones，1999）和 10.0%（龚六堂，2004）等，依赖于
经验判断。其次，PIM 方法 δ 实际是重置率而非折旧率，两者
只有在资本相对效率按几何方式递减时才相等（张军，2004）。
最后，已有折旧率讨论主要集中于宏观经济或工业，农业资本
折旧率缺乏统一标准。另一种思路就是采用净投资来回避折
旧问题，如资本积累指标等，但这面临数据可得性困难，因为
1993 年起统计部门不再公布该数据。

借鉴邱晓华（2006）、徐现祥（2007）直接利用《历史资
料》中折旧（D_t）数据的思路，本文采用农业固定资产折旧数
据和公式（2）来回避 δ 可能存在的设定偏差。对 2005–2011 年
缺失数据，考虑到农业固定资产折旧更多与过去资本存量而非
当期投资有关，采用固定资产投资比重权重已不再适宜，论文
沿用资本折旧率 δ =5.42% 补齐。[①]

（五）投资价格指数 P_t 的确定

已有文献主要通过相关假设条件来构造投资品价格指数或
直接利用固定资产投资价格指数。严格来说，农业资本应采用
相应固定资本形成总额指数进行平减，但现有统计并没有提供
分产业指数，也较难构造。农业生产资料价格指数是指一定时
期内农业生产资料价格变动趋势和程度的相对数，具体分农用
手工具、饲料、产品畜、半机械化农具、机械化农具、化学肥

---

① 感谢匿名审稿人修改意见。论文采用了农业固定资产投资比重、2004 年农
业固定资产折旧占全社会固定资产折旧比重和 5.42% 折旧率三种处理方式，实证比
较以及与少数存在该指标的地方统计年鉴（如安徽、福建、河南等）比较表明，三
者核算结果差异并不大，均表明该时期农业资本结构性变化主要发生在 2007/2008
年，而非 2004/2005 年。

料、农药及农药械等十个大类。[1] 鉴于该指数反映内容，我们认为其是农业投资价格指数理想代理指标。

（六）其他变量界定与数据处理

论文涉及投入产出变量如下，并保持统计口径一致。

（1）产出变量 Y：农业国内生产总值实际值，单位亿元。

（2）投入变量 K：农业物质资本存量实际值，单位亿元。

（3）投入变量 L：年末农业全员就业人数，单位万人。

（4）投入变量 Cr（$Cropland$）和 Fa（$Farmland$）：年末农作物播种面积和耕地面积，单位万公顷。一是因为耕地面积一直缺乏一个权威统计；二是因为播种面积考虑了复种因素，更能反映土地实际利用效果。实证分析以播种面积为主，必要时辅以耕地面积。如 Lin（1992）等在使用耕地指标时，也会引入复种指数加以控制。

（5）投入变量 Fe（$Fertilizer$）：化肥，农业最重要中间投入，以实际折纯量计算，单位万吨。

考虑到西藏特殊性，论文没有包括西藏，将海南、重庆纳入广东和四川。论文数据为 1978-2011 年 28 个省级单位[2] 所形成面板数据。数据源包括《中国国内生产总值核算历史资料》、《新中国六十年农业统计资料》、《中国乡镇企业统计资料 1978-2002》、《新中国 50 年财政统计》、《中国统计年鉴》、《中国农业年鉴》及一些地方年鉴。

---

① 可参考国家统计局（www.stats.gov.cn/tjzd/）相关指标介绍。

② 实证分析没有包括中国台湾、香港和澳门地区，仅限于学术处理。

三、资本深化与农业生产率增长

（一）农业资本积累及其变化

论文估计了 1978-2011 年 28 个省区农业资本存量，并重点汇报了代表性年份、全国及分区域资本数据（图 1 和表 2）。到 2011 年，我国农业资本存量 6996.41 亿元（1978 年不变价），年均增长 6.16%。其中，中部增长最快（6.67%），东部次之（6.23%），西部最慢（5.58%）。总的来看，转型期农业资本增长较迅速，初步判断应该是农业增长重要源泉。不过，这一速度要低于宏观经济和其他产业，[①] 也低于 GDP 增长速度（表 1）。这初步说明农业在国民经济及资本流向格局中的相对弱势地位。资本流动受市场调节和政府干预双重影响，论文表明很长一段时期内农业资本回报率可能比其他产业低，政府投资政策也可能存在一定"非农偏向"或"城市偏向"。同期农业 GDP 年均增长 4.47%，低于资本积累速度，表明存在"资本深化"迹象。

从时间动态（图 1）看，转型期以 1995/1996 年为转折点。1978-1995 年农业资本年均增长 2.87%，农业 GDP 增长 4.99%，存在资本浅化趋势。其中 1989 年是一个较明显的子拐点。90 年代中后期开始资本积累加速，1995-2011 年年均增长 9.65%，这丝毫不比同期宏观经济和其他产业逊色，甚至更高。同期农业 GDP 增长 3.91%，资本深化可能主要发生在该时期。该时期既与"十四大"后市场改革加速时间较一致，也与新世纪以来农业农

---

① 虽然制造业 1978-1995 年资本积累速度不算快（表 1），但与图 1 比较的话，我们发现同期农业资本积累速度更慢，年均增长 2.86%，远低于制造业。

表 1　一些文献对宏观经济和其他产业部门资本存量的估计

文献	研究对象	时间区间	增长率
张军等（2004）	宏观经济	1978–2000	9.53%
单豪杰等（2008b）	宏观经济	1978–2006	10.38%
黄永峰等（2002）	制造业：建筑资本存量	1978–1995	5.79%
	制造业：设备资本存量	1978–1995	9.07%
徐现祥等（2007）	宏观经济	1978–2002	10.77%
	工业	1978–2002	10.17%
	服务业	1978–2002	13.30%
其他指标	GDP	1978–2011	9.44%
	农业 GDP	1978–2011	4.47%

资料来源：作者根据相关文献和《中国统计年鉴》整理，表中数据均为实际增长率，用平均自然对数差近似表示。

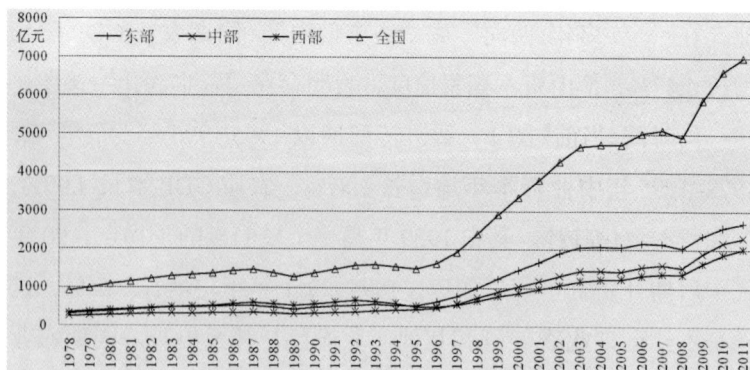

图 1　转型期全国和东中西区域农业资本存量变迁示意图（1978–2011）

注：东中西地区按一般经济意义划分。东部包括北京、天津、河北、广东、福建、江苏、辽宁、上海、浙江和山东10省市区，中部包括吉林、湖北、黑龙江、湖南、山西、河南、江西和安徽8省区，西部包括内蒙古、广西、陕西、新疆、甘肃、宁夏、青海、四川、云南和贵州10省区。下同。

村政策发生重大调整较一致。故资本积累及其深化一方面可能与政府政策偏向有关，也可能是农业逐渐走向现代化，资本回报率上升而不再具有传统意义的结果。到 2007/2008 年之前资本积累速度有所放缓，国际金融危机集中爆发时，出现了一个子拐点和下行趋势，但随后迅速恢复，这应该与农业大规模投资有关，也说明农业与外部经济环境关联程度提高，日趋现代化。

从东中西比较看，地区增长趋势基本相同，1995/1996 年均是重要拐点（图 1）。从资本存量看，东部最多，中部次之，西部最少。这种地区差距在 90 年代中期以前并不明显，依次为西部、东部和中部。地区差距扩大主要发生在 90 年代中后期以来，东部大于中部大于西部，这与前文资本增长速度地区差异一致。省区层面资本存量差异较大。改革初期，以 1978 年为例，贵州、云南、山东等农业资本较多，宁夏、吉林和内蒙古等较少。30 多年改革开放以后，资本格局发生了较大变化。以 2011 年为例，山东、河南、河北等资本较多，宁夏、北京和青海等较少。当前资本存量分布格局与分省农业规模的直观感觉较一致。其中，吉林、内蒙古、辽宁等积累速度较快，贵州、上海和云南等较慢。详见表 2。

（二）农业资本深化

资本深化（Capital Deepening）是指人均资本量随时间推移而增长的过程，其与资本宽化（Capital Widening）[①] 对应，人均储蓄超过资本宽化，人均资本上升，即资本深化；反之，资本

---

① 即资本积累增加等于劳动投入增加。

表 2　代表性年份中国省际农业资本存量估计及其变化（单位：亿元、%）

省/年	1978	1980	1985	1990	1995	2000	2005	2010	2011	增长率
北京	7.61（24）	7.65	14.00	14.82	11.63	15.38	23.39	39.63	44.80（27）	5.37（21）
天津	8.02（23）	9.79	22.72	19.32	14.52	20.83	40.01	110.75	157.84（22）	9.03（5）
河北	69.23（4）	79.44	92.72	71.08	81.21	216.21	383.56	490.86	494.24（3）	5.96（18）
山西	58.58（6）	67.07	72.54	61.53	43.15	55.57	76.71	151.52	171.54（21）	3.26（24）
内蒙古	5.93（26）	7.16	10.38	13.29	15.95	46.97	113.51	292.51	336.84（7）	12.24（2）
辽宁	6.04（25）	5.98	10.85	16.19	22.71	66.70	139.31	221.51	240.10（10）	11.16（3）
吉林	3.19（27）	3.52	4.71	4.35	8.16	14.37	73.89	216.97	250.19（9）	13.21（1）
黑龙江	36.17（10）	42.99	63.40	71.31	63.63	138.52	200.13	324.04	358.38（5）	6.95（11）
上海	28.58（13）	33.25	43.23	32.90	30.80	45.25	53.06	56.59	59.25（25）	2.21（27）
江苏	22.07（17）	24.23	32.18	37.53	53.40	138.01	166.41	198.41	199.87（17）	6.68（13）
浙江	68.41（5）	73.74	77.29	56.10	62.09	254.94	251.49	210.61	198.92（18）	3.23（25）
安徽	25.56（15）	26.21	35.57	55.40	109.04	210.79	214.00	206.34	195.29（19）	6.16（17）
福建	9.65（22）	11.59	18.89	25.49	42.98	139.27	221.69	220.68	215.28（14）	9.41（4）
江西	25.27（16）	28.25	36.67	48.81	69.42	133.02	140.87	176.72	177.73（20）	5.91（19）
山东	79.96（3）	111.27	138.76	143.97	139.35	415.75	566.50	718.22	730.98（1）	6.71（12）
河南	50.69（7）	62.95	63.21	46.27	58.27	253.70	421.61	680.64	707.38（2）	7.99（8）
湖北	20.48（18）	18.40	26.95	22.86	38.28	130.68	177.41	235.35	236.03（11）	7.41（10）
湖南	34.42（11）	38.54	36.86	24.24	52.43	98.68	127.85	185.83	204.89（16）	5.41（20）
广东	44.11（8）	47.47	49.91	55.40	77.91	148.00	218.65	306.50	342.80（6）	6.21（15）
广西	29.41（12）	34.60	40.34	29.70	26.23	66.50	103.52	198.97	229.50（12）	6.23（14）
四川	39.11（9）	49.95	72.68	91.62	109.35	184.23	246.43	421.11	453.73（4）	7.43（9）
贵州	83.77（1）	97.53	106.91	91.03	64.79	95.66	90.30	94.87	92.40（24）	0.30（28）
云南	81.69（2）	108.07	154.94	180.09	133.60	144.87	174.24	217.29	217.37（13）	2.97（26）
陕西	27.33（14）	31.80	60.53	65.92	58.64	111.60	145.23	187.55	209.41（15）	6.17（16）
甘肃	19.90（19）	23.59	29.77	35.64	28.62	41.93	60.03	96.01	98.04（23）	4.83（22）
青海	13.35（21）	15.84	19.93	20.29	16.21	21.26	30.45	49.07	53.29（26）	4.19（23）
宁夏	2.87（28）	3.27	4.86	6.26	5.86	13.17	29.19	42.95	42.07（28）	8.13（7）
新疆	15.90（20）	20.72	29.88	37.84	56.40	144.34	238.39	277.91	278.26（8）	8.67（6）
合计	917.29	1084.87	1370.69	1379.26	1494.63	3366.18	4727.81	6629.40	6996.41	6.16

注：因为西藏、海南和重庆的特殊化处理、统计误差等原因，各省区汇总数据与全国估计数据并不一致。故我们采用各省区合计数来表示全国及东中西资本存量。括弧内数据表示各省区排名。如有需要，可向作者索取全部数据。

浅化。不过，资本深化排斥劳动，在资源禀赋升级之前违背比较优势过度或过早资本深化会导致就业弹性下降。已有文献主要使用资本产出比（K/Y）和资本劳动比（K/L）来描述资本深化，因为农业的特殊性，我们使用资本土地比（K/F）加以辅助说明。

从 K/Y 和 K/L 看，转型期农业经历了一定程度资本深化过程，劳均资本表现明显。2011 年全国劳均资本 2405.66 元，是 1978 年 322.89 元的 7.45 倍。东部最高，西部次之，中部最低，但中西部差距不大。资本产出比呈典型"U 型"变化，2011 年全国资本产出比（1.322）是 1978 年（0.910）1.45 倍，总体维持增长。东西部较高，中部较低。两大指标均表明，1995/1996 年是一个明显拐点。此前，资本深化不明显，劳均资本基本稳定，资本产出比明显下降；此后，资本深化显著加速，[①] 资本产出比恢复性增长，而中部地区在资本深化方面存在相对滞后。

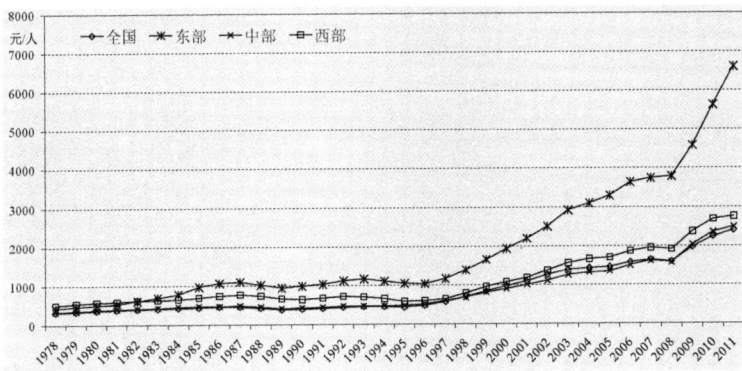

图 2 转型期全国和东中西区域农业资本劳动比变迁示意图（1978–2011）

---

① 除 2008 年曾出现一个短暂放缓以外。

资本产出比和劳均资本动态变化表现出一定差异，即"U型"和"反L型"增长。这与不同时期劳动力流动特征有关。与其他产业不同，农业劳动力是净流出的，资本深化受资本积累和劳动力转移双重影响。1978年以来，农业劳动力总体呈"倒U型"变化，峰值出现在1991年，这是考虑了人口自然增长和劳动力转移后的净结果。[①] 即1992年十四大以前省际劳动力转移并不明显，或以农村工业化、"就地转移"为主；其后，市场化和城市化加快，劳动力转移加速。1995/1996年以前，K/Y 下降，K/L 保持相对稳定。结合总量分析，这一是因为资本积累速度相对较慢，二是因为农业劳动力净增长稀释掉了一部分资本深化效应，西部地区尤其明显。1995/1996年以后，K/Y 与 K/L 表现一致，说明资本深化除得益于资本积累加快外，农业劳动力转移是一个重要因素。实证表明，农业资本深化与整个城市化进程一致，是农业本身对宏观经济发展的自然响应，其依赖于劳动力转移和城市化进程，而且这一响应存在一定时间滞后，其对劳动力转移的调整需要一个过程。

省际层面上农业资本深化程度与速度均存在较大差异。以2011年为例，天津、上海、北京、内蒙古等资本深化水平较高，以三大直辖市为典型；湖南、湖北、安徽、江西、安徽和四川等较低，以中部省区为典型。速度上，吉林、内蒙古、辽宁、福建和天津等深化速度较快，贵州、云南、山西、甘肃和广西等较慢，贵州还存在资本浅化倾向。因此，农业资本深化除受

---

① 从《中国统计年鉴》宏观数据看，无论农林牧渔业总劳动力还是第一产业就业人数，都呈典型"倒U型"变化，其中1991年农林牧渔业总劳动力34186.30万人，第一产业就业人数39098.13万人，均为峰值。

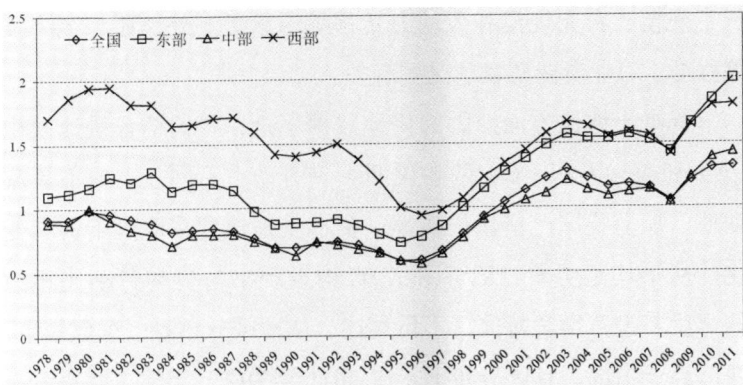

图 3　转型期全国和东中西区域农业资本产出比变迁示意图（1978-2011）

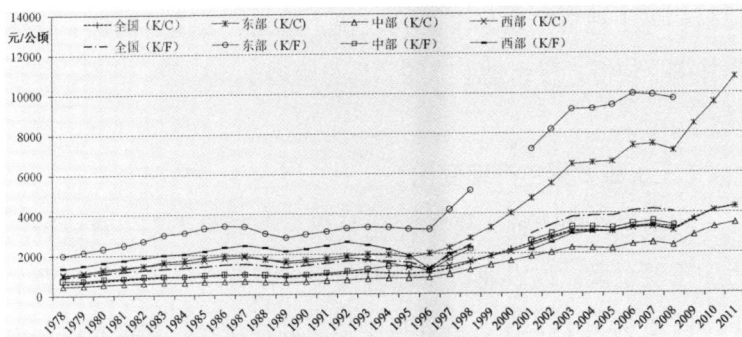

图 4　转型期全国和东中西区域农业资本土地比变迁示意图（1978-2011）

　　注：资本耕地比的不连续问题是因统计数据调整所致，[①] 这也是实际耕地面积存在争议的原因。限于研究目的，我们没有修正 1996 年以前耕地数据，这并不影响对相关指标总体趋势的判断，也是我们绝大多数场合采用播种面积的原因。下同。

---

　　① 历年《中国统计年鉴》对耕地面积均有公布，但其 1996-2006 年数据基于国土资源部"关于土地利用现状调查数据成果公报"1996 年 10 月 31 日时点数。1999-2000 年沿用 1996 年数据，2007 年是国土资源部数据，2008 年是 2008 年 12 月 31 日土地变更调查数据，2009-2011 年沿用该数据。国土资源部数据与 1996 年之前《中国统计年鉴》存在较大出入。

资本规模、农业规模和劳动力转移等因素影响外，还与经济发展程度、农业资源禀赋状况等有关。

资本土地比方面，因为耕地数据不全，我们结合耕地面积（F）和播种面积（C）两者说明。与劳动力不同，土地不具流动性，加上我国严格保护耕地，资本土地比更多取决于资本变化。从平均趋势看，K/F 和 K/C 均表现出与资本劳动比相似的"反 L 型"增长特征，不再赘述。从地区分布看，东部最高，西部高于中部。省区分布上，以 2011 年为例，天津、北京、上海、福建、浙江和山东等土地资本密集度较高，主要集中在东部；贵州、甘肃、黑龙江等较低。其中，吉林、辽宁、内蒙古和福建等土地资本密集度上升较快，贵州、云南、山西、青海和甘肃等较慢，贵州是下降的。详见附表 1。

（三）单要素生产率变化

劳动生产率方面，资本深化是提高劳动生产率、解放劳动力的重要手段，以农业机械最为典型。在劳动力深度转移背景下，即使 90 年代以来，农业也维持了高速增长。这种农业产出与劳动力综合变化的净影响表现在劳动生产率持续上升上，且东中西依次递减（图 5）。与资本深化拐点不同，劳动生产率在 1992/1993 年左右进入快速通道，比资本深化稍早。前文指出，农业劳动力从 1992 年开始下降，这说明劳动生产率比劳均资本对劳动力流动的反应敏感，再次说明资本深化存在一个相对滞后的调整过程。

土地生产率方面，受人多地少资源约束，我国农业政策长期致力于提高单产。实证表明转型期农业单产显著提高，尤其

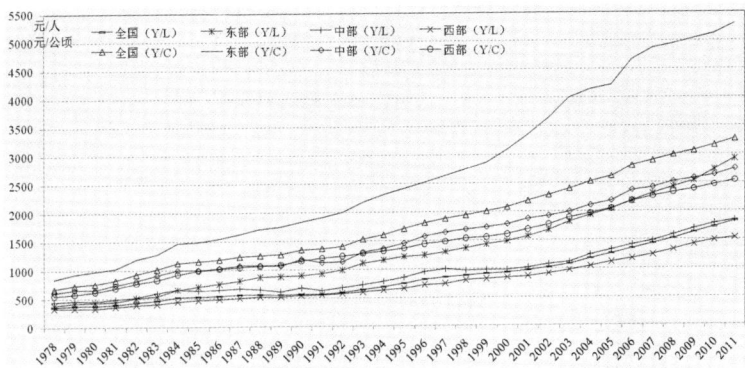

**图 5　转型期全国和东中西区域农业劳动生产率与
土地生产率变迁示意图（1978–2011）**

注：为保持变化连续性，土地用播种面积表示，采用耕地面积不会改变基本变
化趋势。

1992 年后表现强劲，东中西依次递减（图 5）。土地生产率是劳
动生产率以外农业增长另一个重要来源。不同于传统农业精耕
细作依赖于劳动"过密"与"内卷"，现代农业单产主要依赖于
生物良种和基础设施建设等，这些都需要大量资本投资，单产
提高很大程度上也是资本深化的结果。

（四）土地劳动比

　　作为反映农业资源禀赋重要指标，土地劳动比能解释农业
生产方式差异，如美加型、西欧型和日本型等。转型期我国人
地比例基本稳定，未得到实质性改善，以小规模农业为主，呈
较平坦"U"型变化（图 6）。90 年代中期以前，因为耕地减少
和劳动力增加，人地比率恶化；90 年代中后期开始，劳动力净
减少，人地比率有所改善。城镇化提速加上最严格耕地保护制

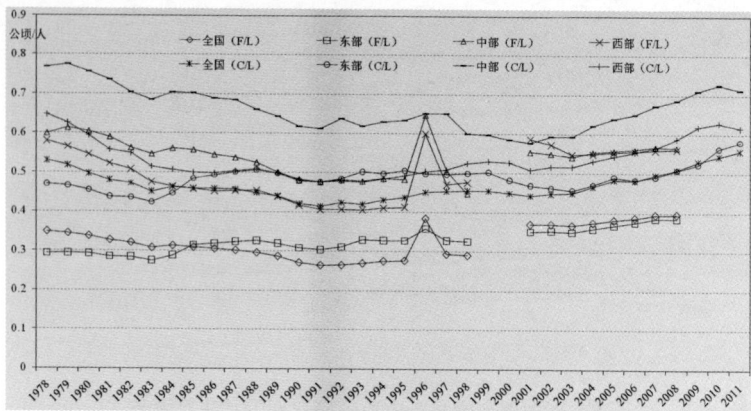

图 6　转型期全国和东中西区域农业土地劳动比变迁示意图（1978–2011）

注：1996 年耕地劳动比异常及不连续是因为耕地数据原因。

度的实施，未来人地比率预计会进一步改善，资本深化加深。但人地关系紧张仍是未来农业刚性约束，[①] 人地比率不足以改善到走大规模机械化的美加型道路。因此，农业资本深化必须适应人地关系，与适度规模经营相结合，违背比较优势的过度资本深化必然带来劳动力浪费，不利于宏观经济稳定。

四、转型期中国农业增长因素分析

本节利用 Griliches 生产函数分阶段考察农业增长特征及其因素，根据前文讨论、转型期农业变迁、农业政策变化及已

---

①　未来趋势看，人多地少这一基本国情不会根本改变。黄宗智（2007）估计，10 年后劳均播种面积提高到 10 亩左右，25 年后达到 15–16 亩。丁长发（2010）估计，到 2050 年实现现代化，城市化率达 70%，按人口 15.34 亿最高值计算，农村 4.6 亿，农村劳动力至少 1 亿，按 18 亿亩耕地红线计算，户均约 18 亩耕地。

有文献，论文分 1978-1984、1985-1991、1992-1996、1997-2002、2003-2007 和 2008-2011 年 6 个阶段进行实证。

（一）增长因素定义与说明

增长因素包括两方面：一是要素投入，包括资本、土地、劳动和化肥，这是生产的基本面。二是制度变量，用于描述制度变化对农业增长的作用。为什么选择制度视角？并没有正式理论为如何确定要素以外增长因素提供依据，我们根据已有研究、农业政策变化、自身思考和数据可得性确定下列制度变量，并控制农业结构调整和自然灾害的影响。

（1）家庭联产承包责任制（HRS），采用实施 HRS 的生产队占总生产队数比重表示，原始数据取自 Lin（1992）。

（2）农产品价格体制改革 [Price（t-1）]，采用农业贸易条件表示，即农副产品收购价格指数①与农业生产资料价格指数之比，均用 1978 年不变价表示。该指标可以衡量农业市场化改革尤其是价格体制改革进程，也是衡量"剪刀差"理想指标，可综合考察农产品政策性提价和托市收购、农产品及投入品价格变动等对农民的激励效应。考虑到当期价格主要影响下一期农业生产决策，为提高其外生性，该变量采用滞后 1 期变量。

（3）农村工业化（Ind），以乡镇企业为代表的农村工业化是中国特色的工业化进程，因为涉及到劳动力转移、"反哺"等因素，论文试图考察其对农业增长的影响，采用乡镇企业②总产

---

① 由于统计指标调整，2001 年开始该指数改用农产品生产价格指数代替。
② 本文乡镇企业是一个地理概念，无所有权、行业和规模之分，所以采用乡镇企业作为农村工业化替代指标是合适的。

值占农村总产值比重表示。

（4）农业公共投资强度（*Fisc*），农业公共投资强度很大程度上反映了政府对农业实质性态度及农业支持政策变迁。论文采用农业财政支出占财政总支出比重[①]表示。

（5）农业税改革（*Tax*），免征农业税结束了农民几千年"皇粮国税"历史，已有研究偏重于考察其与农民增收关系，如周黎安（2005）、徐翠萍（2009）等。该变量极大调动了农民生产积极性，应该会促进农业增长。论文采用分省具体免征农业税时间虚拟变量表示，即已实施的为1，否则为0，根据各省宣布免征农业税具体年份整理。

（6）农业开放程度（*Depd*），农业长期立足于自给自足，但入世以来，中国已成为农业最开放国家之一。论文引入该变量考察农业开放尤其是"入世"的影响，采用农业贸易依存度（农业进出口总值 / 第一产业 GDP）表示。[②]

（7）农业结构调整（*Adju*），采用粮食作物播种面积占总播种面积表示，主要考虑农业种植结构是否朝比较优势方向发展及其对农业影响。

（8）受灾率（*Disa*），反映不可控气候因素影响，这与农业特殊性有关。

考虑到城市化及其与工业化交互作用，我们曾引入城市化变量及其与农村工业化交互项作为控制变量，但估计结果未发

---

① 国家财政农业支出包括支援农村生产支出、农林水利气象等部门事业费、农业基本建设支出、科技三项费用、农村救济费等。参考《中国统计年鉴》。

② 考虑指标科学性和估计稳健性，我们还采用了平均汇价折算的农业进口值占农业总产值比重表示，考察进口扩大对农业影响。实证表明该变量具有较强稳健性，限于篇幅，我们未汇报。

生实质变化。考虑到模型简洁性及篇幅，我们没有汇报。

论文估计方程为：

$$\ln Y_{it} = A_{it} + \sum_{j} \alpha_j \ln X_{j,it} + \sum_{j} \beta_j Z_{j,it} + \varepsilon_{it} \qquad （4）$$

产出（Y）和各投入（X_j）以自然对数形式引入，Z_j 表示各制度变量及控制变量，ε 为随机扰动项，$i = 1, \cdots, 28$ 表示各省区，t 表示分时期年份，采用 Stata 12.0 软件。

考虑到估计稳健性，我们采用了 Pool OLS、固定效应模型（FE）、随机效应模型（RE）、LSDV、MLE 多种估计方法，并考虑了异方差和自相关影响，但估计结果差异不大。其中，引入省区虚拟变量的 LSDV 模型证实了个体异质性的存在。因为论文已按时间分阶段估计，属于短面板，限于篇幅，我们重点汇报了 OLS、RE、FE 和考虑异方差的估计结果。结合 Hausman 检验，论文最终采用固定效应模型作为说明对象，其他模型供参考，并进一步计算各增长因素对产出的贡献。

（一）第一阶段：1979-1984 年

改革开放肇始于农村，农业迎来第一个高速增长期，实际产值增长 61.04%，年均增长 10.17%。生产要素方面，播种面积有所下降，其他要素投入均有所增加，资本贡献较大（9.86%），再次是化肥和劳动，但贡献有限。增长动力主要来自于制度方面。HRS 是最大贡献源泉（35.41%），该农作制度的转变通过重构微观激励机制解决了"搭便车"和"剩余控制权"问题，极大解放了生产力。面对长期农业衰退，中央政府的主动努力是通过大规模提高农产品收购牌价和减少国家统派购数量来进行，该努力通过改善农业贸易条件有力促进了农业增长

（11.00%）。

农村工业化为农业增长做了重要贡献（35.31%）。乡镇企业以集体时代社队企业为主，虽然受到政策歧视，但其发展势头已有所表现。该变量表现应该与长期以来农业积累了大量剩余劳动力有关，其边际生产力极低，转移后通过资源再配置提高了农业生产效率。而早期乡镇企业以劳动密集型消费品和本地工业化为主，较容易吸收剩余劳动力和"反哺"农业。限于财力限制，中央的农业支持主要反映在政策设计上，财政投入增加不明显，农业公共投资强度变量不显著，对农业增长贡献很小。

（二）第二阶段：1985-1991 年

HRS 的一次性增量效应到 1984 年基本释放完毕（Lin，1992），农业经营制度基本稳定，后文不再包含该变量。农业增长 1985 年开始趋缓，实际产值增长 23.51%，年均增长 3.92%。此时，改革重点转向城市，工业品被允许以市场价出售，农业投入品价格上升，农产品首次出现"卖粮难"，作为抑制通货膨胀一部分，政府对主要农产品价格设置上限，农业贸易条件变量对增长贡献基本消失。农业公共投资强度变量贡献率还为负（-8.19%），再次表明政府工作重心已转向城市和工业部门。显然，该时期农业增长缺乏制度动力。

要素投入成为农业增长主要动力，以化肥（36.81%）和播种面积（14.63%）贡献最大。不过，该时期要素投入并未出现快速增长，农业增长总体乏力。HRS 使长期被隐藏的剩余劳动力问题显现化，1984 年社队企业更名为乡镇企业后，到 1988

年，从607万个增长到1888万个，总产值从16.98亿元增长到70.18亿元，雇佣劳动力占农村总劳动力比重从14.5%上升到23.8%（Lin，2001）。以乡镇企业表征的农村工业化变量继续为农业增长做出了显著贡献（41.33%）。另外，有文献将1989-1991年划入第三阶段。我们发现"治理整顿"时期，农业虽出现恢复性增长，但主要是因为农业投入增加所致，非生产率贡献，更为深刻的制度变革主要发生在1992年以来。

（三）第三阶段：1992-1996年

这一时期最大特征是市场化改革突飞猛进，邓小平"南方谈话"和十四大使1992年成为重要时间节点。农业在市场化大背景下实现了平稳增长，实际产值增长28.52%，年均增长7.13%，这显著高于上一阶段，但仍低于第一阶段。要素投入方面，化肥做出了最显著贡献（18.02%），其他投入作用不明显，播种面积可能还是下降的（-0.12%）。更重要的增长动力来自于制度方面。

中央政府推进市场化的努力首先体现在价格体制改革和消除"双轨制"上。农业方面，废除农产品统销制度，实现购销同价和"保量放价"，改革粮食流通体制，扩大市场定价范围，多次大幅提高粮食、棉花等收购价格。贸易条件改善为农业增长做出了重要贡献（9.04%）。与分税制改革相对应，财权相对上移，事权相对下移，基层财政恶化，产生了较严重的农民负担问题，农业公共投资强度变量表明政府对农业财政支持力度减弱，贡献率为负（-14.93%）。到1996年底，全国GDP近1/3、工业增加值近1/2、财政收入1/4、出口创汇1/2、农民

表3 转型期农业生产函数估计及其检验结果（1978-1984、1985-1991和1992-1996年）

变量名	1978-1984 Pool OLS	1978-1984 FE	1978-1984 RE	1985-1991 Pool OLS	1985-1991 FE	1985-1991 RE	1992-1996 Pool OLS	1992-1996 FE	1992-1996 RE
常数项	-3.1390*** (0.3024)	0.3772*** (2.6397)	-3.8451*** (0.3883)	-2.2988*** (0.2514)	-4.2190* (2.2412)	-3.2212*** (0.5313)	-2.8230*** (0.3428)	0.4044 (1.9500)	-3.2629*** (0.7545)
LnK	-0.0399* (0.0210)	0.1366* (0.0707)	0.0092 (0.0487)	-0.0290 (0.0191)	0.0475 (0.0847)	0.0362 (0.0459)	0.0467 (0.0037)	0.0800 (0.0570)	0.1055** (0.0468)
LnL	0.3179*** (0.0554)	0.0823 (0.1251)	0.3043*** (0.0930)	0.1638*** (0.0388)	-0.0028 (0.1039)	0.1033 (0.0966)	0.2375 (0.0545)	-0.1315 (0.2270)	0.0863 (0.0983)
LnCr	0.5676*** (0.0495)	0.2249 (0.3017)	0.6334*** (0.0780)	0.6270*** (0.0379)	0.8333*** (0.2670)	0.6721*** (0.0785)	0.6298*** (0.0642)	0.2952 (0.2038)	0.5338*** (0.1568)
LnFe	0.1605*** (0.0251)	0.0403 (0.0304)	0.0626*** (0.3024)	0.2045*** (0.0281)	0.1814 (0.1454)	0.1774 (0.1201)	0.3173*** (0.0525)	0.2028*** (0.0465)	0.2606** (0.1329)
HRS	0.0959** (0.0466)	0.2183*** (0.0346)	0.2066*** (0.0342)	—	—	—			
Price (t-1)	0.3704*** (0.1261)	0.1599** (0.0713)	0.2250*** (0.0657)	0.1861** (0.0767)	0.0560 (0.0606)	0.0602 (0.0591)	0.2589*** (0.8787)	0.2156** (0.0803)	0.1806** (0.0727)
Ind	0.5681*** (0.1270)	0.5482** (0.2053)	0.7978*** (0.1913)	0.4694*** (0.0894)	0.3914*** (0.1146)	0.4089*** (0.2209)	0.6860*** (0.1273)	0.5586*** (0.1712)	0.6336*** (0.2032)
Fisc	-1.5538*** (0.5567)	0.0878 (0.7081)	-0.4284 (0.6414)	-2.9067*** (0.7538)	-1.1537* (0.6319)	-1.3935 (1.0134)	-1.8977** (0.9558)	0.6456* (0.3778)	0.1827 (0.3272)
Adju	-1.3186*** (0.2113)	-0.3947 (0.3976)	-0.8650*** (0.2986)	-1.3344*** (0.2090)	0.2105 (0.2658)	-0.1918 (0.3064)	-0.7741** (0.3290)	0.3249 (0.2613)	0.2131 (0.3538)
Disa	-0.5276*** (0.1223)	-0.2322*** (0.0764)	-0.2313*** (0.0796)	-0.4795*** (0.1113)	-0.2023*** (0.0560)	-0.2340*** (0.0584)	-0.4399** (0.1873)	-0.0873*** (0.0579)	-0.0889 (0.0544)
样本数	196	196	196	196	196	196	140	140	140
R²	0.9706	0.8452	0.9620	0.9645	0.9285	0.9464	0.9528	0.8782	0.9317
R²-within		0.8419	0.8233		0.5938	0.5838		0.6366	0.6125
R²-between		0.8797	0.9667		0.9324	0.9506		0.8909	0.9346
F-statistics	774.89***	89.58***		707.72***	22.39***		327.94***	11.90***	
Wald Chi²			1737.21***			1409.46***			498.03***
豪斯曼检验		35.99***			21.77***			19.89***	

注：括号内数字为稳健性（robust）标准误，***、**和*分别表示1%、5%和10%显著水平，常数项为各省区公共常数项，表示各省区公共形态。下同。

收入 1/3 均来自乡镇企业，1996 年颁布的《乡镇企业法》标志其发展达到顶峰。农村工业化变量为农业增长做出了重要贡献（30.64%），这很大程度说明农业部门仍然存在大量剩余劳动力。

（四）第四阶段：1997-2002 年

"农民真苦，农村真穷，农业真危险"及农村"三乱"等成为农村利益失衡的集中体现。农业增长持续减缓，实际产值增长 20.76%，年均增长 4.15%。这与要素投入和制度变迁两方面均存在一定关系。除资本以外其他要素投入对农业增长贡献均不显著。与第三部分相一致，资本积累开始在农业增长中扮演了最重要角色（49.91%），这说明资本积累及其伴随的资本深化进程此时已成为农业增长的最重要源泉，资本成为最具活力的生产要素。

该时期农业增长明显缺乏制度动力。受亚洲金融危机、通货紧缩等因素影响，农业外部环境不佳。农产品开始由卖方市场转变为结构性买方市场，农产品价格有所下滑，但中央政府强调按保护价收购，农业生产资料也遭遇了通货紧缩，农业贸易条件虽有所恶化，贡献下滑，但仍做出了一定正贡献（5.01%）。乡镇企业进入到一个艰难适应性调整阶段，主要通过所有制转型和技术升级应对市场变化，首次出现农民工返乡现象，农村工业化变量贡献基本不显著（1.09%）。该时期农业公共投资比重变量开始做出了重要贡献（37.95%），这应该与当时农村经济萧条、农业潜在危险引起政府部门高度重视而加强了对农业支持有关。考虑到《中美农业合作协议》签订及中国正式加入 WTO，我们开始引入农业贸易依存度变量，其估计系数显著，但尚未对农业增长产生明显影响（1.43%），贸易对增长的影响可能需要一个过程。

（五）第五阶段：2003-2007年

农业增长和农民增收持续低迷，引起中央政府高度重视，农业政策发生重大转向，如多年"一号文件"均将"三农"问题作为主题。此时，农业实际产值增长22.82%，年均增长5.71%，呈良好恢复性增长势头。整个要素投入的贡献份额有所下降。资本积累继续为农业增长做出了重要贡献（8.92%）。但与以往不同，劳动力投入有力地推动了农业增长（14.91%），这可能与新世纪以来大规模农业支持政策提高了农业就业吸引力有关。

农业增长更重要的动力来自于制度方面，尤其是财税制度变化。一是中央政府持续强化农业财政支持力度。从"两个趋向"，"多予、少取、放活"，"支农、惠农、强农"，到建设社会主义新农村，农业公共投资强度变量做出了重要贡献（36.79%）。二是全面免征农业税。分税制改革以后，农业税属地方税种，与"三提五统"等摊派、收费一起构成了地方基层收入来源，农民负担问题愈演愈烈。在多年改革试点基础上，中央政府2003年发出《关于全面推进农村税费改革试点工作的意见》，2004年宣布五年内取消农业税，2006年废止《农业税条例》。农业税改革变量对农业增长贡献高度显著（38.14%）。总之，农业税改革加上农业财政支持政策密集出台，提高了农民生产积极性和对中央政府的认同感，成为农业增长最主要动力。

此时，商品市场基本完成了市场化改革，包括农产品和农业生产资料，两者联系更加紧密，日趋统一。政府干预减少，主要通过基本农产品托市收购来稳定农产品价格，不过因为生产资料价格上涨幅度较大，抵消了托市收购的努力。农业贸易条件变量基本未产生影响（0.93%）。随着市场经济体制的完善，乡镇企业产权不清等先天不足显现，日渐式微，绝大部分朝民营化方向发展。农村工业化变量基本未再产生作用（0.16%）。与上阶段不同，农业开始受到贸易开放的影响。入世前农产品常年顺差，入世后逐年减少，2004年首次出现逆差并持续扩大，大豆、棉花、食用油等进口依存度偏高。贸易依存度变量产生了一定负面影响（-8.61%）。短期内，一次性开放幅度过大，可能引起农业减产和就业机会减少，农业仍然需要时间进行调整，不过其对各具体作物品种的影响应不尽相同。

（六）第六阶段：2008-2011年

国际金融危机导致外部经济环境再度恶化，并对农业产生影响。农业资本积累出现重要拐点，上一阶段大规模农业支持政策也基本稳定。农业增长有所下滑，实际产值增长13.43%，年均增长4.47%，进入到一个相对减缓阶段。该时期农业增长基本由要素投入贡献。资本是第一贡献来源（39.65%），化肥成为第二贡献来源（32.72%），播种面积表征的耕地做出了重要贡献（10.39%），只有劳动力贡献较小（1.25%）。

制度变迁对增长的贡献以一次性"水平效应"为主，"垂直"增长效应有限。该时期农业政策基本稳定。农产品市场改革基本完成，价格上涨明显，超过了农业生产资料价格上涨，农业贸易条件有所改善并做出了一定贡献（3.90%）。受金融危

表 4 转型期农业生产函数估计及其检验结果（1997–2002、2003–2007 和 2008–2011 年）

变量名	1997–2002			2003–2007			2008–2011		
	Pool OLS	FE	RE	Pool OLS	FE	RE	Pool OLS	FE	RE
常数项	-3.1314*** (0.2230)	3.6655*** (0.8015)	-0.8015 (0.5979)	-2.9367*** (0.6100)	5.2286*** (1.2290)	-1.2466* (0.7219)	-1.6618*** (0.4141)	-1.1661 (1.2472)	-0.8106* (0.4506)
LnK	0.0810*** (0.0215)	0.1296*** (0.0252)	0.1189*** (0.0281)	0.2437*** (0.0513)	0.2201*** (0.0542)	0.2727*** (0.0742)	0.2784*** (0.0658)	0.1265*** (0.0241)	0.1322*** (0.0236)
LnL	-0.0490 (0.0464)	-0.0111 (0.0641)	0.1452* (0.0837)	0.2482*** (0.0647)	-0.4492*** (0.1591)	0.1673 (0.1129)	0.2419*** (0.0629)	-0.0327 (0.0818)	0.0202 (0.0660)
LnCr	0.6161*** (0.0380)	0.0812 (0.1057)	0.4763*** (0.0985)	0.3529*** (0.1272)	0.1462 (0.1229)	0.3958*** (0.1194)	0.1752* (0.0890)	0.3621** (0.1329)	0.2587*** (0.0789)
LnFe	0.4543*** (0.0385)	-0.0044 (0.0285)	0.0750 (0.0464)	0.3060* (0.1418)	0.0354 (0.0320)	0.0454 (0.0486)	0.4147*** (0.0726)	0.4948*** (0.0864)	0.5505*** (0.0708)
HRS	0.3856*** (0.0170)	-0.0780* (0.0385)	0.0018 (0.0514)	0.3973*** (0.0859)	-0.1237* (0.0653)	-0.1037 (0.0824)	0.1184* (0.0677)	0.0705*** (0.0311)	0.0844** (0.0340)
Price (t–1)	0.9426*** (0.1233)	0.0297 (0.1077)	0.0609 (0.1302)	0.1887 (0.1763)	-0.0388 (0.1076)	0.0341 (0.0883)	0.4240** (0.1739)	0.0341 (0.0499)	0.0554 (0.0565)
Ind	0.0745 (0.9666)	-0.8610** (0.3784)	-0.7691* (0.4320)	-1.4518 (1.2560)	0.8577*** (0.2747)	0.6893** (0.3181)	0.0550*** (0.0111)	-0.0009 (0.0012)	-0.0001 (0.0014)
Fisc			—	0.0954** (0.0480)	0.0870*** (0.0101)	0.1081*** (0.0113)			—
Tax	0.1256*** (0.0286)	-0.0373* (0.0165)	-0.0808*** (0.0231)	0.1287*** (0.0353)	-0.0588*** (0.0140)	0.0004 (0.0234)	0.0425 (0.0284)	-0.0103 (0.0096)	-0.0068 (0.0087)
Adju	-1.3681*** (0.1912)	-0.3642*** (0.1146)	-0.7924*** (0.1409)	-0.5917** (0.2578)	0.0853 (0.2586)	-0.0093 (0.2447)	-0.6901*** (0.2229)	0.0212 (0.2022)	-0.2598 (0.2125)
Disa	-0.1637 (0.1152)	-0.0974*** (0.0263)	-0.0999*** (0.0288)	0.2025 (0.1731)	-0.1621*** (0.0305)	-0.1968*** (0.0396)	-0.3124 (0.2000)	-0.0182 (0.0220)	-0.0171 (0.0229)
样本数	168	168	168	140	140	140	112	112	112
R²	0.9630	0.7328	0.8919	0.9409	0.1479	0.8821	0.9555	0.9094	0.9266
R²-within		0.8170	0.7585		0.7192	0.6140		0.8365	0.8306
R²-between		0.7725	0.8927		0.1831	0.8839		0.9096	0.9269
F-statistics	721.30***	85.80***		209.46***	40.90***		443.03***	453.8***	
Wald Chi²			2527.82***			398.80***			4622.14***
豪斯曼检验		63.68***			52.37***			17.30*	

表 5　转型期分阶段农业增长因素的贡献度

阶段	指标	K	L	Cr	Fe	HRS	Price	Ind	Fisc	Depd	Tax	Adju	Disa
1978 — 1984	变量变化	0.4404	0.0961	-0.0444	0.4015	0.9900	0.4198	0.3920	-0.2009	—	—	-0.0242	-0.342
	增长贡献	0.0602	0.0079	-0.0100	0.0162	0.2161	0.0671	0.2149	-0.0176	—	—	0.0095	0.0794
	贡献率（%）	9.8582	1.2948	-1.6337	2.6533	35.405	10.999	35.213	-2.8906	—	—	1.5627	13.022
1985 — 1991	变量变化	0.1249	0.1545	0.0413	0.4769	—	0.1686	0.2483	0.0167	—	—	0.0464	0.0951
	增长贡献	0.0059	-0.0004	0.0344	0.0865	—	0.0094	0.0972	-0.0193	—	—	0.0098	-0.0193
	贡献率（%）	2.5263	-0.1860	14.630	36.812	—	4.0147	41.332	-8.1920	—	—	4.1542	-8.1870
1992 — 1996	变量变化	0.0298	-0.0603	-0.0011	0.2534	—	0.1196	0.1564	-0.0660	—	—	0.0454	-0.1341
	增长贡献	0.0024	0.0079	-0.0003	0.0514	—	0.0258	0.0874	-0.0426	—	—	0.0148	0.0117
	贡献率（%）	0.8357	2.7816	-0.1180	18.017	—	9.0430	30.642	-14.933	—	—	5.1740	4.1073
1997 — 2002	变量变化	0.7996	0.0064	-0.0079	0.0843	—	-0.1333	0.0765	-0.0915	-0.0798	—	-0.0871	-0.1107
	增长贡献	0.1036	-0.0001	-0.0006	-0.0004	—	0.0104	0.0023	0.0788	0.0030	—	0.0317	0.0108
	贡献率（%）	49.909	-0.034	-0.0031	-0.178	—	5.008	1.0927	37.953	1.4327	—	15.273	5.1936
2003 — 2007	变量变化	0.0925	-0.0758	0.0189	-0.2846	—	-0.0171i	-0.009	0.0979	0.3341	1.0000	0.0107	-0.3095
	增长贡献	0.0204	0.0340	0.0028	-0.0101	—	0.0021	0.0004	0.0840	-0.0197	0.0870	0.0009	0.0502
	贡献率（%）	8.9218	14.913	1.2117	-4.420	—	0.9291	0.1584	36.788	-8.614	38.144	0.3999	21.988
2008 — 2011	变量变化	0.4209	-0.0515	0.0385	0.0888	—	0.0744	0.0194	-0.9730	0.0405	—	-0.0204	-0.1911
	增长贡献	0.0533	0.0017	0.0139	0.0439	—	0.0052	0.0007	0.0009	-0.0004	—	-0.0004	0.0035
	贡献率（%）	39.653	1.2521	10.387	32.717	—	3.9039	0.4922	0.6299	-0.3110	—	-0.3060	2.5903

注：根据表 3 和 4 对应估计系数与解释变量变化计算。增长贡献＝估计系数 × 解释变量变化，贡献率＝增长贡献／总产出增长。各阶段产出增长分别为 61.0387%、23.3508%、28.5159%、20.7644%、22.8207 和 13.4297%。各因素贡献率之和不可能全为 1，存在一定偏差，主要是因为估计残差等在起作用。常数项及各种误差等在起作用。

机冲击，乡镇企业陷入低迷，农村工业化变量延续了上阶段表现，基本未起作用（0.49%）。农业财政支出占总支出比重基本稳定，公共投资比重变量作用非常小（0.63%）。农业贸易依存度变量与上阶段负影响不同，不再显著（-0.31%），这应该与农业贸易逆差、"大进大出"成为常态和农业日益适应调整有关。总之，国际金融危机以来农业增长主要是要素投入增加尤其是资本增长的结果。

论文需要补充说明几点。一是，我们采用广义农业口径，故引入农业结构调整变量控制种植结构调整的影响。该变量除在第四阶段高度显著并做出重要贡献（15.27%）外，其他阶段均不显著。这说明维护粮食安全[①]仍是我国农业政策的最重要考量，农业结构调整力度不大。二是农业受灾率变量。自然灾害是影响农业的基本变量，但已有研究常将其有意或无意忽略。受灾率变量估计系数在各阶段基本显著为负，这符合一般理论预期。最后，论文重点并非在于讨论各增长因素贡献率及其估计值的具体大小，这显然没有太大实际意义，论文主要在于分阶段考察各增长因素贡献的优先序排列，揭示各因素不同时期作用的跨期差异，为转型期农业增长提供基本趋势判断。

五、研究结论与政策建议

有研究表明中国经济尤其是工业从90年代中后期开始出现资本深化加速迹象，引发了"重化工业化"的讨论。国际经验

---

① 例如保证95%的粮食自给率，对粮食主产区和产粮大县进行奖励等。

表明，农业现代化亦会经历资本深化进程。论文基于永续盘存法和国民收入核算框架，核算了1978-2011年省际农业资本存量，讨论了转型期农业资本深化、要素使用特征及单要素生产率增长等，从要素投入与制度变迁两方面对农业增长因素与趋势特征进行分阶段实证，得出了重要结论。

第一，转型期农业资本积累较迅速，经历了较为显著的资本深化进程。这一进程与宏观经济、工业部门时间点较一致，都是从90年代中期开始显著加速，之前并不明显。例如，劳均资本和资本产出比分别呈典型"U型"和"反L型"变化，土地资本密集度大幅提高，劳动和土地生产率及人地关系表现出了相似特征。论文表明我国农业生产方式越来越倾向于使用劳动节约型技术，传统劳动"过密型"、"内卷化"生产方式正经历着"去内卷化"和"资本化"过程，逐渐跳出传统农业"只有增长没有发展"的陷阱，而且这一过程主要发生在90年代中后期以来。

第二，时间动态上，农业增长呈明显阶段性周期变化，不同时期要素投入和制度变化扮演了不同角色。其中，资本和化肥投入是最活跃的两个要素投入，这尤其表现在90年代以来；农业增长背后有着深刻的制度原因，例如家庭联产承包责任制、价格体制改革、农村工业化、税费改革、农业公共支出变迁和对外贸易依存度变化等制度因素在不同时期扮演了重要角色。总体上，当制度变化能够调动农民生产积极性时，农业增长就快，反之就慢，或者会更加依赖于要素投入增长。

第三，空间分布上，转型期农业资本积累与深化的地区差距和省际差异十分明显。从资本存量看，一般农业大省资本存量规模较大，但资本积累速度和深化程度却不尽然，东部省区资本深化程度普遍较高，许多农业大省尤其是中部省区相对滞后，西部省区差异性较大，贵州和云南存在资本浅化的倾向。

第四，农业资本深化在很大程度上受劳动力转移程度的影响，其是农业应对劳动力转移和城市化进程的自然响应，但存在一定滞后性。在人地关系未获实质性改善、劳动力大范围转移的条件下，劳动和土地生产率提高是农业增长的关键，资本积累及其深化过程中对劳动和土地的替代是生产率增长的重要原因。农业制度创新亦扮演了重要角色。

论文政策含义明显。第一，以资本和化肥为代表的现代要素投入和制度创新是转型期农业增长的最重要源泉，两者不可偏废。一是必须加强农业投入尤其是资金投入，这是农业增长的最直接动力，引入现代生产要素是改造传统农业的必由之路；二是必须把握有利条件和时机，适时主动推进改革，从制度创新上寻找突破口，通过调动农民生产积极性促进农业增长。

第二，随着新型城镇化战略的提出，包括"刘易斯拐点"、"未来谁来种田"的讨论等，未来农业发展已不再简单局限于对"过密型"、"内卷化"农业的改造问题，而是劳动力成本上升条件下如何进一步发展的问题。依靠资本深化对劳动进行替代是继续确保农产品供需平衡的必然选择，新型城镇化需要农业资本深化的支持。

第三，农业可持续发展需要持续的制度创新动力。一是，农民在合适的制度安排下是有能力和愿望经营好农业的。二是，资本深化需要与制度创新相结合。生产方式的实质性变化使得劳动力转移后不可能重返农业，必然要求农地有序流转、适度规模经营、农民工市民化等相关制度的配套与完善等。

论文仍存在一定不足。第一，限于研究目的，论文没有讨论中间投入。实证表明化肥投入为农业增长做出了重要贡献。现代良种、化肥、农药等中间投入往往伴随着大规模资金投入，如果纳入中间投入的话，可以进一步说明资金因素对农业增长的高度重要性。

第二，资本深化意味着有偏技术进步和要素替代弹性变化，本文采用 Griliches 生产函数，主要考虑增长核算的简明性和方便性，但也就无法反映这一点。论文目的在于讨论资本深化、制度变化及其对农业增长的贡献，对非中性技术进步、要素替代弹性的讨论和不同生产函数形式的选择是进一步研究方向。

第三，论文采用宏观数据和大农业口径，对一些研究结论引申到具体微观机制尤其是农户层面时应采取审慎态度，例如一些制度作用的微观机理等。

附表1 代表性年份省际主要农业资本深化与资源禀赋指标

省\指标	K/Y		K/L		K/F		K/C		C/L		F/L	
	1978	2011	1978	2011	1978	2008	1978	2011	1978	2011	1978	2008
北 京	1.35	2.54	604.36	7581.18	1773.64	10941.32	1101.46	14806.61	0.55	0.51	0.34	0.37
天 津	1.59	5.07	595.60	21568.83	1707.87	13015.66	1144.60	33726.65	0.52	0.64	0.35	0.58
河 北	1.33	1.81	426.90	3433.09	1037.09	6437.029	738.73	5633.182	0.58	0.61	0.41	0.43
山 西	3.22	3.05	932.72	2641.54	1493.35	2245.347	1334.72	4517.338	0.68	0.59	0.64	0.58
内蒙古	0.31	2.31	135.46	5878.51	111.40	2521.295	122.99	4737.596	0.35	1.07	0.15	0.49
辽 宁	0.19	1.20	101.38	3430.44	157.94	4149.102	149.33	5791.466	0.44	0.75	0.24	0.39
吉 林	0.13	1.60	100.42	4359.50	78.86	2531.273	78.82	4790.83	0.34	0.46	0.13	0.29
黑龙江	0.88	1.75	682.49	4420.04	427.57	1917.534	436.91	2932.005	0.39	0.35	0.19	0.21
上 海	2.60	3.68	1190.54	15892.99	7936.73	21245.37	3449.25	14790.08	0.46	0.49	0.31	0.32
江 苏	0.32	0.64	113.92	1953.73	473.45	3228.945	257.10	2608.189	0.40	0.33	0.17	0.20
浙 江	1.45	1.18	488.10	3716.35	3721.87	10333.05	1437.10	8077.512	0.70	0.58	0.62	0.63
安 徽	0.48	0.83	166.99	1221.37	571.73	3150.514	318.94	2164.33	1.27	0.91	1.27	0.98
福 建	0.40	1.28	139.01	3324.67	744.06	13548.6	357.36	9418.252	1.56	1.51	1.60	1.47
江 西	0.70	0.88	260.86	2041.72	1052.99	4797.909	443.25	3239.263	0.52	0.56	0.29	0.36
山 东	1.07	1.56	340.13	3305.21	1095.90	7606.418	744.59	6727.592	0.59	0.63	0.25	0.31

省\指标	K/Y		K/L		K/F		K/C		C/L		F/L	
	1978	2011	1978	2011	1978	2008	1978	2011	1978	2011	1978	2008
河南	0.78	1.70	224.08	2648.91	708.19	5832.784	462.20	4961.059	0.48	0.53	0.32	0.28
湖北	0.34	0.84	139.24	1406.51	543.44	3641.015	258.19	2946.802	0.54	0.48	0.26	0.27
湖南	0.58	0.79	192.50	1219.64	999.08	3189.219	407.57	2438.618	0.47	0.50	0.19	0.22
广东	0.69	1.06	238.03	2074.67	1364.78	6418.04	593.04	6336.083	1.10	1.24	1.22	1.28
广西	0.95	1.08	251.04	1466.46	1122.39	2834.367	548.89	3827.25	0.46	0.38	0.22	0.28
四川	0.37	0.88	154.93	1713.64	587.65	3562.127	316.47	3495.951	0.49	0.49	0.26	0.28
贵州	4.31	1.08	959.64	773.61	4396.49	1746.73	2635.24	1840.174	0.36	0.42	0.22	0.28
云南	2.77	1.41	722.33	1280.74	2992.23	2725.49	1975.04	3260.099	0.37	0.39	0.24	0.36
陕西	1.11	1.58	356.79	2541.43	709.88	3343.488	520.12	5008.694	0.69	0.51	0.50	0.45
甘肃	1.51	1.25	395.50	1066.70	559.03	1554.299	567.68	2394.158	0.70	0.45	0.71	0.52
青海	3.64	4.35	1293.58	4374.93	2214.10	5726.108	2594.55	9729.17	0.50	0.45	0.58	0.38
宁夏	0.94	2.20	305.05	2531.16	322.97	2969.403	318.68	3337.66	0.96	0.76	0.94	0.81
新疆	1.14	1.88	449.29	5998.17	500.13	5975.844	526.34	5583.651	0.85	1.07	0.90	0.98
全国	0.91	1.32	322.89	2405.66	925.87	4057.374	608.75	4317.661	0.53	0.56	0.35	0.40

资料来源：作者根据相关核算结果和统计资料整理。计量单位依次为：K/L，元/人；K/F 和 K/C，元/公顷；C/L 和 F/L，公顷/人。

参考文献

1. 丁长发:《百年小农经济理论逻辑与现实发展》,《农业经济问题》, 2010 年第 1 期。

2. 冯海发、李溦:《我国农业为工业化提供资金积累的数量研究》,《经济研究》, 1998 年第 8 期。

3. 龚六堂、谢丹阳:《我国省份之间的要素移动和边际生产率的差异分析》,《经济研究》, 2004 年第 1 期。

4. 黄季焜、仇焕广、Michiel Keyzer、Erika Meng、Wim van Veen:《发展生物燃料乙醇对我国区域农业发展的影响分析》,《经济学（季刊）》, 2009 年第 1 期。

5. 黄勇峰、任若恩、刘晓生:《中国制造业资本存量永续盘存法估计》,《经济学（季刊）》, 2002 年第 1 期。

6. 黄少安、孙圣民、宫明波:《中国土地产权制度对农业增长的影响》,《中国社会科学》, 2005 年第 3 期。

7. 冀县卿、钱忠好:《中国农业增长的源泉:基于农地产权结构视角的分析》,《管理世界》, 2010 年第 11 期。

8. 李谷成:《技术效率、技术进步与中国农业生产率增长》,《经济评论》, 2009 年第 1 期。

9. Michael Carter、姚洋:《工业化、土地市场与农业投资》,《经济学（季刊）》, 2004 年第 7 期。

10. 钱陈、史晋川:《城市化、结构变动与农业发展》,《经济学（季刊）》, 2006 年第 10 期。

11. 邱晓华、郑京平、万东华、冯春平、巴威、严于龙:《中国经济增长动力及前景分析》,《经济研究》, 2006 年第 5 期。

12. 单豪杰:《中国工业部门的资本回报率:1978-2006》,《产业经济研究》, 2008a 年第 6 期。

13. 单豪杰:《中国资本存量 K 的再估算:1952-2006》,《数量经济技术经济研究》, 2008b 年第 10 期。

14. 宋海岩、刘淄楠、蒋萍、吴桂英:《改革时期中国总投资决定因素的分析》,《世界经济文汇》, 2003 年第 1 期。

15. 孙琳琳、任若恩:《资本投入测量综述》,《经济学（季刊）》, 2005

年第 4 期。

16. 王美艳：《农民工还能返回农业吗?》，《中国农村观察》，2011 年第 1 期。

17. 王小鲁、樊纲：《中国经济增长的可持续性》，经济科学出版社，2000 年。

18. 吴方卫：《我国农业资本存量的估计》，《农业技术经济》，1999 年第 6 期。

19. 徐翠萍、史清华、Holly Wang：《税费改革对农户收入增长的影响》，《中国农村经济》，2009 年第 2 期。

20. 徐现祥、周吉梅、舒元：《中国省区三次产业资本存量估计》，《统计研究》，2007 年第 5 期。

21. 张军、章元：《对中国资本存量 K 的再估计》，《经济研究》，2003 年第 7 期。

22. 张军、吴桂英、张吉鹏：《中国省际物质资本存量估算：1952-2000》，《经济研究》，2004 年第 10 期。

23. 张军扩：《"七五"期间经济效益的综合分析》，《经济研究》，1991 年第 4 期。

24. 周黎安、陈烨：《中国农村税费改革的政策效果》，《经济研究》，2005 年第 8 期。

25. 朱喜、史清华、盖庆恩：《要素配置扭曲与农业全要素生产率》，《经济研究》，2011 年第 5 期。

26. Alston, J. M., M. A. Andersen, J. S. James, and P. G. Pardy, 2010, Persistence Pays: U. S. Agricultural Productivity Growth and the Benefits from Public R&D Spending, New York: Springer press.

27. Andersen, M. A., J. M. Alston, and P. G. Pardy, 2011, "Capital Services in U. S. Agriculture: Concepts, Comparisons, and the Treatment of Interest Rates", American Journal of Agricultural Economics, Vol. 93（3）: pp. 718~38.

28. Andersen, M. A., J. M. Alston, and P. G. Pardy, 2012, "Capital Use Intensity and Productivity Bias", Journal of Productivity Analysis, Vol. 37, pp. 59~71.

29. Butzer, R., Yair Mundlak, and Donald F. Larson, 2010, "Measures of Fixed Capital in Agriculture", World Bank Policy Research Working Paper No. 5472. The World Bank: Washington, DC.

30. Chow G. C., 1993, "Capital Formation and Economic Growth in China", Quarterly Journal of Economics, Vol. 114 (8), pp. 243~66.

31. Coelli T. J. and Prasada Rao D. S., 2003, "Total Factor Productivity Growth in Agriculture: A Malmquist Index Analysis of 93 Countries, 1980–2000", The Plenary Paper at the 2003 International Association of Agricultural Economics (IAAE) Conference in Durban August 16–22: 1~15.

32. Crego, Al, Donald F. Larson, Rita Butzer, and Yair Mundlak, 1998, "A New Database on Investment and Capital for Agriculture and Manufacturing", World Bank Working Paper No. 2013. The World Bank: Washington, DC.

33. Fan, Shenggen, 1991, "Effects of Technological Change and Institutional Reform on Production Growth in Chinese Agriculture", American Journal of Agricultural Economics, Vol. 73, pp. 266~275.

34. Fan, Shenggen and P. G. Pardey, 1997, "Research, Productivity, and Output Growth in Chinese Agriculture", Journal of Development Economics, Vol. 5, pp. 115~137.

35. Fan, Shenggen and Zhang Xiaobo, 2004, "Infrastructure and Regional Economic Development in Rural China", China Economic Review, Vol. 12, pp. 203~214.

36. Grifell–Tatjé, E. and Lovell C. A. K., 1995, "A Note on the Malmquist Productivity Index", Economics Letters, Vol. 47, pp. 169~175.

37. Hall, R., and C. Jones, 1999, "Why do Some Countries Produce so Much More Output than Others？", Quarterly Journal of Economics, Vol. 114, pp. 83~116.

38. Ito, and Jing Ni, 2013, "Capital Deepening, Land Use Policy, and Self-sufficiency in China's Grain Sector", China Economic Review, Vol.24, pp. 95~107.

39. Larson, Donald F., Rita Butzer, Yair Mundlak, and Al Crego, 2000, "A Cross–country Database for Sector Investment and Capital", World Bank

Economic Review, Vol. 14, pp. 371~91.

40. Lin, Justin Yifu, 1992, "Rural Reforms and Agricultural Growth in China", American Economic Review, Vol. 82（1）, pp. 34~51.

41. Lin, Justin Y. and Yang Yao, 2001, "Chinese Rural Industrialization in the Context of the East Asian Miracle", in Joseph E. Stigilitz and Shahid Yusuf eds. "Rethinking the East Asian Miracle", Oxford and New York: the Oxford University Press, pp. 143~195.

42. Ray, Subhash C. and Desli, Evcangelia, 1997, "Productivity Growth, Technical Progress, and Efficiency Change in Industrialized Countries: Comment", American Economic Review, Vol. 87（5）, pp. 1033~39.

43. Restuccia, Diego, Dennis Tao Yang, and Xiaodong Zhu, 2008, "Agriculture and Aggregate Productivity: A Quantitative Cross-country Analysis", Journal of Monetary Economics, Vol. 55（2）, pp. 234~50.

44. U.S. Department of Agriculture, Economic Research Service, 2009, Agricultural Productivity in the United States, www.ers.usda.gov/Data/AgProductivity.

45. Wu Shunxiang, David Walker, Stephen Devadoss, and Yao-chi Lu, 2001, "Productivity Growth and its Components in Chinese Agriculture after Reforms", Review of Development Economics, Vol. 5（3）, pp. 375~391.

46. Xu, Y., 1999, "Agricultural Productivity in China", China Economic Review, Vol. 10（2）, pp. 108~121.

47. Young, Alwyn, 2000, "Gold into Base Metals: Productivity Growth in the People's Republic of China during the Reform Period", NBER working paper No. 7856.

作者单位　李谷成，华中农业大学经济管理学院、湖北农村发展研究中心；范丽霞，武汉轻工大学经济与管理学院；冯中朝，华中农业大学经济管理学院

发表刊物　《管理世界》2014 年 5 月

排除农牧民发展障碍

——康藏农牧区发展政策实施状况调查

朱 玲

内容提要 对康藏地区农牧村庄和住户的抽样调查和案例研究表明，2006—2010年间农牧人口生存和发展的条件明显改善。低收入群体和贫困家庭也从普惠式的惠农政策、民生工程和社会保障体系建设中受益。然而在工程建设和新制度推广中普遍存在管理粗放、质量欠佳和公共服务不到位的问题。解决这些问题的路径：首先，通过基层民众参与公共政策的设计、执行和监督，重建政府与基层社会的联系。其次，强化政府和公立机构的能力建设。再次，将满足脆弱人群的基本需求，作为援藏项目的首要目标；将受援群体的基本需求满足程度，作为度量地区发展政策执行状况的主要指标。

关键词 基本需求 发展政策 公共服务 制度安排

一、研究目的和方法

1980年代以来，中国政府先后实施扶贫项目、西部大开发战略、新农村建设和城乡统筹发展政策，致力于解决地区、城

乡发展不平衡以及乡村极端贫困问题。在联合国千年发展目标
（2000—2015）的八项指标值中，[1] 中国已提前实现贫困人口减
半、[2]普及初等教育以及降低产妇和婴幼儿死亡率的目标。[3]然而
千年发展目标的实现程度在乡村，特别是在西部地区的贫困乡
村，明显低于全国平均水准。例如，西部地区孕产妇死亡率是
东部的 2.5 倍，农村 5 岁以下儿童死亡率是城市的 2.8 倍。究其
原因，并非在于千年发展目标的指标值设置过高。联合国在减
少贫穷、普及基础教育、促进性别平等、改善妇幼健康、保障
饮水安全和环境可持续等方面的指标值设定，既反映了人类对
现代文明社会基本生存质量的诉求，又刻画出个人、家庭或族
群发展之必不可少的条件。中国城乡之间、地区之间和不同社
会群体之间在这些基本条件上的差距逐渐增大，表明以往的发
展理念、战略、政策以及与之相关的制度环境存有缺陷。最明显
的例证是社会政策改革滞后于经济政策改革。尤其是在很长一段
时期，政府决策层不但将"增长"混同于"发展"，而且忽略了
效率与公平之间的权衡。[4]与此相关，基础设施和公共服务投资
多年向城市倾斜，西部大开发项目也不例外。结果，西部城市与

---

① 参见联合国千年发展目标网显示的八项核心目标：消灭极端贫穷和饥饿；
普及小学教育；促进男女平等并赋予妇女权利；降低儿童死亡率；改善产妇保健；
与艾滋病毒 / 艾滋病、疟疾和其他疾病作斗争；确保环境的可持续能力；全球合作
促进发展。http://www.un.org/zh/millenniumgoals/,2013 年 1 月 2 日。
② 《中国贫困人口减半实现联合国千年发展目标》，2012 年 6 月 21 日，http://
www.chinanews.com/gn/2012/06-21/3979520.shtml,2012 年 7 月 26 日。
③ 中华人民共和国卫生部：《2012 年全国妇幼卫生工作会议在京召开》，2012
年 2 月 23 日，http://www.moh.gov.cn/mohfybjysqwss/ptpxw/201202/54191.shtml, 2012
年 2 月 24 日。
④ 杨春学：《效率优先兼顾公平命题的反思——我们需要什么样的公平观》，
《经济学动态》2006 年第 4 期。

东部城市的差距缩小，西部乡村与西部城市的差距却在拉大。

西藏、青海、甘肃、云南和四川的省属藏区，皆为西部欠发达地域。自1950年代以来，中央政府一直对藏区采取援助政策，尝试通过引入现代国家行政制度和输送物力人力，促使该地区实现发展阶段的跨越。最近30多年里，在政府实施的扶贫项目、西部大开发战略、新农村建设和城乡统筹发展政策中，藏区始终是重点之一。中央政府还通过五次西藏工作座谈会，制定了逐步强化援藏力度的措施。特别是中央第五次西藏工作座谈会（2010），对省属藏区的发展问题给予了前所未有的重视。

在高强度的地区发展援助下，藏区有了引人瞩目的发展。[①]然而无论是在计划经济时代还是在向市场经济转型的过程中，其发展程度一直低于全国平均水平。目前，当地农牧区依然是贫困高发区。为探寻解决问题的办法，国外学者大多通过国际合作项目做田野调查，从各自的视角回答了现状"是什么"的问题。但因缺少对政策制定和执行过程的了解，在说明"为什么"和推论"应当是什么"及"怎么办"的问题上，不免隔靴搔痒。[②]

国内学者有的从产业经济政策方面找原因，用大量统计数据揭示：政府投资决策曾一度有悖因地制宜原则，制造业投资

---

① 国务院新闻办公室：《西藏和平解放60年》，2011年7月15日，http://www.tibet.cn/2011xzts/zgzfxzbpshb/xzhpjf60n/201107/t20110715_1105896.html,2012年12月26日。

② M.C.Goldstein and C.M.Beall," The Impact of China's Reform Policy on the Nomads of Western Tibet," Asian Survey,vol.29,no.6,1989; M.C.Goldstein,Ben Jiao,C.M.Beall and Phuntsog Tsering," Development and Change in Rural Tibet," Asian Survey,vol.43,no.5,2003.

几乎无一例外地造成资源配置低效。^①有的针对援助项目的效果展开调查和分析，阐释项目实施过程中何以不乏寻租行为和资源浪费现象，以至于有些工程完工不久即告报废。这些研究虽从不同侧面说明了援助为何低效，却未明确区分"援藏"与"援助藏区贫困人口"两类措施，也未将分析推进到援助资源分享的层面：前者实质上指的是，中央和其他省/市对藏区的地区性发展援助，政策对象为藏区的地方政府、公共机构以及所有居民；后者才是帮助面临严重发展障碍的藏区居民，故而其政策设计和实施均需瞄准藏区中处于不利地位的个人、家庭和群体，并关注他们对发展进程的参与和发展成果的分享。如果混淆二者，很可能会因缺少保障弱势群体受益的制度安排，而减弱援助项目的扶贫效果。基于此，中国社会科学院藏区发展研究课题组集中关注以下问题：第一，哪些群体应为藏区发展政策的重点目标人群（重点政策对象）？第二，如何将援助资源和服务送抵这些群体？第三，采用何种制度安排保证他们受益？本报告旨在解答上述问题，为中央和地方政府改进地区发展战略和发展政策提供参考。

课题组先后有来自经济学、法学、社会学、宗教学、民族学和人类学等七个专业的科研人员参加，以实地调查为主，并将文献回顾、宏观经济统计、村户抽样调查和案例分析相结合。调查方式以个人访谈为主，访谈对象包括各级政府官员、基本公共服务供给机构和其他国有单位工作人员、调研地区村委会成员和农牧民家庭成员、寺院僧人和居士、本地和外来企业家、农村迁移工人及商人。

---

① 参见孙勇主编：《西藏：非典型二元结构下的发展改革》，北京：中国藏学出版社，2000年。

研究分为五个阶段：第一阶段（2000—2002），基于"政府治理和基层动员力"议题，以云南藏区为例，探讨欠发达地区的发展路径。[①] 第二阶段（2003—2005），先后在青海藏区和西藏自治区围绕"经济转型中的公共服务需求与供给"进行案例研究。[②] 第三阶段（2004—2005）与第二阶段的研究交叉进行，调研地域是四川藏区和西藏昌都地区，研究主题为"排除农牧民的发展障碍"。[③] 第四阶段（2006—2010），为了探索"突破贫困陷阱"的途径，除在甘肃和青海藏区进行案例调研外，还对云南藏区做了回访。[④] 第五阶段（2011—2013），重访西藏昌都地区和四川省甘孜州，着重观察"十一五"期间"民生工程建设"的实施效果。本报告即第五阶段研究成果。

"十一五"期间，特别是在中央第五次西藏工作座谈会确定新增援助项目之后，以"学有所教、劳有所得、病有所医、老有所养、住有所居"为目标的民生工程和社会保障体系建设，成为援藏政策和地方发展政策中最突出的重点。这类政策的实施效果，关键要看贫困群体的基本需求满足程度。联合国千年

---

① 参见王洛林、朱玲主编：《后发地区的发展路径选择——云南藏区案例研究》，北京：经济管理出版社，2002年。

② 参见王洛林、朱玲主编：《市场化与基层公共服务——西藏案例研究》，北京：民族出版社，2005年。

③ 藏族讲康方言的人，主要分布在西藏的昌都、四川的甘孜州、青海的玉树州和云南的迪庆州，这些地区通称为康巴或康藏地区。参见任乃强：《康藏史地大纲》，《任乃强藏学文集》，北京：中国藏学出版社，2009年，第440—447页；泽波、格勒主编：《横断山民族文化走廊——康巴文化名人论坛文集》，北京：中国藏学出版社，2004年，第2—3页。本文为叙述方便，把在川西和藏东地区从事的田野工作简称为康藏调研。参见中国社会科学院课题组：《康藏地区社会调研》，《经济活页文选》第10期，北京：中国财政经济出版社，2005年。

④ 参见王洛林、朱玲主编：《如何突破贫困陷阱——滇青甘农牧藏区案例研究》，北京：经济管理出版社，2010年。

发展目标研究小组对"基本需求"的定义突出阐明了全球化时代下，[①] 维持人类生存及增进个人发展潜力所必需的人力资本、基础设施和服务、社会经济和政治权利。因此，基本需求满足程度也是考察地区发展状况的一个参照。

如此定义的"基本需求"并不完全取决于单个人或家庭的偏好，而是经过联合国政治秩序表达出的制度化社会偏好。它在某些方面或许与个人偏好一致，例如对于现代信息和通信技术服务，人们无论贫富皆期望享有；在某些方面可能不完全一致，例如环保和健康促进，虽对人人有利，但并非每个人都会自觉选择有益于环保和健康的行为。这些不一致，正是实施公共政策的切入点。总之，对贫困群体基本需求满足程度的观察，始终需要关注个人及家庭偏好与社会偏好的差异，并由此探寻二者的结合点。

二、确认重点受援群体

本报告借助统计数据，首先确认藏区居民中面临严重发展障碍的群体；其次，考察2004—2009年间农牧民家庭的社会经济状况变化，以展现农牧村庄中不同群体的发展状况。为此，

[①] 该研究小组将基本需求定义为：个人和家庭为了保持具有创造力的生活，需要清洁且可持续的生态环境；足够的食物营养；附有租约保障或财产权保障的住所；安全饮水和卫生设施；安全的生活能源；安全的道路和可靠的交通服务；卫生和计划生育服务；基础教育和工作技能培训；现代信息和通信技术服务；资产所有权和租用权保障；包括性别平等、就业与创业机会平等在内的基本权利平等。（参见 UN Millennium Project,Investing in Development:A Practical Plan to Achieve the Millennium Development Goals,New York:Earthscan,2005,pp.8,281–293）

就需要获得区分地域和个人特征（例如城乡、性别和族群）的
信息。有鉴于调研地区恰恰缺少这种分类统计，而西藏自治区
可供使用的数据比省属藏区的要多，本报告统计分析便以西藏
为主。在相同的制度环境下，此类统计能够反映不同地域大体
一致的问题倾向。

（一）发展中的城乡差别与性别差异

联合国发展计划署的年度报告表明，2003—2008 年间，西
藏自治区的人类发展指标值与全国的变化趋势一致。西藏的人
类发展指数明显提高，从 0.586 增加到 0.630（表 1）。①这意味
着，当地居民在健康、知识和生活水平方面，有了显著改善。
但年度分组统计数据也表明，无论是在全国层面还是西藏地区，
2003 年城镇居民的人类发展指数都远高于农村，这正反映了城
乡之间社会经济发展水平的悬殊。尤需注意的是，当年西藏乡
村居民的人均预期寿命甚至比城镇居民少了 11 岁。这表明，西
藏农牧人口面临极高的健康风险和不利的生活境况。从人口的
受教育程度看，西藏的成人识字率远低于全国平均水平。其中，
2003 年的女性文盲率高于男性近 17 个百分点。表 1 的教育统计
虽然没有区分城乡，鉴于西藏人口的大多数是农牧人口，加之
城镇教育又领先乡村，故而可以推断，大多数发生功能性识字
障碍的人生活在农牧区。由此不难设想，一个西藏居民如果兼有
农牧民和女性两个特征，陷入社会边缘的概率必然高于其他人。

---

① 预期寿命、成人识字率和国民生产总值分别被赋予一定权重，三者综合而
成人类发展指数。详细计算方法参见联合国发展计划署：《2004 年人类发展报告：
当今多样化世界中的文化自由》，北京：中国财政经济出版社，2005 年，第 259 页。

表 1　西藏自治区人类发展指标值

指标			全体	城镇			农村		
	地区	年份		男性	女性	总体	男性	女性	总体
人类发展指数	西藏	2003	0.586	—	—	0.713	—	—	0.562
		2008	0.630	—	—	—	—	—	—
	全国	2003	0.755	—	—	0.816	—	—	0.685
		2008	0.793	—	—	—	—	—	—
人均预期寿命	西藏	2003	65.81	73.05	78.81	75.88	62.83	65.73	64.34
		2008	67	—	—	—	—	—	—
	全国	2000	71.4	73.11	77.51	75.21	67.94	71.31	69.55
		2010	74.83	—	—	—	—	—	—

指标				女性		男性		
文盲/半文盲率	西藏	2003	54.86 %	62.63%		45.82%		
		2008	—	—		—		
	全国	2003	10.95%	15.85%		6.12%		
		2010	4.08%	—		—		

注：1. 如无另外说明，2003 年数据引自联合国发展计划署编：《中国人类发展报告 2005：追求公平的人类发展》，北京：中国对外翻译出版公司，2005 年，第 140-149 页；2008 年数据引自 2008 年数据引自联合国发展计划署编：《2009/10 中国人类发展报告：迈向低碳经济和社会的可持续未来》，北京：中国对外翻译出版公司，2010 年，第 104-105 页。

2. 2008 年西藏人均预期寿命数据引自《西藏人均预期寿命比和平解放時增加 31.5 歲》，2009 年 3 月 21 日，http://big5.tibet.cn/news/xzxw/shjj/200903/t20090322_463389.htm，2012 年 8 月 17 日；2000 年和 2010 年全国人均预期寿命数据引自《统计局：我国人均预期寿命超 74 岁》，2012 年 8 月 11 日，http://news.xinhuanet.com/politics/2012-08/11/c_112692771.htm，2012 年 8 月 17 日；

3. 文盲率指大陆 31 个省（自治区、直辖市）和现役军人的人口中 15 岁及以上不识字人口所占的比重，2010 年全国文盲率指标引自国家统计局《2010 年第六次全国人口普查主要数据公报（第 1 号）》，2011 年 4 月 28 日，http://www.stats.gov.cn/tjgb/rkpcgb/qgrkpcgb/t20110428_402722232.htm，2012 年 8 月 17 日。

4. "—"表示没有可供使用的数据。

（二）农牧户的社会经济特征

为了进一步筛选农牧区发展政策实施中需要特别关注的受援群体，需要展示不同类别的农牧户在社会经济特征值上的差异。西藏自治区统计局公布的住户抽样调查数据只是加总处理的结果，[①] 不能完全满足课题组的需求，农业部社会经济调查系统西藏固定观察点在提供可使用的村户原始数据方面弥补了相应不足。但课题组的统计分析表明，农业部样本与统计局样本具有不同的代表性。[②] 实地调研结果显示：纳入农业部样本的村庄发展水平（表2和表6）皆高于西藏农牧区的平均发展水平，或者说，这些村庄的指标值反映的是当地的最优发展状况。尽管如此，分析村庄内部农户在不同时点上的差别，仍然能够提供有关政策实施效果的信息。

表2　2004年与2009年农牧户抽样调查一览表

村名	那曲县仁毛乡色尼村	堆龙德庆县羊达乡羊达村		日喀则市年末乡湖达村		乃东县昌珠镇克松村	工布达江县江达乡帮嘎岗村
年份	2004	2004	2009	2004	2009	2004	2009
年末总户数	49	481	668	99	110	200	—
调查户数	20	30	30	20	20	20	20
住户抽样比重（%）	41	6	4.5	20	18.2	10	—

---

① 参见西藏自治区统计局：《西藏统计年鉴2005》，北京：中国统计出版社，2005年，第127页。

② 为了弄清农业部样本与西藏统计局样本的区别，研究借助 Wilcoxon 秩和检验（ranksum test）来判断农业部样本的个人纯收入与《西藏统计年鉴》同期数据的差别。结果显示，农业部样本个人纯收入的分布与统计局的相比，在千分之三（0.003）的水平上存在显著差异。这也就从统计上表明，农业部样本与统计局样本存在显著差别。

村名	那曲县仁毛乡色尼村	堆龙德庆县羊达乡羊达村		日喀则市年末乡湖达村		乃东县昌珠镇克松村	工布达江县江达乡帮嘎岗村
年末常住总人口	200	2019	2181	642	663	826	—
样本人口比重（%）	40	8	6.2	27	22.5	12	—
调查人数	80	155	136	175	149	98	42
其中女性人数	42	81	76	89	74	48	20
女性比重（%）	53	52	55.9	51	49.7	49	47.6
样本户加权人均纯收入（元/年）	3573	2286	2608	4719	4856	4138	4512
标准差	2315.6	3285.9	1446	1479.2	3863	2788.1	2109

注：1. 若无特殊注明，此表及其后的表格数据皆来自农业部社会经济调查系统西藏固定观察点的抽样调查。

2. 样本户加权人均纯收入 = 样本户全年纯收入加总 / 样本户人口加总。

3. "—"表示没有可供使用的数据。

对照 2004 年和 2009 年农业部样本数据的处理结果，主要发现如下：

第一，如果不考虑价格因素，2009 年样本总体的年人均纯收入与 2004 年相比略有增长（3%）。在样本户中，干部户的收入增幅远高于非干部户。两个组别的收入比从 1.6∶1，扩大到 2.85∶1（表 3）。倘若按照从低向高的人均纯收入数额，分别对这两个组别排序，那么在第 1/4 位置上，两个组别收入差距拉大的状况更为明显。此处的样本户收入比，从 2004 年的 0.99∶1，扩大到 2009 年的 5.32∶1。在此，暂把农业部样本中家有财政供养人员（干部和公立机构就业者，如教师和医生等）的住户，归为"干部户"，余者纳入"非干部户"组别。虽然表 3 已直观反映出非干部组的平均收入水平低于干部户，本报告还是采用Wilcoxon 秩和检验来判断，在同一坐标系中两个组别收入分布的图形及位置差异是否显著。借此进一步估计，非干部户的人均纯收入高于干部户的可能性有多大。结果显示，非干部组的人均纯收入高于干部组的概率不到 50%。这意味着，从整体来看，干部组的人均纯收入较高的可能性更大。

表3　2004 年与 2009 年的样本户人均纯收入

年份	2004			2009		
类型	干部户	非干部户	全部	干部户	非干部户	全部
户数（户）	11	78	89	6	64	70
人均纯收入（元/年）	5472.3	3415.9	3685.2	9335.2	3274.7	3794.2
第 1 四分位数	1574.8	1586.2	1586.2	5571	1048	1203
中位数	3570.3	2438.1	2535.7	8942	2146	2400
第 3 四分位数	6148.2	4265	4835.9	10000	4101	4850
最小值	965.8	144.4	144.4	5571	167	167
最大值	18271	10190.8	18271	14325	15556	15578

注：1. 组别人均纯收入 = 样本户全年纯收入加总 / 样本户人口加总。
2. 根据户人均纯收入数值由低到高排序，把样本总体分为四等分。第 1 四分位数，即 1/4 位置户的人均纯收入；中位数，即 1/2 位置户的人均纯收入；第 3 四分位数，即 3/4 位置户的人均纯收入。2004 年样本中，有 1 户数据完全缺失。

　　课题组在走访村户时获知，村里的财政供养人员与一般村民相比，一是个人能力通常高于平均水平，家庭经营和收入多样化；二是占据有利的社会经济地位，例如父兄为干部、教师或医生，家有"旱涝保收"的现金收入；三是近年来从财政获得的工资性收入增长较快。以昌都地区调研村村长的年误工补贴为例，2005 年为 3000 元左右，2011 年则高达 7000 元。这些信息，恰好与上述统计结果相互印证。

第二，劳动年龄人口的健康自评结果表明，2004 年，收入越高的人，健康状况越好；2009 年，低收入组的健康状况显著改善。为观察不同收入群体在健康和教育方面的差别，研究以人均纯收入为分组标准，将样本户排序后划分为四等分组。表 4 显示，绝大多数被调查者自评身体良好，不同收入组间的差异主要发生在"优"和"良"两个等级的选择上。已有研究表

表 4　15~65 岁样本人口的健康自评结果

组别		低收入组		中低收入组		中高收入组		高收入组	
年份	健康级别	人数	百分比	人数	百分比	人数	百分比	人数	百分比
2004	优	12	20.7	42	49.4	96	87.3	92	89.3
	良	41	70.7	34	40.0	12	10.9	10	9.7
	中	5	8.6	7	8.2	1	0.9	0	0
	差	0	0	1	1.2	0	0	1	1.0
	无劳动能力	0	0	1	1.2	0	0	0	0
	缺失值	0	0	0	0	1	0.9	0	0
	全部	58	100.0	85	100.0	110	100.0	103	100.0
2009	优	59	79.7	27	52.9	40	64.5	60	82.2
	良	13	17.6	14	27.5	15	24.2	8	11.0
	中	0	0.0	5	9.8	7	11.3	3	4.1
	差	0	0.0	1	2.0	0	0.0	0	0.0
	无劳动能力	1	1.4	0	0.0	0	0.0	0	0.0
	缺失值	1	1.4	4	7.8	0	0.0	2	2.7
	全部	74	100.0	51	100.0	62	100.0	73	100.0

明，个人对自身健康状况的主观综合评价，既与客观评价结果显示的趋势大体一致，也与个人的劳动参与和就业表现成正相关关系。对于低收入层，情况更是如此。原因在于，这一层次的劳动者主要从事体力劳动或技术性较低的工作，此类工作对体格的健壮程度有直接的要求。[①] 此外，健康与收入无疑相互影响，然而这里由于数据限制，难以确认这种相互作用。尽管如此，从表4的数据中不难看出，2004年，低收入组中自评健康状况为"优"的人在20%左右；到2009年，这个比率则几近于80%。

第三，劳动人口（15—65岁）和学龄人口（7—18岁）的学历统计表明，2004—2009年间，这两个年龄组（互有交叉）的受教育程度明显提高。在低收入组的劳动人口中，2004年无人接受过9年以上的学校教育；2009年出现了一位具有12年以上学历的人。就学龄人口而言，2004年，低收入组中受教育程度6—9年者占4.6%。2009年，这个比率升至9.1%，另有相同比率的人将学业延伸到9年以上（表5）。这既表明低收入和贫困人口已从义务教育中受益，也预示着新一代劳动人口整体受教育水平的提高。

第四，2004年和2008年有关样本村基础设施与社会服务的指标值对比，充分显示了村民生活质量的实质性提高和信息获取能力的扩展。例如，合作医疗制度实现全覆盖；电视机覆盖率达90%以上；安全饮水覆盖率从55.6%—67.6%提高到

---

① J.Strauss and D.Thomas, "Health,Nutrition and Economic Development," Journal of Economic Literature,vol.36,no.2,1998,pp.766–817.

表5　7~18岁样本人口的受教育年限

组别		低收入组		中低收入组		中高收入组		高收入组	
年份	教育年限	人数	百分比	人数	百分比	人数	百分比	人数	百分比
2004	≤1–3年	8	36.4	4	28.6	4	13.3	2	5.9
	>3–6年	11	50.0	6	42.9	5	16.7	9	26.5
	>6–9年	1	4.6	4	28.6	4	13.3	7	20.6
	>9–12年	0	0.0	0	0.0	0	0.0	2	5.9
	缺失值	2	9.1	0	0.0	17	56.7	14	41.2
	全部	22	100.0	14	100.0	30	100.0	34	100.0
2009	≤1–3年	4	18.2	7	41.2	2	20.0	3	17.6
	>3–6年	8	36.4	2	11.8	3	30.0	3	17.6
	>6–9年	2	9.1	6	35.3	1	10.0	8	47.1
	>9–12年	2	9.1	2	11.8	2	20.0	2	11.8
	缺失值	6	27.3	0	0.0	2	20.0	1	5.9
	全部	22	100.0	17	100.0	10	100.0	17	100.0

83.2%—100%；村民拥有手机和座机的数量约为2004年的6—10倍，等等。这些进展，正是西藏自治区政府近年来持续实施民生改善工程的成果反映。

综上，2003—2010年间，西藏居民的健康、教育和收入水平普遍提高，农牧村庄的基础设施和社会服务有了明显改善。低收入群体生活状况的好转，成为西藏发展的一大亮点。这种变化趋势，与民生改善及惠农政策在地区发展战略和政策中获得优先地位密切相关。然而不可忽视的是：第一，农牧人口的发展水平依然远低于城镇，因而有必要在农牧区继续实施普惠制的援助政策。第二，农牧村庄中干部户与非干部户的收入差

表 6　2004 年和 2008 年样本村的基础设施和社会服务

村名	那曲县色尼村	堆龙德庆县羊达村		日喀则市湖达村		乃东县克松村
年份	2004	2004	2008	2004	2008	2004
年末住户	49	481	668	99	110	200
比重（%）	100	100	100	100	100	100
饮用自来水户	49	325	556	55	110	200
比重（%）	100	67.6	83.2	55.6	100	100
用电户	49	478	668	99	110	200
比重（%）	100	99.4	100	100	100	100
电话机（部）	6	23	280	18	80	80
手机（部）	3	86	900	10	60	50
村庄与公路距离（公里）	0.2	2	2.5	0.5	1	1
五保户（人）	3	5	8	2	2	7
医务室和诊所（个）	1	2	1	1	1	1
参加合作医疗户	49	437	668	99	110	85
比重（%）	100	90.9	100	100	100	42.5
拥有电视机户	45	463	668	80	98	160
比重（%）	91.8	96.3	100	80.8	89.1	80.0

距迅速拉大，低收入农牧家庭在健康和教育方面仍处于不利地位。以往发展成果分享上的不平等、非干部户特别是其中的低收入及贫困人口的弱势状态，由此可见一斑。因此，在普惠制的援助政策设计和实施中，保证重点目标群体受益、帮助他们排除发展障碍，应成为藏区发展计划的重点。

三、政策实施中的正式和非正式制度安排

如上所述，2004—2009 年间农牧民的生活状况、村庄基础设施和社会服务均明显改善。其中，虽有市场经济的激励和农牧民的相应努力在起作用，地方政府在产权保护、基础设施投资、公共卫生、基本医疗、基础教育、扶贫和社会保障等领域推行的政策也是不可忽视的因素。仅从西藏农牧民每户一册的"明白卡"即可获知，截至 2012 年上半年，直接传送到户的惠民项目就达 38 项。鉴于此，课题组拟通过案例研究回应：第一，这些政策的实施对农牧人口基本需求的满足程度产生了怎样的影响？第二，政策实施所包含的公共产品和服务通过何种制度安排传送到农牧户？尤其是，采用何种特殊措施保证贫困村和贫困户受益？第三，在政策设计和实施中，政府部门、公共机构、村委会和农牧民家庭有着怎样的行为？这些行为对政策实施效果产生了何种影响？为了回答这些问题，我们主要从草场产权保护、人力资本投资、文化和基础设施建设以及社会保障方面展开讨论。这几个方面既是满足农牧人口基本需求所必不可少的条件，又是以往十年间发展政策的重点。为了反映此间调研地区的变化，尽可能在问题阐述中，对照 2005 年和 2011 年两次调研的发现。

（一）草场产权的确立和保护

2005—2011 年间，西藏自治区政府在农牧区试点和推广草场使用权承包到户制度。这项草场确权政策类似 1980 年代的农地改革（家庭承包制），1995 年就已在四川省甘孜州开始实施。

改革的最终目标是通过明晰产权，消除草场超载及其引发的草场退化现象（即"公地悲剧"）。然而在政策推行之初，确权到户造成草场细碎分割，致使游牧无从进行。针对这一难题，牧民在政府推行的正式制度基础上，自主地创立了"承包到户、联户放牧"的新规则。此外，草场确权虽然有利于解决村内利益分配和村与村之间的草场纠纷，但并未消除"公地悲剧"现象。一些村委会因而组织村民订立有关牲畜限量的规定，试图借助村规民约减缓草场载畜量的增长。这与欧共体限制饲料地载畜量的立法相比较，有异曲同工之妙，二者都是为了防止资源和环境恶化而采取的公共管理行动。

据地方农牧局官员、技术人员和年长牧民的评估，即使是正式和非正式制度相结合的草场产权安排，至多也只能消除 2/3 的超载因素。一些导致超载的宗教因素（放生及禁杀）以及牲畜的财富象征因素等，则属于很难在短期内改变的地方文化规范或习俗。更值得注意的是，导致草场牲畜超载的根本原因在于，一方面是人口增速过高和现代生活方式带来的消费需求增长过快，另一方面是新的就业机会和收入来源极为有限。这意味着，除了注重草场产权制度的选择，还需人口政策、环境政策和社会经济发展政策的配合，才有望可持续地维护高寒草场的生态平衡。[1]

在牧民的物质需求和收入缺口日益增大的情况下，一些历史上有过部落产权争议的草场，最近 60 年来行政区勘界中界线

---

[1] 参见杨春学:《"超载"现象、制度选择和政策思考》，本课题未刊发的分报告，北京，2012 年。

变更的地段以及虫草松茸等自然资源相对丰富的县界、乡界和村界地带，近年来成为草场纠纷频发的地区。纠纷还经常演变为村落之间的群体武装冲突，造成人身伤亡和财产损失，部分械斗参与者的家庭甚至整个村落因此而陷入长期贫困。[①] 因此，草场纠纷的调处与社会秩序的维护，对政府的施政能力和法治服务构成巨大挑战。

政府的回应一是通过勘界和草场承包等手段，明确行政区划和草场使用权，以期约束侵权行为。二是大规模开展普法宣传，限制其他社会权威参与纠纷处置，以使国家法成为唯一的法律救济渠道。三是在群体冲突发生后，县政府派出由"四大班子"人员组成的工作组，会同乡政府官员前往现场调停。如果事件涉及刑事犯罪，则邀请公检法人员参加工作组。四是在纠纷频发时期（例如虫草松茸采挖期），县政府派专员前往冲突高危乡村蹲点，以便及时采取预防措施。然而，纠纷的化解远非"药到病除"。

第一，政府在采取勘界措施时，对争议地段涉及的社会矛盾未给予充分重视。不同职能部门之间欠缺协调，在未解决原有争议的情况下勘界，反而导致草场纠纷变本加厉。

第二，在法治实践中，存在政府执行力薄弱或服务不到位的现象。例如，个别地方政府对连续几年发生草场争议的案例不予过问，或对争议双方的报告拖延回应，直到酿成群体冲突才派工作组应急。再如，在纠纷反复发生的地方，由于政府换

---

① 扎洛：《社会转型期藏区草场纠纷调解机制研究》，《民族研究》2007年第3期。

届或官员调动，纠纷处置档案往往得不到长期保存。此外，一些纠纷处置人员因为缺少地方知识，在处理纠纷时，常与争议双方很难沟通甚至无法接触和对话，从而难以建立调解者和仲裁者的权威性及可信度。

第三，纠纷处理方案形成过程中，有些政府主管部门与争议双方缺少充分协商，在二者意愿表达不足和共识尚未达成的情况下，随意给出处置意见。此类"仲裁方案"往往被接受程度不高，其有效性从出台之日起便已大打折扣。

第四，纠纷处置方案的执行欠缺有效的政府监督和强制措施。有的地方政府在坚持国家法律原则的前提下，灵活采用广为接受的方式，引入民间权威（寺院高层僧侣、第三方年长牧民或卫生院大夫等）参与纠纷调解并监督决议的执行。在争议双方经过充分谈判认同处置方案后，还由寺院主持宗教仪式，促使争议者用宗教伦理约束各自行为并履行协议。但在多数情况下，政府主管部门既未利用民间文化规范约束争议者行为，也未将国家意志强制贯彻到协议履行过程中。在此背景下，争议双方毁约现象多发，以致冲突愈演愈烈。

第五，农牧民在对产权保障的需求得不到充分满足的情况下，极有可能沿用部落时代的经验，不但在草场纠纷中采取暴力争夺方式，而且还在冲突后弃置国家法，并回返民间法（部落习俗）寻找谈判依据。但由于部落时代的头人负责制及相应的社会结构已经消失，冲突双方即使根据习俗达成协议，也依然缺少强制执行的社会机制。因此，冲突隐患遗留，国家法的权威也遭受损害。

（二）基础教育和公共卫生需求的激发

上述表明，在产权保护方面社会偏好和个人偏好基本一致，只是现有制度下政府的服务不到位以及社会参与不足，导致个人基本需求未得到充分满足。以下对人力资本投资问题的讨论则基于这样一个事实：农牧民特别是极端贫困者对有助于增加人力资本的教育和公共卫生服务需求微弱，即社会偏好与个人偏好不一。对于这类现象，通常的解释在于：一是服务质量低、便捷程度差，即使服务免费，贫困者也不愿为此付出时间；二是地方文化因素的阻碍大，例如女童上学和产妇住院分娩在贫困地区并非易事；三是服务供给者与消费者之间的社会隔膜深，例如医疗机构员工来自城市，缺少与农村患者平等对话沟通的心态和能力。[①]

上述因素在康藏农牧区虽然不同程度地存在，但不能充分解释，为何仅隔着一条金沙江，四川甘孜州的农牧民对服务的需求会比西藏昌都地区强烈？课题组的调查表明，还有两个重要解释因素：一是与地理环境闭塞程度相关的知识和信息传播程度；二是非农就业市场对劳动力质量的需求以及此类市场信息向农牧家庭的反馈。

2010 年，新型农村合作医疗制度在金沙江两岸农牧区实现全覆盖。虽然昌都地区农牧人口的人均参合补贴高于甘孜州，二者在合作医疗制度及政府补贴方面曾经面临的"有"和"无"之间的悬殊差异，已不复存在。随着合作医疗制度的普

---

① World Bank,Making Services Work for Poor People,Washington D.C.:A Copublication of the World Bank and Oxford University Press,2004,pp.1–43.

及，医疗服务的需求与供给水涨船高。可是，一些重大卫生项目尚未取得预期效果。例如，多数受访的孕妇及其家庭并不知晓有为预防出生缺陷而免费提供的叶酸和维生素 A 胶丸。孕产期保健服务的利用率也不高，产妇住院分娩率尚不足 50%。婴幼儿纯母乳喂养时段一般只有三个月，辅食添加过早且由成人咀嚼后喂食婴幼儿，既营养不足也不安全。[①] 由此反映的问题，一方面是农牧人口对健康教育和服务的需求不足；另一方面，公共卫生机构的服务不足，无法激发和强化农牧民此类需求。

健康教育和服务之所以不到位，主要原因一是卫生行政机构主要领导人员专业训练不够，卫生管理粗放。例如，几个调研县的卫生局长上岗前皆为乡镇党委书记，对卫生管理知识和发达地区公共卫生服务的精细管理经验缺少足够的了解。二是欠缺有效的激励制度，促使基层卫生人员将知识、信息和服务传送到边远村落的住户。例如，乡卫生院医务人员的报酬不但不取决于巡诊频率及服务质量，反倒是由于卫生院缺少办公经费，巡诊越频繁，医务人员自己承担的摩托车油料支出越高。这就不难解释为何卫生人员上门服务的积极性不高乃至尽可能规避巡诊职责。

2005 年，课题组曾在昌都地区目睹乡政府工作人员和村干部走村串户动员适龄儿童入学。乡政府甚至派专员住校，防止本乡学生逃学。这种现象无疑是教育需求不足的反映。对

---

① 参见朱玲：《农牧家庭的儿童营养和健康》，本课题未刊发的分报告，北京，2012 年。

此，一个重要的解释是藏区现有的农牧生产方式还未发生实质性的现代化转型，因而有相当数量的农牧民难以对教育的长期收益产生前瞻性期望。例如，在一项西藏农牧妇女调查中，有76.2%的受访者认为，自己的知识结构适应或基本适应当前农牧区发展的需要。[①]

到2010年，西藏的小学适龄儿童入学率接近100%（少数儿童去寺院学佛），说明义务教育政策已经生效。政府对在校生实行包吃、包住和包学费政策，无异于降低了农牧民家庭的儿童抚养成本。尤其现今学校的伙食质量优于农牧民家庭，无形中增添了儿童入学的吸引力。现在的主要问题与2005年相似，依然是相当数量的学校教学质量不高，并且乡镇学校的质量远低于城区。若要扭转这种状况，还需教育主管部门、学校和教师的长期努力。[②]

此外，农牧家庭的孩子进入初中阶段后的机会成本增加，因为他们正当参加农牧业生产的年龄。如果中学毕业后上大学乃至"当干部"的机会渺茫，家长便不再支持孩子上学。这一是因为当地干部在收入和社会地位方面高于平均水平，其教育收益率深为农牧民向往；二是部分回归农牧业的中学毕业生，既缺少良好的传统生产技能，又无其他职业专长，还要保持相对"时尚"的城镇消费习惯，本身即成为家庭的负担。解决这一社会问题的措施在于：第一，重建初中阶段的职业教育。但

---

① "西藏自治区妇女教育现状分析与对策思考"项目组：《项目验收报告》，课题研究报告，拉萨，2012年，第11—21页。

② 参见邓曲恒：《关注教育质量的差距》，本课题未刊发的分报告，北京，2012年。

由于这与现行的九年义务教育制度相冲突，[①]需要地方立法机构借助民族自治待遇，制定区域性职业教育法规。第二，强化学校和社会的就业服务。

（三）社区文化和生活基础设施的供需匹配

文化和生活基础设施建设，直接关乎农牧民的日常生活质量。对这些设施的需求，具有社会偏好和个人偏好一致的特点。但在这一领域实施的援助项目中，有的与受援人口的需求相匹配并使贫困人口受益，有的则由于资源错配而无形中将贫困村庄和家庭排除在受益群体之外。

2005—2010年间，农牧区的阅读设施和广播电视服务有了长足的进步。但由于县图书馆和乡文化站的建设与人口的聚集程度配置错位，即便场馆落成，利用率也不高。倒是分布在行政村的"农家书屋"和为寺院设立的书屋，刺激了识字群体特别是藏语读者的阅读兴趣。"广播电视户户通"项目的实施，则帮助农牧人口超越地理阻隔和识字门槛，获得了一种喜闻乐见的信息渠道和娱乐方式。[②]中央和地方政府赠送到户的卫星接收天线（对部分边远住户还赠送了电视机），实为项目目标全面实现的物质保障。[③]加之手机使用已经普及，这就使农牧人口在享有现

---

① 参见魏众：《文化交流中的藏区义务教育》，本课题未刊发的分报告，北京，2007年。

② 周济：《农牧民阅读习惯与基层公共图书馆建设》，《中大管理研究》2006年第2期；《信息传播渠道的变化对农牧民文化生活的影响》，本课题未刊发的分报告，北京，2012年。

③ 中国西藏信息中心：《西藏40多万户农牧民"打开电视听广播"》，2012年7月18日，http://news.china.com.cn/live/2012–07/18/content_15218620.htm，2013年1月11日。

代信息和通信技术服务方面，迅速缩小了与城市居民的差距。

与"广播电视户户通"同期实施的项目，还有通电、通路、通水和安居工程（住房改善）等。这些项目的实施，从整体上促进了农牧民生活质量的提高。[①] 在项目涉及的产品和服务中，住房是维持人类生存的基本条件之一。因此，对那些限于支付能力而尚未获得基本居住条件的家庭施以援手，符合社会的期望。联合国人居署界定的基本居住条件包括牢固的房屋、足够的居住面积、安全的饮水、方便的卫生设备（厕所及排污设施）以及房屋使用权保障。[②] 据此观察安居工程中的一些新建住房，除了卫生设备尚有缺陷外，其他条件均已具备。

农牧区多层式民居的卫生设备缺陷，主要在于没有排污管道，排泄物从二层的厕所直接落入墙外开放式的粪坑。集中的排泄物需时常填土覆盖，最终用于农田施肥。问题是，没有及时覆盖的排泄物经家畜踩踏后四处扩散，最易使蹒跚学步的孩童遭受污染。可见，如何根据青藏高原的地理和气候条件，解决农牧村落的粪便垃圾无害化处理的课题，尚未进入安居工程主管部门的视野。而目前农牧民对垃圾无害化处理的需求也几近于零，因为这种需求只有在普及环境卫生知识的前提下，才可能激发出来。然而，安居工程缺少公共卫生机构的参与，主管村落基础设施项目的职能部门之间也缺少协调，因此居住条件不配套的情况比比皆是。

---

① 参见金成武：《农牧民家居条件的改善》，本课题未刊发的分报告，北京，2012 年。

② UN-Habitat,Affordable Land and Housing in Asia,2011,pp.20-22,http://www.unhabitat.org,2012 年 1 月 10 日。

安居工程包括农房改造和游牧民定居等子项目，政府对纳入工程计划的农牧户分类予以补助。贫困游牧民定居类别的补助额最高，为每户2.5万元。^①西藏昌都地区和四川甘孜州均实行了这一标准。2011年，课题组在甘孜州德格县走访牧民时得知，按照安居工程设定的住房面积施工，修建一座新房大约需花费6万元左右。对于一些因天灾和意外成为极端贫困的"无畜户"的牧民家庭，需要自付的建房款就成了他们难以逾越的关隘。这些家庭以往拖欠的银行贷款已成呆账，因而很难争取到足够的房贷。民间借贷的月息尽管高达3％，他们也愿四处告借。但因还贷能力差，资金很难筹足。为此，有的低保家庭曾想缩小一半面积盖房，但未得到批准，又因为拿不到补助款，只好继续住在民政部门救济的帐篷里。项目户的住房面积是否有必要一步到位？政府如果不能对贫困户提供充分的援助，是否应在项目设计过程中吸纳他们的意愿，或在执行阶段酌情修正设计？在现实中，之所以对这些问题缺少弹性解决方案，往往因为项目主管机构对住房统一化的橱窗效应的需求，甚于对贫困人口基本住房需求的考虑。

单个住户居住条件的改善，还有赖于公共基础设施和村落基础设施的供给。近十年来的电力和公路建设以及太阳能蓄电池的推广，既方便农牧民出行和日常生活用电，也有利于他们运料建房。但通往公路的村道和村内的人畜饮水工程，还需要政府和村落居民共同筹资。昌都地区财力相对充裕，村落饮水

---

① 《西藏将在未来三年继续实施安居工程建设》，2012年5月17日，http://www.tibet3.com/Special/content/2012-05/17/content_829127.htm，2013年1月12日。

工程和道路多由政府出资,因此项目完成度较高。甘孜州的财政状况远不及昌都地区,饮水工程还只能落实到村,延伸到户的支线需要住户投资,结果就出现了贫困户用水不便的情况。村道的修建也与此类似,如果没有政府资助,非富裕村的村委会很难组织村民自行修路。因此,借助中央下达的扶贫专项资金,由政府主管部门和村委会合作,采用以工代赈方式改造村道,同时帮助贫困家庭引水到户,当为可行的措施。

(四)社会保障制度的地方适应性调整

社会保护体系的功能,在于为社会成员提供最低生活保障,应对疾病、年老、残疾和家庭主要劳动力死亡等风险,并减少单个家庭和个人面临的投资与创新限制。这虽然为农牧民所急需,但与之相关的制度安排产生于工业社会,实行起来与藏区农牧社会的组织方式矛盾重重。以下阐述和分析的重点,是如何克服这类基础性的制度瓶颈。

2004—2006 年间,课题组在川甘藏区和西藏昌都地区的调查中观察到,农牧村落中的五保户、残疾人和灾民可从民政部门得到少许救济,但社会救助制度还未覆盖其他极端贫困群体。合作医疗制度只在西藏得以推广,农村养老保险制度尚未建立。2011 年的康藏调研则显示,农牧区社会保障体系建设取得巨大进展,合作医疗、养老保险、五保户供养和最低生活保障(低保)、80 岁以上高龄老人补贴、医疗救助、高校入学资助等制度,已延伸到边缘地区并惠及贫困群体。①

---

① 朱玲:《决定社会融合的经济因素》,《中国人口科学》2005 年第 2 期;丁赛:《救灾救济与家庭经济安全》,本课题未刊发的分报告,北京,2012 年。

在制度实施过程中，低保和社会保险的运行遭遇了一系列基础性制度安排的瓶颈。按照低保制度的设计，必须明晰住户收入与保障标准（低保线）之间的差异，才能确定低保对象和低保金发放额。这样做的前提，一是经常性的家计调查，二是社会工作者对救助家庭的及时走访。在人口居住分散而且交通不便的农牧区，为满足这两项条件而不得不支付的组织成本，极有可能高于财政拨付的低保金总额。况且，农牧户的收入或以实物形式取得，或通过单个人之间的现金交易获得，不似工业社会，可以通过金融或商业机构的账目往来清楚计量。面对这些难题，乡政府或村委会采用民间智慧逐一破解，并得到大多数村民的认同。

其一，省/区政府根据可用的专项资金和不同辖区的贫困率确定低保名额，次一级政府采用同样的办法，将名额层层分解、下达到行政村。村委会则借助"熟人社会"的优势，根据村民的家庭财产和劳动力状况，从最贫困的家庭开始排序，同时筛选序列中的大病患者、残疾人和老年人分享低保名额。也就是说，村委会没有完全按照政府规定确认"低保户"，而是以认定"低保个人"和降低规定待遇的方式，扩大村庄内部的低保覆盖面。其二，把村落实行的资源分配制度正规化。例如在四川甘孜州德格县玉隆乡，乡政府根据村里的排序结果，把指标分给最穷和次穷的人家，每家大约三个人享受低保。此外，还根据个人的困境把低保标准分为两档，第一档每人每月65元，第二档每人每月45元。

在农牧区推行最低生活保障遇到的操作困难，主要来自工业社会的制度设计与农牧社会经济发展程度不相符的矛盾。相形之下，实行社会保险制度遭遇的难题还不仅如此，地方政府对辖区的公共管理不到位，以及部分农牧民趁机谋取额外福利的行为，进一步增加了制度运行的难度。例如，西藏农牧区2009年底开始推行社会养老保险（新农保），2010年2月发放首批基础养老金，60岁以上的老人无需个人缴费，每人每月可领取55元人民币。[①] 2011年课题组在贡觉县和江达县调查时注意到，根据第六次人口普查的数据，60岁以上的老年人占总人口的10%，但领取农牧民基础养老金的人数占总人口的比重却高出几个百分点。在走访农户时还获悉，此前有相当一部分人既未登记户口，也未领取身份证。[②]

此处暴露出来的问题，一是管理粗放；二是新农保制度建立之前，户籍管理和人口统计未曾完全延伸到农牧村落和住户。与草场产权纠纷案例联系起来考虑，便不难看出，政府深入基层的通道不畅。人民公社时期，政权机构和经济组织合一，国家权力的行使通过生产队的政治和经济活动直抵农牧民家庭。公社制取消后，政府与基层村落和农牧家庭之间的联系弱化。在社会经济转型中，如果不能成功重建这一联系，不但会弱化农牧民对社会总体的认同感和归属感，还会强化其小群体认同（例如亲缘、地缘或原有的部族关系）。对类似情况的国际比较研究也揭示，当这种背景下的小群体利益与社会总体利益发生冲突时，卷入其中的单个人和家庭多半会采取与社会利益相悖

---

① 《西藏启动新型农村社会养老保险制度》，2010年2月3日，http://news.china.com.cn/rollnews/2010-02/03/content_414791.htm，2013年1月16日。

② 参见魏众：《农牧区的民间救助和社会救助》，本课题未刊发的分报告，北京，2012年。

的行为。① 校正这一倾向的有效措施，便是通过基层民众和社会组织参与的社会建设和公共服务，重建政府与基层社会的联系。

当然，在农牧区推行社会保险制度的过程中，工业社会的制度管理模式与农牧社会组织方式之间固有的矛盾不可忽视：前者靠的是正式制度下的精准管理，后者则依赖非正式制度运作。社会医疗和养老保险制度产生于工业社会，其正常运行以准确的信息和精细的计量为前提，还需要设置实时监控和信息反馈系统，以及与之相匹配的服务网络。然而在当今中国，除了已经实现工业化的发达地区乡镇，大部分农村都还不具备这些条件，更何况是远离工业和城市中心的青藏高原农牧区。那么，决策者为何还要在农牧区实施工业社会的保障制度呢？这只能从全球和中国的总体形势变化中找原因。

第一，中国的二元经济特征在转型和发展的进程中发生变化。近 30 年来，工业化和城市化的社会经济影响以前所未有的广度和深度辐射到农村。在农业现代化和农村发展过程中产生的风险，已超越了传统农业社会固有的范围。

第二，缩小城乡之间和地区之间社保差距的政治意愿增强。在中国经济快速增长的情况下，收入分配不均等程度逐步增大，而社会保障的城乡和地区差距又加剧了这种不均等，直接影响了社会稳定和社会凝聚。因此，社会保险和最低生活保障制度从城市向乡村延伸，也是政府回应公众呼声和社会需求的结果。从国家政治层面考虑，虽然城乡社保制度的设计有所不同，但

---

① 福山：《国家构建：21 世纪的国家治理与世界》，黄胜强、许铭原译，北京：中国社会科学出版社，2007 年，第 55—66 页。

在乡村范围内，不可能由于地区发展水平不一致而在制度覆盖面有所疏漏。更何况，不同地区特别是相邻区域的居民还会因为福利比较，强烈表达对社会保障公平性的诉求。例如，省属藏区的官员和农牧民通常会把西藏的社会福利作为参照。

第三，以社会偏好界定的人类基本需求水平随着全球化的进程提高，社会保险、社会救助和社会服务已成为国际公认的消除社会排斥及边缘化现象的政策工具。[①] 中国政府提出 2020 年建成覆盖城乡居民的社会保障体系，并把基本养老、基本医疗和最低生活保障作为制度建设的重点，可谓顺应了全球社保理念的新进展。

如此看来，在农牧区建立社会保障体系已是大势所趋。克服基础性制度瓶颈的出路，在于强化当地的管理和服务能力。同时，还要根据村落社会的组织方式、经济特征和文化习俗，对社保制度作适应性调整。这就不难理解，无论将何种政策措施引入基层农牧社会，都需要试错和调整，而且失败的概率也会高于全国平均水平。例如课题组调研过的两个村落，曾获得小额贷款项目，建立过项目规定的小组联保制度。但村民因获得银行贷款后一直未还款，失去了信用。鉴于此类项目在农牧区"水土不服"，西藏自治区政府另寻制度创新之路——采用"农牧户贷款证"制度。一方面帮助有能力的农牧民重建个人信用，使其有机会借助正规信贷平缓意外事件对家庭消费的冲击、

---

① A.Bonilla García and J.V.Gruat, "Social Protection:A Life Cycle Continuum Investment for Social Justice,Poverty Reduction and Development," Geneva:Social Protection Sector,ILO,2003,http://www.ilo.org/public/english/protection/download/lifecycl/lifecycle.pdf,2009 年 11 月 7 日。

突破投资和创业的资金限制；另一方面，也以此项制度识别不同类型贫困户的还贷能力，以便更有针对性地采取其他扶贫措施。与此同时，为了改进以往的减灾救灾方式，政策性的农牧业保险也已试行。[①] 这些做法，无疑有助于消除对贫困人口的金融排斥，但政策的长期效果如何？仍需进一步的追踪观察。

四、讨论和结论

"十一五"期间及至目前，藏区农牧人口成为中央政府的援藏项目和藏区发展政策的目标人群，农牧区的公共卫生、基本医疗、基础教育、基础设施和社会保障事业均已纳入重点投资领域。农牧人口的生存和发展条件明显改善，低收入群体和贫困人口的家庭经济安全、基本居住条件、文化娱乐设施、健康和受教育水平也普遍提高。此间以硬件投资为特征的基础设施建设、农牧民居住条件和文化娱乐设施改善等，皆有建树；易于量化计量的制度推广，例如实行义务教育、合作医疗、养老保险、五保户供养和最低生活保障制度等，同样成绩斐然。然而，在工程建设和制度推广中普遍存在管理粗放、质量欠佳和公共服务不到位的问题。其主要解释因素可归纳如下。

（一）政府和公共机构运行中的正向激励不足

在事务繁多而单个工作人员的绩效不易评估的领域（例如

---

① 参见姚宇：《农牧民贷款证制度对其生产生活的影响》、《藏区农牧业政策保险试点调查》，本课题未刊发的分报告，北京，2012 年。

草场纠纷处置和健康教育），政府部门和公立机构欠缺足够有效的激励机制，无法促使官员和普通工作人员尽职尽责，及时回应来自村落和农牧民的需求并提供到位的服务。与此相关，在社会偏好的基本需求（例如公共卫生和学校教育）大于农牧民个人、家庭偏好的情况下，服务机构缺少足够的主动性，不能及时将知识和信息传递到户，激发农牧民利用这些产品和服务的欲望。

（二）政策设计和执行方式未能充分因地制宜

当公共部门（供给者）与农牧民（需求者）对工程建设的利益诉求不一致时，缺少平衡二者话语权的机制。相对于项目主管部门，农牧民的话语权微弱，参与决策的机会也极其有限。因此，项目设计和实施往往难以做到因地制宜。有些工程与当地人口的聚集程度和社会经济发展水平不匹配，例如县图书馆建设；有些项目设计与农牧民尤其是贫困人口的需求错位，例如住房补助规定不利于贫困户受益。此外，一些在工业社会生成的制度（例如社会保险）嵌入农牧区后，与村落的组织方式和社会经济结构不相符。一方面，主管部门需要足够的时间，通过试错机制逐渐调整制度设计和执行方式；另一方面，管理人员和农牧民都需要更长时间以适应细致严密的工业文化。

（三）欠缺合格的管理人才与必需的管理经费

西藏自治区和省属藏区的财政自给程度极低，投资项目、社保制度和惠民政策的实施，主要依靠上级职能部门拨付的专项资金和外省市的援助资金。但这些资金几乎都未包含管理款项，投资方无一例外地要求地方政府支付管理经费。问题是地方财政拮据，日常办公经费不足，加之高原农牧人口居住分散、道路交通困难，同类事务的管理成本远高于内地平原，当地政府主管部门往往以降低管理水准的办法应对。此外，管理岗位更多地被当作官员仕途升迁的阶石，而非以专业素养支撑的公共服务责任，故而缺少专业训练的官员担任职能部门领导的情况屡见不鲜。于是，地方基础条件薄弱造成的原发性管理粗放，加上经费不足导致的应对性管理粗放，最终导致投资和服务质量欠佳。

进一步而言，在同类基础设施和公共服务投资项目上，省属藏区所得资源明显低于西藏，但规定的地方匹配资金比率反而还高一些，以至于前者管理经费欠缺，项目资金总量也不足。这就不仅造成项目质量降低，而且还可能阻碍极端贫困人口受益。例如关于村道和饮水工程受益者匹配资金的规定，通常致使贫困村放弃修路申请，贫困户放弃用水便利。

解决上述问题的关键路径在于：第一，重建政府与基层社会的联系，在发展政策和公共服务的设计及落实过程中，通过受援群体的参与，充分吸纳地方知识或民间智慧：首先，在政策设计阶段设定利益相关群体信息交流环节。由政策起草机构组织下乡听证活动，向各方特别是村民代表说明政策意图，自下而上征求多方意见；政策草案修改后起草机构还需组织人员再下乡，争取利益相关者尤其是受援群体在基层达成共识。其次，在政策实施阶段，由政府职能部门定期组织咨询会议，向受援群体代表（村委会、年长农牧民、项目户、低保家庭、妇女、残疾人等）通报政策或项目实施情况，并征求各方建议。

再次，建立县乡政府和公立机构与村委会及村民代表的常规对话制度。

第二，强化政府和公立机构的能力建设。一是建立包括基层民众意见反馈的政府行为监测和问责制度。同时，辅之以阶段性的第三方评估，把基于专业化标准所做的公共服务评估结果，作为衡量政府部门和官员绩效的一个依据。二是定期聘请藏区内外有实际操作经验的管理者，分别对县乡公共服务领域的管理人员加以专业培训，并为村委会成员和村级服务人员创造短期学习机会。三是由上级政府拨付充足的制度运行经费，支持农牧区公共部门将服务传送到户。

第三，通过建立社会均衡机制，扭转公共投资政策中忽视制度和能力建设的偏向。从计划经济时代延续至今的政府施政行为中，公共资源分配的决策者几乎都难以克服"投资饥渴"，热衷于集中资源投向短期内可见成效的硬件工程，偏好追求增长速度而忽略发展质量。由此造成的资源浪费、环境恶化及社会矛盾尚难消解。这种投资偏向的根源，一是缺少有效制约政府权力的社会均衡机制；二是硬件投资显示的短期"政绩"与官员升迁的可能性密切相关，而投资失败则通常无需决策者承担责任及相关惩罚。藏区有着同样的行政系统和激励机制，因而也就存在相似的公共资源配置偏好及其必然结果。

正因为如此，促使藏区及其他欠发达地区政府转变发展理念和施政行为的一个操作性手段，在于调整中央政府有关地区发展政策的目标和度量指标：其一，把满足受援地区脆弱人群的基本需求，作为中央政府和发达省市援助欠发达地区的首要目标；其二，将受援群体的基本需求满足程度，作为发展政策执行状况的主要度量指标。这样做的依据在于，一旦受援者具备基本生存和发展条件，便可在规范的市场竞争中发挥自己的潜力、创造自己向往的生活。这既是地区援助的尺度所在，也是帮助受援者排除发展障碍的目的。对此，尚需更长时段和更多地点的追踪调查给予支持。

作者单位　中国社会科学院经济研究所
发表刊物　《农业经济研究》2013 年第 9 期

农村集体经济组织产权制度改革若干问题

方志权

内容提要 推进农村集体经济组织产权制度改革是农村改革发展中的一个具有方向性的重大课题，也是在新的历史条件下维护农民集体收益分配权、壮大农村集体经济、完善农村经济体制的重要举措。截至 2012 年年底，全国 30 个省（区、市）共有 3.2 万个村开展了产权制度改革，占全国总村数的 5.3%。中国农村集体经济组织产权制度改革取得了初步成效，但由于缺少法律法规和相关配套扶持政策的支撑，该项改革在推进过程中遇到了不少问题和制约因素。主要表现为：思想认识尚不一致；农村集体资产量化范围难以统一；农村集体经济组织成员资格认定和股权（份额）设置存在一定分歧；完成产权制度改革后所建立的新型农村集体经济组织的法人主体地位难以确立；集体资产股份流转尚不具备条件；新型农村集体经济组织的治理机构有待完善；新型农村集体经济组织与村委会或社区的关系有待梳理；促进农村集体经济持续健康发展需要拓宽路径。

关键词 农村集体经济组织 产权制度改革 股份合作制

农村集体经济组织产权制度改革是集体经济组织在坚持农民集体所有的前提下，按照股份合作制的原则，将集体资产折股量化到人，由农民共同共有转变为农民按份共有的产权制度改革，其目的是"还权于民"，构建"归属清晰、权责明确、保护严格、流转顺畅"的农村集体经济组织产权制度。作为中国农村经济体制的一种创新，这项改革将有效保障农民的财产权利，激发农业农村发展的内在活力，对促进城乡要素平等交换、建立城乡发展一体化体制机制具有重要的现实意义和深远的历史意义。本文旨在分析中国农村集体经济组织产权制度改革的背景条件、探索实践、基本成效和主要瓶颈，为相关法律和政策的制定以及农村集体经济组织产权制度改革的深入推进提供可参考的依据。

一、引言

农村集体资产是农村集体经济组织成员的共同财富。农村集体经济的形成，起始于上世纪 50 年代中期高级农业生产合作社的建立。1956 年 6 月 30 日全国人大一届三次会议通过并颁布的《高级农业生产合作社示范章程》规定，社员私有的主要生产资料转为合作社集体所有。1959 年 4 月，中央制定了《关于人民公社的十八个问题》，最早明确了人民公社实行"三级管理、三级预算"的体制，以生产队作为基本核算单位。1961 年 6 月 15 日，中央颁布了《农村人民公社工作条例（修正草案）》（即"六十条"），明确了人民公社"三级所有、队为基础"的集体所有制性质。当前，尽管就农村集体经济组织的形态而言，村民小组、村民委员会、乡镇人民政府已经替代了原有的生产队、生产大队、人民公社，但是，集体经济核算体制并没有发生根本性的变化。

苗新建、孟全省（2012）指出，中国农村集体经济组织在历史演进中，经历了合作社、人民公社、经济合作社三个主要时期，其产权制度也经历了从按份共有到共同共有的演变。随着社会经济的发展，传统农村集体经济组织共同共有的产权制度弊端凸显，由于归属不清晰、权责不明确、保护不严格，农村集体资产管理体制不畅、管理机制不活、管理不善，农民利益受到侵害。如何加强农村集体资产监管已成为社会关注的热点，推进农村集体经济组织产权制度改革成为农村改革发展中一个具有方向性的重大课题。

全国各地的实践表明，农村集体经济组织形态的阶段性演化是适应国家经济发展战略性调整的结果，是对国家不同时期面临的生产力与生产关系矛盾的反映。郭光磊（2012）指出，以"资产变股权、社员当股东"为主要特征的农村产权制度改革发端于上世纪90年代初，改革的根本动因在于工业化和城镇化进程的不断加快。首先，随着大量土地等资源性资产转变为货币形态资产，农村集体资产规模明显增加，由于土地利用结构的变化，需要界定新增财富的产权归属关系。其次，原有农村集体经济组织的产权关系变动日益频繁，产权归属问题日益突出，由于人口结构的变化，需要理清组织内部成员之间的产权关系。此外，随着城乡发展一体化步伐的加快，大量农民离开农村进城务工、经商，但由于集体资产权不明晰，进城农民普遍担心原属于他们的土地承包经营权、宅基地使用权和集体资产收益分配权受到损害，农民"带着资产权益进城"（韩俊等，2008）的愿望十分强烈。由于社会结构的变化，需要理清农民和集体之间的产权关系。农业部农村经济体制与经营管理司课题组（2014）研究提出，近年来，随着城镇化、工业化、市场化的快速发展，城乡生产要素的交易重组日益频繁，改革农村集体经济组织产权制度、实现城乡要素平等交换的要求日益迫切。

按照产权理论，界定模糊的产权必定损害经济效率。明晰的产权包括三个基本要素：一是每份财产分配给明确的所有者，并且所有权具有排他性；二是财产所有者获得资产增值和剩余收益；三是所有者拥有控制和决定现有资产使用的权利、调整资产结构的权利以及销售和出租财产的权利（Demsetz，1967）。这三个条件中的任何一个不满足，产权就被认为是模糊的。陈标金（2011）考察了广东农村产权制度改革后认为，当前农村集体资产产权问题的关键是所有权界定不清晰。"集体所有"概念模糊，集体成员资格认定模糊，集体成员对集体资产的权利是否均等模糊，不仅弱化了集体资产所有权的排他性，还造成了集体资产所有权归属在实际操作中不具有唯一性；同时，集体经济组织的收入分配关系也难以界定清楚，即剩余索取权模糊。当一个制度不再均衡的时候，制度变迁就会发生。由于村民对自身利益的追求和对现有集体资产管理体制的不满，原有的制度均衡已经被打破，农村集体经济组织产权制度改革势在必行。

二、中国农村集体经济组织产权制度改革的基本状况和初步成效

中国农村集体经济组织产权制度改革始于上世纪 90 年代经济发达地区，进入新世纪后，随着工业化和城镇化进程的加快，各地加大了推进农村集体经济组织产权制度改革的力度，明确集体资产的产权归属，改变集体资产名义上"人人有份"、实际上"人人无份"的状态，真正做到"资产变股权、农民当股东"，农民开始享有稳定的分红收益。

（一）基本情况

据农业部 2013 年度报表统计资料，[①] 截至 2012 年年底，全国共有 30 个省（区、市）的 3.2 万个村开展了产权制度改革（其中，已完成改制的村 23092 个），占全国总村数的 5.3%。改制村当年股金分红 188.5 亿元，农民人均分红 387.9 元。按省分析，2012 年，北京、广东、上海、江苏和浙江 5 省（市）完成改制的村占全国完成改制村数的 80% 左右。其中，上海市松江区 14 个乡镇、107 个村已全部完成改制，共量化集体资产 328.2 亿元，认定集体经济组织成员 57 万人，在全国率先以区为单位完成了镇村两级农村集体经济组织产权制度改革。2013 年部分省（市）农村集体经济组织产权制度改革情况如表 1 所示。

---

① 农业部农村经济体制与经营管理司：《2013 年全国农村集体经营管理统计汇编》，2013 年 5 月。

表 1　2013 年部分省（市）农村集体经济组织产权制度改革情况

地区	起始时间（年）	占总村数（%）	户均分红（元）	主要法规规章和政策文件 [a]
北京	1993	95	约 1500	《北京市农村集体资产管理条例》（1998 年 11 月）
广东	1991	20	约 1000	《广东省农村集体经济组织管理规定》（2006 年 7 月）
江苏	1998	33	约 1000	《江苏省农民合作社条例》（2009 年 11 月）
浙江	1993	30	约 1000	《浙江省村经济合作社组织条例》（2007 年 11 月）
上海	1992	15	约 3000	《关于加快本市农村集体经济组织改革发展的若干意见（试行）》（2012 年 3 月）

注：a 北京、广东、上海、江苏和浙江 5 省（市）为推进农村集体经济组织产权制度改革出台了不少地方性的政策法规，本表列举的是有典型代表性的法规和政策文件。

　　中国农村集体经济组织产权制度改革，按改制层面来分类，可分为村级改制和乡镇级改制，以村级改制为主；按改制时间来分类，可分为撤销行政村后改制和不撤销行政村建制直接改制，以撤村后改制为主；按资产构成来分类，可分为存量折股型改制和增量配股型改制，以存量折股型改制为主。从各地的实践看，改制的主要做法是将农村集体经济组织的经营性实物资产和货币资产，经过清产核资和评估以后，按照劳动年限折成股份量化给本集体经济组织成员，同时提取一定比例的公益金和公积金（集体股），主要用于村委会或社区公共管理和村民公共福利事业支出，并实行按劳分配与按股分红相结合的分配制度。

　　中国推进农村集体经济组织产权制度改革的核心内容主要

有三项：一是对农村集体经济组织进行清产核资和资产评估。这是推进农村集体经济组织产权制度改革的基础性、前置性举措。在区、乡镇、村不同层级设立工作小组，负责指导、协调和实施农村集体经济组织的清产核资工作，妥善处理账物不符、坏账核销等遗留问题，并明确清产核资、资产评估以及资产评估报告的确认等相关程序和具体规则，为推进农村集体经济组织产权制度改革奠定基础。二是认定农村集体经济组织成员，开展"农龄"统计。[①] 为确保农村集体经济组织产权制度改革"起点"公平，得到广大群众的认可与拥护，必须明确集体经济组织成员的范围。三是农村集体资产股份量化到人，明晰产权。对集体资产因地制宜地采取全部资产折股量化、部分资产折股量化或者土地承包经营权折股量化等形式量化到人。对于插队落户、返城知青等人员，原则上以股权的形式兑付量化资产。农户量化后的资产股份，根据情况采取全额入股、按成员资格全额或部分入股、按"农龄"分档入股、存量资产与增量资产合并入股等不同形式，入股改制后的农村集体经济组织。这样，农村集体经济组织中的成员真正成为了股民。

（二）主要特征

多年来的实践证明，中国农村集体经济组织产权制度改革的前提是必须坚持集体所有制，而不能解散集体经济，不能否定集体经济数十年的发展成果。中国农村集体经济组织产权制

---

① "农龄"是指农民为集体经济组织工作的时间。"农龄"是由"工龄"衍生而来，其长短反映了农民对社会和农村集体贡献的大小和知识、经验、技术熟练程度的高低。

度改革最适合的模式还是股份合作制，^①通过股份合作制产权制度改革，真正实现还权于民。现阶段中国农村集体经济组织产权制度改革以村为对象，在制度安排上采取有限责任公司、社区股份合作社和经济合作社等多种形式。

1. 从内容和做法上看，农村集体经济组织产权制度改革主要通过调整早期股份合作制的某些制度安排，进一步明晰和界定集体产权。一是资产量化范围扩大，由原来只是对集体经营性资产净值按一定标准折股量化扩展到将土地股份合作与其他资产股份一起折股量化。二是股权设置上以个人股为主导，集体股弱化，现金募集股根据需要设置。三是实行固化股权配置，稳定分配关系。目前多数地方采取了固化股权的办法，即福利配股实行"生不增，死不减；迁入不增，迁出不减"，允许个人股、募集股通过一定程序在集体经济组织内部转让、继承和赠与他人，但不得抽回。

2. 从制度特征看，农村集体经济组织产权制度改革以股份合作制为主，其制度设计仍然兼有合作制和股份制的特点。在股权设置上，以集体经济组织成员个人股为主导，体现了劳动者联合的根本属性。在股权界定上，兼顾各类集体经济组织成员的利益，且股东资格不向社会开放，体现了合作经济非资本联合的特征。

3. 从组织功能看，改制后的新型农村集体经济组织在具有

---

① 股份合作制以合作制为基础，吸收了股份制的一些做法，使劳动合作和资本合作有机结合，是中国合作经济发展的新方向，也是社会主义市场经济中集体经济的一种新的制度安排形式。股份合作制在收益分配上具有灵活性，采取按股分红与按劳分红相结合的形式。一般情况下，股份不转让、不上市、不交易、不流通。

企业性质的同时，还负担着村委会或社区的公共服务与社会管理等公共管理职能。这些新型农村集体经济组织通过在分配前预先提取公积金、公益金的形式来保证村委会或社区的公共管理职能。

4.从改制推进的区域次序看，农村集体经济组织产权制度改革由大城市近郊地区、经济发达地区率先兴起，并有向大城市远郊农村、经济欠发达地区城郊扩展的趋势。在经济梯度发展规律的作用下，工业化和城镇化逐步由大城市周边农村向远郊农村、由经济发达地区向经济欠发达地区城乡结合部推进，为各地开展农村集体经济组织产权制度改革提供了外在条件。

（三）基本成效

以股份合作制为主要形式的农村集体经济组织产权制度改革，对于明晰集体资产产权和农民集体资产收益分配权、规范集体资产管理、激发集体经济活力、完善农村经济体制，都起到了重要作用，是继农村家庭联产承包责任制后中国农村的又一重大改革。

1.制度成效。一是明晰了每个村民在农村集体经济组织中的产权份额，集体资产由共同共有变为按份共有，产权制度发生了根本变化。二是建立了农村集体经济组织成员按股份（份额）分红的制度，保障了集体经济组织成员的集体资产收益权。三是改制村普遍建立了"三会四权"（股东会、董事会、监事会，法人财产权、出资者所有权、出资者监督权、法人代理权）制衡机制，农民群众成为集体经济组织的投资主体、决策主体和受益主体，成为集体经济组织名副其实的主人，农村集体经济组织的治理结构发生了根本变化。

2. 经济成效。一是农村集体经济总量增长。通过改制，一方面，农村集体经济组织建立起现代企业制度，形成了与市场经济相适应的运行机制，为新型农村集体经济组织发展创造了良好的体制环境；另一方面，农民在集体资产中的产权得以明晰，可以更好地行使当家做主的权利。根据对上海市闵行区29个2010年改制的农村集体经济组织的调查，集体净资产由2010年的21.64亿元增长到2013年的38.91亿元，增长了79.8%。二是农民收入显著增加。通过改制，集体资产产权得以明晰，农民开始享有分红收益，财产性收入稳定增加，初步建立起农民增收的长效机制。以上海为例，2013年，全市237家村级改制集体经济组织中，有89家进行了收益分红，比上年增加了28家；年分红总额5.38亿元，比上年增加了1.12亿元；人均分红3042元。全国农村改革试验区——闵行区城乡居民可支配收入比由2010年的1.53∶1缩小到2013年的1.48∶1，财产性收入在农民可支配收入中的占比由2010年的17.1%上升到2013年的18.3%。[①] 近年来，通过农村集体经济组织产权制度改革，上海农民人均可支配收入中，财产性收入逐年增长（见表2）。

3. 社会成效。通过"还权于民"式的农村集体经济组织产权制度改革，建立新型农村集体经济治理机制，农民可按份共有集体资产、参与集体经济组织管理并分享集体资产收益，有效解决了长期存在的因土地征占、资产处置、财务管理和收益

[①] 数据来源：上海市统计局、上海市农业委员会（编）：《上海郊区统计年鉴》，2014年7月。

表 2　上海农村居民家庭人均可支配收入情况（2001～2013年）

年份	人均可支配收入（元）	工资性收入（元）	经营纯收入（元）	财产性收入（元）	转移性收入（元）	占人均可支配收入的比重（%）			
						工资性收入	经营纯收入	财产性收入	转移性收入
2001	5850	4491	967	157	235	76.8	16.5	2.7	4.0
2002	6212	4920	774	205	313	79.2	12.5	3.3	5.0
2003	6658	5284	813	222	339	79.4	12.2	3.3	5.1
2004	7337	5757	886	297	397	78.5	12.1	4.1	5.3
2005	8342	6364	811	430	737	76.3	9.7	5.2	8.8
2006	9213	6892	766	556	999	74.8	8.4	6.0	10.8
2007	10222	7498	754	673	1297	73.3	7.4	6.6	12.7
2008	11385	8182	711	837	1655	71.9	6.3	7.4	14.4
2009	12324	8721	590	932	2081	70.8	4.8	7.6	16.8
2010	13746	9606	589	970	2581	69.9	4.3	7.1	18.7
2011	15644	10493	877	1243	3031	67.1	5.6	7.9	19.4
2012	17401	11496	905	1382	3618	66.1	5.2	7.9	20.8
2013	19208	12378	920	1587	4323	66.4	4.8	8.3	22.5

数据来源：上海市统计局、上海市农业委员会（编）：《上海郊区统计年鉴》，2014 年 7 月。

分配等问题引发的社会矛盾，维护了城镇化快速发展地区的社会稳定。改制后农村集体经济组织收益增加，农民分红逐年增长，农民入股积极性和满意度提高。

三、推进农村集体经济组织产权制度改革若干问题探讨

中国各地在推进农村集体经济组织产权制度改革的过程中，普遍存在着几个突出的问题：

（一）关于思想认识问题

基层干部对推进农村集体经济组织产权制度改革存在的思想认识问题，比较有共性的有"五怕"：一怕难。农村集体经济组织产权制度改革是一项较复杂的系统性工作，政策性很强，没有现成的经验可以参照，工作难度很大。二怕烦。农村集体经济组织产权制度改革程序复杂，工作量大，势必更多牵制工作精力，难免存在怕烦情绪。三怕乱。农村集体经济在发展过程中或多或少遇到过这样那样的问题，不少问题都是历史形成的，基层干部不愿去捅"马蜂窝"。四怕失权。开展农村集体经济组织产权制度改革要求建立完善的组织治理结构，凡涉及集体资产和集体经济组织成员切身利益的重大事项，都必须提交成员（代表）会议讨论。一切权利运作都要在阳光下进行，基层干部因改革后失权难免会有失落感。五怕失利。长期以来，相对于财政资金，乡镇、村领导对集体经济收入的支配权更大，基层干部对推进农村集体经济组织产权制度改革没有积极性。

除上述"五怕"以外，乡镇、村干部反映最突出的是改制后集体经济组织成员普遍对股份（份额）分红期望较高，没有分红的盼分红，已经分红的希望分红比例能每年递增，而且村与村之间、乡镇与乡镇之间集体经济组织成员还会互相攀比，这对基层干部造成了较大的压力，不少乡镇、村干部都提出，担心改制后分红达不到集体经济组织成员的预期，会影响自己的威信和日常工作的开展。在村一级，村干部还提出，改制前村委会和集体经济组织的社会管理、公共福利、帮困救助等方面的开支都是"混账、混用"，而改制后细化并落实这些开支，困难很大。在乡镇一级，主要问题是土地补偿费不少已被乡镇用于开发建设，因此，乡镇对改制工作能拖则拖，工作积极性明显不高。上述推进农村集体经济组织产权制度改革中遇到的现实问题，并不是孤立存在，而是互相交织、互相影响的。对此，要针对不同问题，寻找不同的办法，通过有针对性的宣传和有操作性的指导，妥善加以解决，才会收到好的效果。

（二）关于农村集体资产量化范围问题

中国农村现有的集体经济组织是从人民公社时期的"三级所有、队为基础"演变而来的，与原生产队、生产大队、人民公社相对应的分别是组级、村级和乡镇级集体经济组织。各级农村集体经济组织按照集体土地所有权归属和集体资产产权归属，依法经营管理本组织集体所有的资产，任何公民、法人和其他组织不得侵犯。农村集体资产的量化，是对被认定为属于现有集体经济组织成员的共有资产，按照一定标准，采取股份的形式在本集体经济组织成员之间明晰产权的过程。因此，农村集体经济组织产权制度改革不能突破原有集体经济组织的范围，这是推进改革、制定政策的底线。目前，各地对于集体资产量化范围的认识还不尽相同：一种观点认为，应当对集体经营性净资产进行量化。这种资产量化方式易于操作，可以较好地规避土地等资源难以评估作价的问题，改革的困难会小一些。另一种观点认为，应该把经营性资产、非经营性资产和资源性资产均列入量化的范围。这样才能保证农村集体资产的完整性，才是彻底的改革，才可以盘活农村集体的全部资产，使其发挥更大的价值，更好地实现并保护农民的财产权益。

应该说，上述两种认识都有一定的理由。这是因为集体资产的范围有狭义与广义之分。狭义的集体资产仅指集体账面资产，也就是经营性资产和非经营性资产；广义的集体资产还包括土地等资源性资产，资源的使用、处置、经营收益分配也是集体资产管理的重要内容。因此，本文认为，对于集体资产量化的范围，在中央制定统一的标准前，各地可以先量化经营性资产，暂不量化非经营性资产和资源性资产。待经济发展到一定程度，各方面条件允许，农村集体资产监管制度比较健全后，则可以对这三类资产实行同步量化。主张当前应将集体资产量化的重点放在经营性资产方面的理由主要有两点：一是非经营性资产主要是公共使用的农村集体资产，属纯公益性的，现阶段没有必要折股量化；二是土地等资源性资产的价值一时难以评估，价值尚未显现，因而可以不量化，但集体经济组织因土地被征收而获得的土地补偿费和因集体资产置换增值而增加的收益，则应及时足额予以追加，以保障集体经济组织成员的集体收益分配权。当然，如果农村基层干部、农村集体经济组织成员一致要求对土地等资源性资产进行量化，则应允许农村基层组织进行探索。农村集体资产量化总的原则是，尊重集体经济组织成员选择，获得集体经济组织成员认可。

（三）关于农村集体经济组织成员资格认定问题

认定农村集体经济组织成员资格，是为了确定集体资产的归属。农村集体资产是一种特殊的财产，集体资产的问题总是与集体成员的身份联系在一起。目前农村集体经济组织成员身份的认定无法可依，多数处于乡村自我管理的状态，受当地乡规民约、传统观念和历史习惯等因素影响较大，"乡土"色彩较浓。在具体实践中，各地对农村集体经济组织成员身份的认定方法各不相同，但归纳起来，主要是以农民居住地和承担农村集体经济组织权利义务的情况作为认定标准。事实上，这种以户籍作为集体经济组织成员认定标准的做法在各个地方的执行情况也是不同的。

对农村集体经济组织成员身份的认定需要一个明确的标准，而这个标准不能由集体经济组织自行制定。由于在短期内制定一个全国统一的农村集体经济组织成员认定标准也不现实，但城镇化进程中或者"村改居"过程中对集体资产进行量化分配，不可避免地会遇到农村集体经济组织成员身份认定的问题。本文认为，对这一问题，各地可根据实际情况出台地方性法规或规范性文件，规定农村集体经济组织成员身份认定的标准，制定操作细则。待条件成熟后，由全国出台原则性的认定标准。总体考量是：农村集体经济组织成员资格应基于由该组织较为固定的成员所组成的具有延续性的共同体，其成员原则上应该在该组织所在地长期固定地生产、生活，形成事实上与该组织的权利义务关系及管理关系，并结合是否具有依法登记的该组织所在地常住户口来认定。在此大前提下，对一些特殊或者疑难问题，可充分尊重农村集体经济组织的自主权。

根据对发达地区不少农村集体经济组织改制实践的观察与总结，以"特定时间集体经济组织所在地农业户口和对集体资产贡献大小"作为依据，是目前能够找到的认定农村集体经济组织成员资格的有效方法，将其作为认定农村集体经济组织成员资格的依据，既比较合理，也具有可操作性。

本文认为，农村集体经济组织成员资格的认定大致有两个范畴：一般农村集体经济组织成员资格的认定和特殊群体成员资格的认定。后者可分为两个类别：一是具有本村户籍并居住在本村集体经济组织所在地，但未能对本集体经济组织尽义务的人员，例如未成年人、老弱病残和其他丧失劳动能力的人；二是长期居住在本组织所在地，对本集体经济组织尽了义务而没有本村户籍或户籍已迁移出去的人，例如超生子女、服役军人等。

鉴于农村各类人员的情况不同，在符合相关政策精神的前提下，农村集体经济组织成员资格的认定应充分尊重农村集体经济组织的自主权，遵循"尊重历史、照顾现实、实事求是"的原则。在具体操作过程中，可把握以下几个关键：一是涵盖不同群体。农村集体资产是各个历史阶段农村集体经济组织成员劳动成果的累积，因此，成员资格的认定也应涵盖各个阶段的不同群体。二是权利义务对等。履行义务是享受权利的前提，成员享有的权利应与其对农村集体经济组织承担的义务和做出的贡献相当。三是防止政策"翻烧饼"。成员资格的认定涉及每位农村集体经济组织成员的切身利益，应当采取一致的标准，不能实行双重标准。四是坚持程序公开。由于广大群众对农村集体经济组织成员的变化情况最了解，也最有发言权，应坚持程序的合法性与公开性相结合，将成员资格认定的决定权交给农村集体经济组织成员，由他们充分协商、民主决定。五是杜绝侵犯权益。在成员资格认定工作中既要坚持少数服从多数，又要保护少数人的利益，防止多数人侵犯少数人的合法权益。

（四）关于股权（份额）设置问题

在股权（份额）设置形式上，各地的做法不尽相同，主要区别在于是以"农龄"还是以"人头"为股份设置的依据，以及股份是否可以转让两个方面。本文认为，无论是产权制度改革还是撤村建居集体资产的处置，在股权（份额）设置上都应以"农龄"为主要依据，这已得到了基层干部和群众的充分认可。以"农龄"为股份设置的主要依据，较好地体现了人与户的有机结合。今后，可在继续维持以"农龄"为股份设置主要依据的基础上，适当考虑其他因素，同时进一步研究将人与户更有效地结合，以户为单位发放社员证，并相应明确户内每个成员的股权（份额）。

就全国各地农村集体经济组织产权制度改革的情况看，当前股权（份额）设置所面临的最大问题是是否设置集体股。一些地方在改制时设置了集体股，主要是出于两方面的考虑：一是担心没有集体股，集体经济组织就失去了公有制性质；二是集体经济组织目前承担了大量的公共服务职能，需要通过设置集体股筹集公共事业所需经费。而大部分地方则主张不设集体股，主要是因为如果改制时保留集体股，随着城镇化进程的急剧推进，集体积累逐渐增加，会再次出现集体股权属关系不清晰的问题，需要进行二次改制；此外，集体股在集体经济组织变更或重组时还将面临再分配、再确权的问题，极易产生新的矛盾。因此，上海、江苏、浙江等地在改制时原则上不提倡设置集体股。当然，如果基层干部和群众一致要求设置集体股，则应充分尊重群众的选择，由农村集体经济组织通过公开程序自主决定。对这一问题，本文认为，对于城镇化进程较快、已实现"村改居"的地方，应明确不设置集体股，其日常公共事业支出，可以通过在集体收益分配中提取公积金、公益金的方式来解决，其具体比例或数额由改制后的新型农村集体经济组织成员（代表）会议在讨论年度预决算时决定。

（五）关于改制后农村集体经济组织的产权制度安排和治理结构问题

中国《宪法》明确规定，社会主义经济制度的基础是生产资料的社会主义公有制，即全民所有制和劳动群众集体所有制；农村集体经济组织实行家庭承包经营为基础、统分结合的双层经营体制；农村中的生产、供销、信用、消费等各种形式的合作经济，是社会主义劳动群众集体所有制经济。这是《宪法》赋予农村集体经济组织的明确的法律地位。《民法通则》将民事主体区分为公民和法人，法人分为企业法人、机关法人、事业单位法人和社会团体法人四类。农村集体经济组织与企业等法人组织属于完全不同的组织类型，其法人地位并未明确。有法律地位而无法人地位，导致农村集体经济组织无法作为完整的市场主体参与经营竞争，这个问题始终困扰着中国农村集体经济组织产权制度改革。

对完成产权制度改革后的农村集体经济组织的产权制度安排和治理结构，各地主要采取了三种形式：一是有限责任公司，二是社区股份合作社，三是经济合作社。这三种形式中，有限责任公司是按照《公司法》进行工商登记的公司法人，但其股东只能在50人以下，与乡镇、村集体经济组织成员成千上万的特点不相适应，因此，改制的农村集体经济组织只能采取隐性股东的做法，大部分集体经济组织成员的权利难以得到法律的认可和保护。社区股份合作社在工商部门登记的，主要是参照《农民专业合作社法》登记的法人，①它有效解决了股东人数限制的问题，但由于社区股份合作社是较特殊的法人，对它没有专门的税收、财务制度，因此，在税收、财务方面所执行的是适用于公司法人的相关制度，在运营中社区股份合作社要缴纳营业税、城市维护建设税、房产税、土地使用税、企业所得税等各项税赋，税费负担较重。无论是有限责任公司还是社区股份合作社，它们都对股东（集体经济组织成员）进行收益分配，而股东都要缴纳 20% 的红利税（即个人所得税），这在很大程度上增加了新型农村集体经济组织的负担（一般情况下，为增加农民收入，红利税由公司、社区股份合作社代缴），影响了农村集体经济组织改制的积极性。经济合作社是一种组织创新，不需进行工商登记，由县级以上人民政府颁发证明书，并可凭此证明书申领组织机构代码证，分红时不需要缴纳红利税。但是，经济合作社不是法人主体，无法作为出资人对外投资，这在一定程度上影响了经济合作社的持续发展。新型农村集体经济组织的内部管理及外部环境如表 3 所示。

（六）关于集体资产股份流转问题

在市场经济体制下，只有集体资产股权自由流转，才能实

---

① 中国目前大多数社区股份合作社是参照《农民专业合作社法》在工商部门进行法人登记的。在税费方面，国家缺乏具体的农村集体资产交易、投资等免税法律规定，因此，社区股份合作社不享受按照农民专业合作社运行中的农产品销售优惠政策，而是需要像公司那样进行缴税。

表 3　新型农村集体经济组织内部管理及外部环境比较

	类型内容	经济合作社	有限责任公司	社区股份合作社
内部管理	成员（股东人数）	没有限制	50 人以下	发起人为 2～200 人
	出资方式	不明确	可货币估价并可依法转让的财产	可货币估价并可依法转让的财产
	承担责任	无限责任	以出资为限	以出资为限
	权利机构	成员大会	股东会	股东大会
	决策方式	一人一票	按投资额	一股一票
	日常权力机构	成员代表大会	执行董事；或董事会，人数 3～13 人	董事会，人数 5～19 人
	监督机构	监督委员会，3～5 人	1～2 名监事；或监事会，人数不少于 3 人	监事会，人数不少于 3 人
外部环境	法人地位	无	公司法人	参照农民专业合作社法人
	营业执照	无	有	有
	经营税费	无	有	有

现生产要素的优化组合，才能体现农民所持集体资产股份的价值，也才能显现它们作为生产要素的潜在市场价值。如果仅对集体资产确权，而不允许其股权流转，那么，量化的集体资产就只能是"僵化的资产"，不能与其他要素实现优化组合，也不能像其他产权一样产生增值的效能。因此，从长远看，为充分发挥集体资产股份自由流转的效应，应该赋予其流转的权能。

然而，考虑到当前中国农村社会的开放程度和农村集体经济组织产权制度改革的发展状况，本文认为，目前农村集体资产股份可在本集体经济组织内部转让，全面对外流转的条件尚不具备。这是因为改制后的农村集体经济组织，其成员所获得的股权，大多还是福利性质的，在很大程度上还承担着农村社会保障的职能，农村集体经济组织成员也没有将集体资产股权对外流转的意愿。加之目前大部分地方未将土地资源纳入改制的范围，农村集体资产的价值并未完全显化。为了切实保护农村集体经济组织成员的资产收益权，确保农村集体资产保值增值，本文认为，现阶段农村集体资产股权不宜对外开放流转，以防止外来资金进入后控股农村集体经济。当然，将来随着农村集体资产价值的不断显化，股权流转制度的不断健全，可以在风险可控的前提下试行农村集体资产股权对外开放流转，逐步探索生产要素的流动方式。

（七）关于新型农村集体经济组织治理结构完善问题

农村集体经济组织产权制度改革的目的是实现"政企分开"、"政资（财政资金与集体资金）分离"，建立较为完善的现代企业制度和法人治理结构。但是，目前已完成产权制度改革的农村集体经济组织，其董事长或理事长大多仍由乡镇书记或村书记兼任（书记多为外派的，往往不是本集体经济组织成员）。这种做法在改革起步时，体现了强有力的组织保障，也符合农村的实际情况，但与集体经济组织的本质特征并不相符，长远来说还需进一步规范。由于长期以来村级组织的运转经费主要依靠农村集体经济来保障，一些村改制后，并未真正实现村委会经费和集体经济组织经费分账管理、分账使用；同时，新型农村集体经济组织的董事会或理事会、监事会成员大多仍由乡镇党政主要领导和机关干部、村领导班子成员等兼任，管理上仍沿用原有管理乡镇、村级组织的方式，难以真正改变政府主导的固有模式，一定程度上也缺乏驾驭市场经济、适应市场竞争的能力。

对于这一问题，本文认为，要进一步健全各级农村集体资产监督管理委员会的职能，加强对农村集体经济组织重大项目投资、大额度资金使用、资产变动、收益分配方案、财务审计和重要人事安排等重大事项的审核。全面建立健全乡镇农经站，由农经站具体承担乡镇和村集体资产监督管理的日常工作。改制为有限责任公司和社区股份合作社的农村集体经济组织的治理机构，则按照相关法律政策规定来操作。改制后成立的经济合作社依法代表全体成员行使农村集体资产所有权，是农村集体资产管理的主体。经济合作社依照章程建立成员代表会议制度、成立理事会和监事会。成员代表会议是改制后农村集体经济组织的权力机构，凡涉及集体资产和成员切身利益的重大事项，必须提交成员代表会议讨论，经 2/3 以上代表同意方可实行，并及时上报给上级集体资产监督管理委员会。理事会作为成员代表会议的执行机构，负责经济合作社的日常事务管理工作。监事会作为监督机构，代表经济合作社全体成员对集体资产经营管理活动进行监督。经济合作社理事会理事和理事长候选人应当具有农村集体经济组织成员的资格，奉公守法、熟悉经营管理、善于组织协调、在成员中有一定的声望。理事会理事和理事长由成员代表会议一并选举产生。经济合作社理事会可以聘用职业经理人来经营管理经济合作社。经济合作社监事长由上级集体资产监督管理委员会委派，监事会监事由成员代表会议选举产生。

（八）关于新型农村集体经济组织与村委会或社区管理关系问题

当前已改制地区普遍反映，改制后村党支部、农村集体经济组织与村民自治组织职能交叉，未能做到各司其职、各负其责。事实上，新型农村集体经济组织仍然承担了村委会或社区公共管理的职能和相应的费用，长期以往这既会影响甚至拖累新型农村集体经济组织发展，又易引发农村集体经济组织成员与村委会或社区居民之间的矛盾。

本文认为，应积极创造条件，加快推进改制后农村基层组织政治职能、公共服务职能和经济职能的相互分离。村级党组织要发挥好领导核心的作用，领导和支持基层各种组织依法行使职权。村民自治组织要依法开展群众自治，搞好自治管理和公共服务。农村集体经济组织负责集体经济的运营和管理，发展壮大集体经济，提高集体经济组织成员的财产性收入。

推进农村集体经济组织产权制度改革后的一项重要制度安排就是实行"村经分离"。所谓"村经分离"，是指新型农村集体经济组织和村委会在职能、经费、人员等方面实行分离，其中主要是经费的分账使用和分账管理。这项改革在广东东莞、江苏苏州等地都已进行了有益的探索。本文认为，在城镇化进程很快、已经撤村建居的地方，原村委会承担的社会管理职能可以转交相应的社区（居委会），相关费用纳入社区（居委会）财政支出予以保障。改制后的农村集体经济组织主要负责集体资产的经营管理，并按股向其成员分红，不再承担社会管理的相关费用。在尚未撤村建居、但农村集体经济组织已经改制的地方，村委会主要承担社会管理的职能，相关费用由财政予以保障；新型农村集体经济组织承担经济职能，主要负责集体资产的经营管理，并按股（份额）向其成员分红。村委会和新型农村集体经济组织要分设账目，并按相应的会计制度加强账务管理。

（九）关于改制后农村集体经济发展问题

推进农村集体经济组织产权制度改革不仅是要进一步明晰农村集体资产的产权关系，建立适应社会主义市场经济体制的新型经济主体，更重要的是，要促进农村集体经济持续发展，让农民共享集体经济发展的成果。总体来看，城镇化进程较快的地区，在一定程度上受到规划、土地等方面的制约，新项目难以引进，老项目难以发展，农村集体经济发展后劲不足。同时，由于缺少相关政策的扶持和专业经营人才的支撑，新型农村集体经济组织不宜盲目投资，而应视自身条件，因地制宜确定发展方式。本文认为，在面上，目前村级集体经济组织自主经营的，一般以发展物业不动产经营为主，尽可能减少经营风险，确保农村集体资产保值增值，确保农民长期获得收益。当然，在人力、经济等条件允许的情况下，农村集体经济组织也可以利用各类资源，通过托管或者入股的形式参与经济开发，将农村集体拥有的各类资产和潜在优势转变为现实的增收能力，不断发展壮大农村集体经济。

（十）关于乡镇集体经济组织改制问题

与村级相比，乡镇一级农村集体资产数量更大，涉及面更广，改制政策性更强，情况更复杂。本文认为，在加快推进村级集体经济组织产权制度改革的同时，还应关注乡镇集体经济组织产权制度改革，积极开展试点。这项工作，目前全国鲜有先例。本文认为，应借鉴村一级的改制经验和做法，积极予以推进。在推进过程中应牢牢把握两条底线：一是以"农龄"为确定股份的主要依据。改制时乡镇集体经济组织也要坚持以"农龄"为主要依据确定成员在集体资产中所占的份额（股份），并以此作为以后收益分配的依据。二是公开、公平、公正。乡镇集体经济组织改制同样要充分尊重群众的意愿，坚持民主决策，确保集体经济组织成员对这项改革的知情权、参与权、表达权和监督权，将公开、公正、公平的精神贯穿于改革的全过程。

四、主要结论与政策建议

总结各地经验，当前和今后一个时期，中国农村集体经济组织产权制度改革要以保护农村集体经济组织及其成员的合法权益为核心，以创新农村集体经济组织产权制度改革形式为手段，以建立农村集体资产、资金和资源运营管理新机制为要求，建立"归属清晰、权责明确、保护严格、流转顺畅"的农村集体经济组织产权制度，确保农民收入持续增长。

农村集体经济组织产权制度改革要由试点地区为主向全国推进，由村级集体经济组织改制为主向乡镇、村级集体经济组织改制联动推进。在城镇化进程较快、实行撤村建居的地区，农村集体经济组织产权制度改革可选择有限责任公司、社区股份合作社的形式，然后有限责任公司和社区股份合作社及时进行工商登记，取得法人主体身份；在城镇化进程较慢的地区，农村集体经济组织产权制度改革可选择经济合作社的形式，重点推进集体资产股份量化，确定成员各自在集体资产中所占的份额，搞好成员收益分配，着力增加农民财产性收入。

为加快推进农村集体经济组织产权制度改革，本文对改革进程中亟待解决的共性问题提出三点建议：第一，解决投资主体问题。由于经济合作社不是法人主体，无法作为出资人对外投资，在一定程度上影响了经济合作社的持续发展。应制定扶持政策，允许经济合作社作为投资主体兴办企业。第二，落实税费减免政策。对改制为有限责任公司、社区股份合作社的新型农村集体经济组织按照股份向成员进行收益分配的，暂缓征收个人所得税；或将分红所得计入农村集体经济组织成员的工资薪金，对超过月均3500元的部分，再按规定征收个人所得税。上述政策，可以在全国农村改革试验区内先行先试，取得经验后再逐步向全国推开。第三，加快启动农村集体经济组织立法。目前中国对农村集体经济组织还没有专门立法，农村集体经济组织一直无名无实，实践中村民委员会往往代行了农村集体经济组织的权利和职能。要抓紧开展农村集体经济组织立法调研，制定《农村集体经济组织法》或者相关条例，赋予农村集体经济组织法人地位，明确其组织形式、职能定位和管理办法。

参考文献

1. Demsetz, H.: Towards a Theory of Property Rights, The American Economic Review, 57（2）: 347–359, 1967.

2. 苗新建、孟全省：《农村集体经济产权制度改革的理论与实践研究》，《中国集体经济》2012 年第 13 期。

3. 郭光磊：《对北京农村产权制度改革的理论思考》，《农村工作通讯》2012 年第 13 期。

4. 韩俊、张云华、张要杰：《农民不需要"以土地换市民身份"——北京市朝阳区农村集体经济产权制度改革调查》，三农中国（http://www.snzg.cn），2008 年 7 月 3 日。

5. 农业部农村经济体制与经营管理司课题组：《对农村集体产权制度改革若干问题的思考》，《农业经济问题》2014 年第 4 期。

6. 陈标金：《农村集体经济组织产权制度改革：广东的探索》，《农业经济与管理》2011 年第 2 期。

作者单位 上海市农业委员会
发表刊物 《中国农村经济》2014 年第 7 期

中国家户制传统与农村发展道路 [①]
——以俄国、印度的村社传统为比较

徐 勇

内容提要 本文是对中国农村社会本体问题的研究。在本文看来，对传统需要细分。那些能够对现代社会产生长远影响的本源性传统，构成现代社会发展的基础性制度。在东方国家的本源型传统中，与俄国和印度的村社制不同，中国是家户制，并在此基础上构成独特的中国农村发展道路。其中包括：以家户经营为基础的农业经营组织，家户内部农工商结合基础上的农工商互补经济，家户互助合作基础上的农村合作道路，家国共治基础上的农村治理体系。在中国农村发展进程中，家户制是不可规避的传统，构成当下及未来农村发展的制度底色。尽管家户制一度被抛弃，但它仍然会如人体基因一般顽强

---

① 中国农村发展道路是本人近年关注的重点问题，发表过相关论文。2011 年 4 月，中央农村工作领导小组办公室在中南海召集 10 名专家座谈农村发展会议。办公室主任、著名学者陈锡文在会上谈到农村发展面临的重大问题，其中谈到在一个有着悠久的东方村社传统中如何推动农村发展的问题，并希望专家们加以研究。本文算是对陈主任提示的一个应答，虽然可能是不完满的答卷。2012 年 5 月 4 日，在复旦大学陈树渠比较政治发展研究中心开幕演讲中，本人作为中心学术委员会委员做了题为《莫把外国当中国——东方村社制与家户制比较》的主题演讲。从方法上提出了理解历史变迁的三个基本命题：第一，起点决定路径；第二，原型规制转型；第三，以微观机理理解宏大问题，由此为本文建立了方法论基础。

地再生和复制。在当下和未来的中国农村发展中，必须高度重视和深入挖掘这一基础性制度和本源性传统，精心厘定本国的制度传统资源，才能形成具有中国特色的发展道路。注意发展的连续性而不是断裂性，在传统与现代之间建立起必要的关联。

关键词 本源型传统　家户制　村社制　中国农村

　　当下中国正处于传统与现代的历史转换之中。在探索现代社会发展道路的过程中，注重传统的"延续性"与注重超越传统的"创新性"同样重要。诺贝尔奖获得者阿马蒂亚·森在为其著作中译本写的序言说："中国必须在建设其未来的同时不背弃其过去"，并特别引述了一句中国经典名句"与古为新"。[①] 那些能够对现代社会产生长远影响的本源性传统，构成现代社会发展的基础性制度，或者说是现代社会的历史起点和给定的条件。中国是一个有着悠久农业文明传统的东方大国，并在长期历史进程中形成了特有的"中国特性"，其中包括特有的中国家户传统。这一传统既与以西欧为代表的"西方"庄园制传统不同，也不同于以俄罗斯和印度为代表的"东方"村社制传统。在认识"中国特性"的过程中，不仅要以"西方"为参照，而且要分辨非西方的东方传统中的差异。在某些方面，东方传统中的差异甚至大于东西方之间的差异。只有通过深入细致的比

---

　　① 阿马蒂亚·森：《以自由看待发展》，中国人民大学出版社2002年版，第20页。

较，才能准确把握具有"中国特性"的本体制度，进而从传统中寻求当今中国农村发展道路的历史脉络和未来走向，建立传统与现代的关联性。本文试图就传统、中国家户传统及农村发展道路进行一些探讨。

一、对"传统"、"东方"的再认识

社会的变迁受历史惯性的支配，长期社会历史形成并积淀的社会因子会对当今及未来社会的变化及路径产生规制性影响，形成一个社会发展的"底色"或"根基"。愈是文明悠久的国家，传统的影响就愈深。因此，对于传统更多的是尊重，而不是简单地消灭。这在于人类社会是一个由传统沿续而来，并由不同环节构成的历史链条。今天是昨天的延续，并成为明天发展的起点。当形成"传统"的社会条件仍然存在，"传统"就会继续发生影响。正如马克思所说："人们自己创造自己的历史，但是他们并不是随心所欲地创造，并不是在他们自己选定的条件下创造，而是在直接碰到的、既定的、从过去承继下来的条件下创造。一切已死的先辈们的传统，像梦魇一样纠缠着活人的头脑。"[1] 问题首先在于我们如何认识和理解"传统"。

"传统"一词实在是一个定义十分模糊和复杂的词。从社会科学研究来看，它可以从两个方面度量。其一，它是一个建构性概念，是新与旧的比较和区分。旧的属于传统。作为建构性概念又分为两种话语体系。一是革命话语。革命话语体系对传

---

① 《马克思恩格斯选集》第 1 卷，人民出版社 1995 年版，第 585 页。

统是持根本否定态度的。马克思、恩格斯在《共产党宣言》中说："共产主义革命就是同传统的所有制关系实行最彻底的决裂；毫不奇怪，它在自己的发展进程中要同传统的观念实行最彻底的决裂。"① 在这里，"传统"就是指"旧"的私有制及其私有观念。而革命就是要建立"新"的，即"破旧立新"。"旧"与"新"是二元对立，相互排斥的。中国进入 20 世纪后的前 70 年，革命的话语占主导地位。对待传统是持批判和否定态度的。1950 年代开始的农业社会主义改造也属于这一范畴。二是现代话语。以研究现代社会著称的德国社会学家韦伯从权威属性的角度，对社会进行了分类：传统社会、现代社会和介入两者之间的卡里斯玛社会。传统社会属于前现代社会，是与现代社会不同的一种社会形态。现代话语体系虽然没有简单地批判和否定"传统"，但它还是属于二元分析法，将传统社会与现代社会对立起来，而没有注意到二者的联系。20 世纪 70 年代以后的中国思想领域，现代话语体系逐渐占主导地位。

其二，它是叙述性概念，是从过去、现在和未来的时间维度度量的。这是历史的话语体系。在这一话语看来，过去的就是传统。传统是过去出现的东西，是历史的产物。但是，历史又是一个由不同事物构成的总和。历史上发生了许多事情。那么，究竟"传统"包括那些东西呢？这是历史话语体系的困境。有人因此将"传统"分为"大传统"、"小传统"。如中华人民共和国建立 60 年的"前 30 年传统"和"后 30 年传统"等。

总的来看，传统是一个相对性、历史性概念，是与当下和

① 《马克思恩格斯选集》第 1 卷，人民出版社 1995 年版，第 293 页。

现代性相对而言的概念。正处于现代化进程中的社会之所以要关注传统，是因为进入现代化进程中必须面对和面临如何对待传统的问题。由此就会产生两种主张：一是传统主义。即每当现代化发展中遇到问题时就会主张向传统回归，从传统中寻求解答现实问题秘方，如马克思曾经批判的"死人抓住活人"。对于这一主张是否可行暂且不论，但这一主张存在着难以解答的问题：传统是什么，向什么传统回归？如当今中国有革命传统，也有儒家传统，而这两个传统却存在内在的价值冲突：前者强调对既定秩序的破坏，后者强调对既定秩序的维护。就中国农村发展道路而言，有人民公社传统，也有人民公社之前更久远的家户经济传统，如果是回归传统，究竟向什么传统回归呢？所以，传统主义本身存在着内在的逻辑矛盾。

与传统主义相对的则是现代主义。现代主义在当下具有话语优势，它适应当下社会的需要并确定社会发展的现代价值取向。但它有一个致命的弱点，就是忽视或者无视当下是由过去而来。社会的发展是一个环环相扣的链条。传统是历史的沉淀，更是当下必须面对的现实，必将长期影响和制约当今的发展。只有正视或者尊重传统，才能汲取当下发展的丰富资源，使社会步入链接式发展轨道，而不致于大起大落。自现代化成为当代社会的价值取向以来，"现代"便具有话语优势。与"现代"相对应的"传统"则处于话语弱势。"现代"意味着进步，"传统"意味着"落后"，由此形成"现代"与"传统"二元割裂与对立的思维定势。而在本文看来，现代承接着传统，恰恰是那些长期历史形成的"传统"因子深刻地影响和制约着现代社会的发展。美国学者摩尔对此有过深刻的见解。他认为："在两大文明形态起承转合的历史关节点上，分崩离析的传统社会所遗留下来的大量阶级因子，会对未来历史的造型发生强烈作用。"①

因此，我们研究传统，除了保存历史文明以外，更重要的在于它对当今和未来社会发展所产生的影响。传统犹如人体基因，它具有重复性和可复制性。它不可能被简单地消灭，也难以作最彻底的"决裂"。同时，过去的不一定都属于传统。许多过去的东西在整个历史长河里只是一瞬间。短暂的存在恰恰说明不具有重复性和可复制性。与工业社会及其相应的城市社会是一种建构性社会不同，农业社会及其相应的农村社会是一种自然演进性社会，其传统的影响更大。这就需要我们对传统加以细分。

从对当今影响的角度，我们可以将传统定义为能够对当今，甚至未来会发生影响的价值、行为和规范及其与此相关的历史条件。为此，我们可以对传统加以分类：一是本源型传统，即能够对当下和未来产生深远影响并长期发挥作用的传统。这种传统对于当下的现代社会发展具有本源性，构成了现代社会发展的基础性制度，也可以说是现代社会发展的历史本体；二是次生型传统，即在历史上产生并会对当下产生一定影响，但不具有基础性作用的传统；三是派生型传统，即在历史上产生但属于本源型传统派生出来并发挥当下影响的传统。在讨论中国农村发展道路时，有人将改革前的人民公社作为传统加以继承。

---

① ［美］巴林顿·摩尔：《民主和专制的社会起源》，北京：华夏出版社，1987年，第2页。

其实，人民公社虽然存在20多年，但并不属于在中国长期发生作用和影响的本源型传统。它在某些方面恰恰与本源型历史传统是脱节和背离的，甚至是反传统的。如"一大二公"的公社正是对中国长期历史上的"一小二私"的家户传统的否定。

人民公社在中国历史上没有，在相当程度上是借鉴前苏联的农村社会组织形式，是"以俄为师"的产物。由此还需要进一步讨论东方社会。在思想界，自亚里士多德以来，流行的是"东西方"的二元世界观。人们将以西欧为代表的世界称之为"西方"，将以俄罗斯、印度和中国等为代表的世界称之为"东方"。东西方是两个不同的世界，有着不同的历史并形成不同的的传统。这种东西方二元世界的划分深深影响，甚至固化了人们的思维。尽管，东方世界的学者为了抵抗西方话语，提出了"东方主义"的概念，但仍然局限于东西方二元世界的套子里。这种东西方二元世界的划分除了简单化以外，还有一个致命的问题，这就是忽视，或者漠视了东西方社会内部的差异。

其实，无论是西方世界，还是东方世界，其内部都具有很大的差异性。西方世界的英、德、法，各有不同；东方世界的俄、印、中，相差甚大。在某些方面，所谓东方世界内部的差异并不亚于东西方世界之间的差异。因此，要认识"中国特性"，除了与西方世界相比较外，还应该与东方世界相比较，特别是与曾经对中国道路产生重大影响的俄国和与中国毗邻的印度比较。

当下的中国正处于以工业化、城镇化与农业现代化为导向的历史转折点上。中国农村发展道路也在处在一个传统农业社会向现代工业社会的转折之中。这一过程不是非此即彼的更替，既不可能简单地回归传统，也不能无视传统。合理的选择是面向现代，背靠传统；尊重传统，走向现代。但首先必须弄清楚什么是中国农村发展的本源性传统及其由此形成的基础性制度。

二、两种东方传统：村社制与家户制

悠久和独特的东方文明传统长期以来都是学者们十分关心的问题。现代社会科学最早起源于西方国家。在他们眼里，东西方存在重大文明差异。这是因为，对西方社会影响最深的是商业文明。独特的地理位置使西方有着悠久的商业文明。古希腊和古罗马文明都属于海洋商业文明。现代西方世界的崛起更是直接建立在商业文明的基础之上。而与西方相对而言的东方则以农耕文明为主。如四大文明古国都发源于大河流域，有着悠久的农业文明。东方农业文明自然会产生相应的传统价值、行为与规范。

尽管东方由于共同的农业文明而会有共同的传统，但由于各种原因，东方农业文明传统也有不同的表现和类型。不了解它们之间的差别，那怕是细微的差异，都无法充分准确把握东方农业文明传统对后来农村发展道路的影响。所谓差之毫厘，失之千里。

如果说 17、18 世纪西方国家通过革命建立起以私有制和雇佣劳动制为基础的资本主义制度，迅速走向现代化，那么进入 19 世纪，非西方国家开始面临现代化的选择。但对于非西方国家在走向现代化过程中还面临着另外一种挑战：是"西化"，还是固守传统的"东方化"。在东方国家中，俄国是最早面临这一重大路向问题的。这一则在于俄国在地理上是最接近于西方的东方大国，二则在于俄国是最早向现代文明转型的东方大国，三则处于向现代文明转型中的俄国知识分子为寻找不同于西方国家的发展道路，开始深入挖掘本国的传统。最重要的传统资源，就是西方没有而在俄国存在久远，并视之为"俄国人精神"的村社制。

村社制源远流长。它源于人类原始社会，一直延续到20世纪。村社作为一种社会组织形态，有不同类型，但发育比较完整的是农民村社。农民村社是地域性的共同居住、血缘性的相互联系、自然资源和土地的共同所有、生产劳动的相互组合的基层组织。村社的形态事实上十分复杂。但从俄国知识分子所肯定的角度看，村社有以下主要特征：土地"公有"，并通过村社定期重分来保持社员之间的平均占有；国家税赋以村社为单位承担，村社通过贫欠富补达到平摊负担；实行劳动者之间的组合，村社鼓励共同耕作；村社通过社员会议共同管理，强调集体本位。[①] 村社既是生产组织和社会组织，更是农民的精神共同体。集体主义和平均主义是村社的基本原则和行为规范。正因为如此，农民村社又称之为农民公社。具有共有、共建、共享、共管的原始共产主义特性。对于走出自然界不久而个人能力十分脆弱的农民而言，集体村社确实是他们赖以存在的生命和生活共同体。村社也确实能够给那些弱者带来必要的保护，甚至有许多温情脉脉的色彩。马克思对此类现象有十分精当的

---

① 参见金雁、卞悟：《农村公社、改革与革命——村社传统与俄国现代化之路》，中央编译出版社1996年版，第71–119页。

评论："我们越往前追溯历史，个人，从而也是进行生产的个人，就越表现为不独立，从属于一个较大的整体；最初还是⋯⋯在家庭和扩大成为氏族的家庭中，后来是在⋯⋯各种形式的公社中。""自然联系等等使他成为一定的狭隘人群的附属物。"[①]

村社制是以村社集体为本位的社会组织。这种组织形态有一个基本前提就是村社集体必须有一个集体人格权威。土地的定期重分、税赋的贫欠富补、劳动的相互组合、召集社员会议进行管理，都需要一个能够代表集体的强有力的人格权威。如果早期的权威还寓于村社之中，那么后来就愈来愈凌驾于村社之上。特别是在无数个村社的基础上矗立着更强大的国家专制权威。在俄国统治者看来，管理无数个分散的个体农民比通过一个整体性的村社代为管理要困难得多。因此俄国统治者愈发强化村社的整体性，限制社员的个体性，极力将农民牢牢束缚在村社土地上。村社成为俄国专制统治的社会基础。随着村社制的发展，产生出农奴制。与西欧的庄园农奴制相比，俄国的农奴制是最为极端的。农民除了人身上必须依附于领主以外，还必须依附于生活其中的村社及其人格权威，并受到国家的严密监控。其劳动具有强制性，没有人身活动自由，更没有基本的个人权利。"农民的农奴化过程就是领地制度与村社制度牢固结合的过程。农民的农奴化本质是村社的农奴化。"[②]

进入 19 世纪，俄国废除了农奴制，但是村社组织这一传统资源却为俄国知识分子所高度重视，甚至过度挖掘。他们希望

---

① 《马克思恩格斯全集》第 46 卷（上），第 20、21 页。

② 罗爱林：《试论村社制度对俄国社会的影响》，《俄罗斯中亚东欧研究》2008 年第 4 期。

借助村社公有制抵制源自西方的资本主义私有制，走出俄国自己的发展道路，由此导致民粹主义的产生。民粹主义主张"到民间去！"认为村社农民"天生就是社会主义者"。俄国能够走出一条不同于西方的发展道路就在于自己有而西方没有的村社制。经历 19 世纪后期和 20 世纪初期的短暂农村变革和分化之后，1920 年代开始了大规模的苏联农业集体化。其体制在形式上与村社制有许多相似之处。农村集体化初期的集体农庄有三种形式：农业公社、共耕社和农业劳动组合。农业集体化后期将劳动组合作为基本，甚至唯一的形式。这种形式更加便于国家对农业产品的汲取和与之相应的对农民的控制。

村社制是俄国发展的基础性制度和本源性传统。它起源于原始社会，一直延续到 20 世纪。从形式看，它分三个阶段和三种类型：一是自然生长阶段的原始村社类型；二是沙俄时期国家建构的地方性村社；三是苏联时期国家建构的国家集体农庄。尽管这三种类型在性质和内容上有所不同，但制度形式是相通的，具有共同性，即都强调整体性、一元性、一致性，虽无甚发展但同一群体基本平均。这种特性一直延续到苏联解体之后。否则我们很难理解苏联解体之后推行"土地私有化"之困难重重。这说明，村社传统和精神已深深浸入在俄国的骨髓之中，成为俄罗斯的魂灵。"村社是俄国人的特点，侵犯村社就是侵犯特殊的俄罗斯精神。公社是从古以来就存在了的，它是凝结俄国人民生活的水泥。"①

---

① 引自金雁、卞悟：《农村公社、改革与革命——村社传统与俄国现代化之路》，中央编译出版社 1996 年版，第 103 页。

进入世界视野的另一东方国家是印度。西方殖民主义进入东方的第一个大国就是印度。印度不仅是古代四大文明发源地，且有着自己特有的制度传统。其中之一就是本源性的村社制。作为原生形态的村社制，印度与俄国相类似：土地公有，耕地由村社掌握；村社是基本的纳税单位，实行高度自治。印度也存在农奴制，但有自己的特点，这就是种姓制。"种姓制是一套等级服从的制度。"① 它根据人的血缘关系将人的等级固化和永久化了。高种姓的人世袭着高等级职业和地位，低种姓的人世袭着低等级职业和地位，相互之间横亘着不可逾越的鸿沟。最低的种姓实际上是奴隶，是"不可接触"的贱民。与俄国的村社农奴制相比，印度表现为村社种姓制。这种制度更加抑制着人的独立性、主动性和创造性。马克思对印度村社种群传统给予了较多的关注。他说："从很古的时候起，在印度便产生了一种特殊的社会制度，即所谓村社制度，这种制度使每一个这样的小单位都成为独立的组织，过着闭关自守的生活。""这些小小的公社身上带着种姓划分和奴隶制度的标记。""这些田园风味的农村公社不管初看起来怎样无害于人，却始终是东方专制制度的牢固基础；它们使人的头脑局限在极小的范围内，成为迷信的驯服工具，成为传统规则的奴隶，表现不出任何伟大和任何历史首创精神。"②

　　尽管英国殖民主义进入印度后对古老的村社制度有很大冲击，但村社传统仍然顽强地保留下来。20世纪，印度的精神领

---

　　① ［美］巴林顿·摩尔：《民主和专制的社会起源》，华夏出版社1987年版，第309页。

　　② 《马克思恩格斯选集》第2卷，人民出版社1972年版，第66—67页。

袖甘地在争取独立中将村社制作为印度的根基。他认为印度的基础是 70 多万个村社，也是印度的国本。虽然他倡导废除种姓制，但遭到保守主义者的强烈反对，并由此被暗杀。国家虽然从法律上废除了种姓制度，但种姓社会仍然顽强地存在。因为产生种姓的社会组织基础——村社制仍然存在。村社是种姓制的堡垒。高种姓的人牢牢地将低种姓人群限制在村社土地上，使他们世代为自己所驱使的"贱民"。只要村社存在，依附其中的种姓制就仍然保留。摩尔为此说："种姓制度在当时和现在起到组织村庄共同体生活的作用，构成了印度社会的细胞和基本单元。"①

作为东方农业文明古国，中国与俄国、印度有共同之处。在早期也存在原始公社制。生产资料公有，地域共同体的人们共同劳动、平均分配。但是，与俄国、印度相比，中国农业文明传统更有自己的特性。中国没有完整并一直延续下来的村社制，更没有曾经广泛存在包括西方欧洲、俄国、印度在内的普遍性的农奴制。恩格斯在谈到作为东方专制制度基础的农村公社时，主要指的是俄国和印度。他认为"各个公社相互间这种完全隔绝的状态，在全国造成虽然相同但绝非共同的利益，这就是东方专制制度的自然基础。从印度到俄国，凡是这种公社形态占优势的地方，它总是产生这种专制制度，总是在这种专制制度中找到自己的补充。"② 对于中国是否存在西欧意义上的农奴制，学术界长期存在争议，但即使有也很短暂。到秦始皇

---

① ［美］巴林顿·摩尔：《民主和专制的社会起源》，华夏出版社 1987 年版，第 255 页。
② 《马克思恩格斯全集》第 18 卷，人民出版社 1964 年版，第 618–619 页。

统一中国后就再也没有农奴制了（当然少数边缘地区长期存在，如西藏）。而对当今中国仍然存在深刻影响的则是秦始皇之后的自由个体家户制度，即"两千年皆秦制"。正如毛泽东所说，"几千年都是个体经济，一家一户就是一个生产单位。"[①]

　　家庭是人类进入文明社会的组织形态。在中国，私有制和国家产生的标志就是由以往的天下为公变为"家天下"。家户组织在中国有久远和牢固的基础。自由的个体家户农民更是一种久远的理想形态。唐尧时的古歌谣《击壤歌》描述道："吾日出而作，日入而息，凿井而饮，耕田而食，帝力何有于我哉？"孟子的理想图景是："五亩之宅，树墙下以桑，匹妇蚕之，则老则足以衣帛矣；五母鸡，二母彘，无失其时，老者足以无失肉矣；百亩之田，匹夫耕之，八口之家，足以无饥矣。"随着生产力的发展，家户组织的独立性愈来愈强。秦始皇的伟大功绩不在于修建万里长城，而在于形成了一个能够不断再生产亿万自由家户小农的制度。秦始皇统一中国期间实行军功地主制，弱化人身依附关系，家户成为主要生产单位。统一中国后为获取税赋，编制户口，所有人都成为同一的"编户齐民"，无论是地主，还是农民，都是国家的子民。农民在人身上是自由的，独立生产、经营和生活。"纳完粮，自在王"。中国的村落正是由一家一户自由小农形成的，具有"自由人联合体"的特性。尽管村落作为地域聚落与俄国、印度有许多相似之处，也有村落共同体的价值、行为和规范，但是村落的内核——自由、独立的小农家庭却是中国特有的。如果将家户、村落和国

---

① 《毛泽东选集》第 3 卷，人民出版社 1995 年版，第 931 页。

家分为三个层次的组织形态来看，中国的家户和国家是最强大的组织形态，村落群体则相对较弱。事实上，农村基层社会组织的名称都一直处于变动之中，汉代为乡里，明清为保甲。这些基层社会组织的功能和权威远远不如俄国和印度的村社。与俄国和印度的村社传统相比，中国农村社会的基础性制度或本源性传统则是家户。家户构成村落社会的内核，是村落社会存在的根基，由此形成家户制。在金耀基先生看来，"在传统中国，家不只是一生殖单元，并且还是一个社会的、经济的、教育的、政治的、乃至宗教、娱乐的单元。它是维系整个社会凝结的基本力量。"[1] 著名比较历史学家摩尔认为："中国的村庄，象其他国家一样，是农村社会的基本细胞。但是，和印度、日本甚至欧洲的一些地方相比较，中国的村庄显然缺少凝聚力。""中国的村庄与其说是生活和功能性的共同体，还不如说是许多农家的聚居地。"[2] 村社制与家户制的内容和特性有极大的不同。村社更强调整体性和个体对整体的依赖性、依从性；家户更强调个体性（非西方意义的自然人个体，而是家户个体）和个体之于整体的相对独立性、差异性。村社制具有一元性、一体性，家户制具有二元性、混合性。如果从生产关系和上层建筑划分，俄国和印度的村社制与中国的家户制有以下典型差异：一是村社制的财产属于村社共有，尽管有村社人格权威代表。家户制的财产属于家户个体所有；二是村社制下的村社是国家纳税单位，家户制下的纳税单位是家户；三是村社

---

① 金耀基：《从传统到现代》，中国人民大学出版社 1999 年版，第 24 页。

② [美] 巴林顿·摩尔：《民主和专制的社会起源》，华夏出版社 1987 年版，第 165-166 页。

制下的村社是地方自治单位，具有行政功能和地方权威性；家户制下的村落是家户基础上自然形成的自然村，主要是家族自治功能。

与俄国和印度的村社制一样，中国的家户制不仅源远流长，而且影响深刻。费正清评论道："中国是家庭制度的坚强堡垒，并由此汲取了力量和染上了惰性。"[①] 在当下和未来的中国农村发展中，必须高度重视和深入挖掘这一基础性制度和本源性传统，精心厘定本国的制度传统资源，才能形成具有中国特色的发展道路。否则，"中国特色"很可能是"他国特色"，"中国道路"很可能是"别国道路"。1990 年代后期，中国学术界曾经涉及过中国农村社会本体问题。最初是张乐天先生在中国第一部研究人民公社制度的著作中，提出人民公社的生产队是对"传统村落的延续"。在著名农村学者秦晖看来，传统中国"村落共同体"是日本学者的看法，具有日本农村社会的印记。他为此提出了中国农村社会的国家"大共同体本位"的传统。[②] 但"大共同体本位"只是强调了中国农村社会受国家的控制较强，而未涉及到农村社会的基点。事实上，中国的"国"是以"家户"为根基的，而且家户与国并不是完全重合的。如果是"大共同体本位"，很容易得出农民为"国家农民"的结论。而在中国的历史上，只有"国家官员"、"国家职工"的说法，从来没有"国家农民"的说法，即使是高度国家化的人民公社，也没有这样的体认。正因为，对中国农村社会本体问题缺乏深入的

---

① ［美］费正清：《美国与中国》，世界知识出版社 1999 年版，第 21 页。
② 秦晖：《农民中国：历史反思与现实选择》，河南人民出版社 2003 年版，第 298 页。

讨论和认识，以致很容易将与村社类似的公社看成自己的传统，错将他国特色为"中国特色"。

三、家户经营传统与农业经营组织

在中国，以血缘关系为基础的家户长期居于主导地位，是整个社会的基本组织单位，是中国传统社会的"细胞"。由此形成数千年中国的农户经营传统。

家户是最基本的组织单位。这在全世界都是如此。而在中国，家户则成为一种基本的组织体制，并具有核心地位。这主要由以下因素决定。首先，自然禀赋是组织存在的基础。中国是一个自然禀赋适宜于农耕的国度。适宜的气候和土壤条件使农业生产可以不需要更多的人组合在一起共同劳动就可以完成农业生产过程。这使得家户生产成为可能。俄国的村社制共同劳动显然与寒冷的气候条件相关。村社制实际来自于早期人类的集体狩猎时代。在广袤严寒的大地上，家户的独立生产十分困难，更需要集体相互依存。其次，财产继承制是组织单位再生产的机制。中国告别原始社会就是从"天下为公"到"天下为家"的转变。中国实行"分家析产制"，家户是财产分配和继承单位。成年男子可以平均分配和继承家庭财产。由此导致一个个小家户的不断再生产。村落的共同财产不仅数量很少，而且不承担再分配和继承的功能。而俄国的土地财产属于村社所有，村社分配土地财产，由此造成个人对村社而不是家户的依赖。印度的种姓制使那些低等种姓家庭几乎毫无财产可继承。但是，"种姓制度为无地的劳动者提供合适的职业，使他们分散的固定在各个村庄里；同时，对他们的社会地位的评价主要看他们的工作而不是依据财产的多寡"，村社因此具有凝聚力。[①]

第三，税收制度是组织单位延续的制度依据。中国是一个早熟的国家。早在 2000 多年前就建立了统一的中央集权国家。而国家存在的基础是农业财政。国家需要获取税赋来供养皇室、官僚和军队，兴建公共工程。有土地的家庭则成为国家的税收单位。在中国，"户"是国家组织民众的单位，也是中国特有的。户具有政治社会意义。"一家一户"的"家"是社会单位，"户"则是政治单位。中国政府专门设立有"户部"，主管户口与财政。传统中国的财政实际上是农户财政。所以，中国政府需要保护和鼓励家户制。而在俄国，村社是国家税收单位，农民个人不直接与国家发生联系。"征税对社不对户，贫户所欠富户补"。[②]在印度，低种姓家庭基本没有纳税的条件和基础。第四，意识是组织延续的动力机制。由于家族既是经济共同体，又是政治和社会共同体，在人的生命活动具有特别重要的地位，因此中国人的家族意识特别强烈。中国人以男性姓氏为正宗，家族兴盛为人生至高目标，如"发家致富"、"光宗耀祖"等。而俄国村社制下，"发家"几乎没有可能，且"村社舆论谴责热爱劳动和渴望致富、出人头地的思想"。[③]对于印度低种姓来说，"致富"只是超脱人世的"天国之梦"。摩尔认为："作为劳动组

---

① [美]巴林顿·摩尔：《民主和专制的社会起源》，华夏出版社 1987 年版，第 169 页。

② 引自金雁、卞悟：《农村公社、改革与革命——村社传统与俄国现代化之路》，中央编译出版社 1996 年版，第 76 页。

③ 罗爱林：《试论村社制度对俄国社会的影响》，《俄罗斯中亚东欧研究》2008 年第 4 期。

织，种姓是在农村中造成耕作不良的一个原因"。①

因此，如果说俄国村社制属于集体主义，印度村社制强化种姓主义，那么，中国历史上长期存在的是家户主义。家户单位是中国长期延续的传统。

中国的家户经营有利于调动农业生产积极性。首先，土地为家户所有或者家户经营，这就有可能使家户能够自由支配自己的产品。地主可以通过土地获得地租，佃农在合理的地租条件之下可以获得尽可能多的生产产品使自己获得更多一些。而自耕农更是可以通过自己努力生产获得更多一些产品。在生产和报酬紧密联系的条件下，家户有可能改善自己的生存状况。尽管成为"地主"只是少数人才能实现，但却是所有农民的人世"梦想"。正如新中国建立前东北农民最大的梦想是"三十亩地一头牛，老婆孩子热炕头"。获得土地从而"发家致富"始终是推动中国农业生产的基本动力，而这只有在家户制的基础上才有可能。由此也锤炼出中国农民特有的"勤劳"品质。中国农民的勤劳是世界上无与伦比的。连孟德斯鸠也承认中国人的勤劳精神。韦伯更是对中国人的勤劳给予极高评价，他说："中国人的勤奋与劳动能力一直被认为无与伦比。"②而村社制若干年平分土地，抑制了农民对土地的更多渴求，也因此限制了其积极性。其二，土地为家户所有或者家户经营，促使家户独立完成生产全过程，不需要外部性监督，也因此可以最大限度减少

---

① [美] 巴林顿·摩尔：《民主和专制的社会起源》，华夏出版社 1987 年版，第 275 页。

② [德] 马克斯·韦伯：《儒教与道教》，北京：商务印书馆 1995 年版，第 115 页。

外部监督形成的成本。费孝通根据其农村调查认为："在现有农作技术条件下，分工的不发达使两个人在一起工作并不比两个人分开各自工作为便利和效率高。"① 对于地主而言，将土地租佃给农户以后自己不需要再干预生产过程。而对于直接生产者的农民来说，生产经营过程完全是自主性的，他们根本不可能对自己"偷懒"。因为这种"偷懒"是对自己可能陷入饥饿和破产的自我惩罚。"偷懒"因此成为一种非道德行为。而在由若干家户构成的村社劳动组合中，除非每个人都有极高的劳动自觉性，"怠惰"是不可避免的。

正是家户经营创造了灿烂的中国农业文明。如著名农史学家孙达人所说："没有个体小农就没有战国秦汉以来的新时代，就没有与这个时代相适应的、领先于世界的新文明。"② 但是，家户经营获得经济效益的同时，也会带来非均衡的社会后果。一则会出现社会分化。不同家户由于其生存资源和劳动不同会产生不同的结果，一部分人会陷入土地很少，甚至没有土地而造成的贫穷之中。二是缺乏必要的社会保障。家户经营造成家户成为自己生命活动的责任单位，天灾人祸完全由家户自我承受，缺乏来自社会的保护和支持。而自我保护功能弱的穷人因此会陷入悲惨的命运之中。即杜甫诗中所说"朱门酒肉臭，路有冻死骨"。相对而言，村社制的经济效益较低，但能够避免社会分化，同时给村社成员提供一定的社会保障。村社制犹如一具破壳，虽然抑制自由发展，但能够遮风挡雨。摩尔就认为印度的种姓制度

---

① 费孝通：《乡土中国　生育制度》，北京大学出版社 1998 年版，第 179 页。
② 孙达人：《中国农民变迁论——试探我国历史发展周期》，中央编译出版社 1996 年版，第 80 页。

具有"安全阀"的作用。① 因此，家户制是有分化的效益和缺乏保障的"勤劳"，村社制是没有效益的平均和有保障的"怠惰"。

当然，对于中国传统家户条件下的家户生存状况不能仅仅陷于微观机制，而还应放在宏观背景下考察。总体上看，中国古代社会的农民状况属于"普遍性贫穷"，或者是"勤劳式贫穷"。但这种贫穷的根源却不仅仅是微观经营机制。至少有三个因素需要重视。其一是人地矛盾。在马克思主义看来，人类生产有两种形态，一是物质生产，一是人口生产。这两种生产要达到大致均衡。但在中国，人口再生产始终快于物质再生产。而土地资源总是有限的。由此必然出现人多地少的矛盾。在生产力没有显著进步的情况下，人们对土地的占有进而获得物质产品受到严重限制。即使是土地占有处于均衡状态，也会出现因土地规模太小而难以脱离贫困。在中国历史上，许多地方并没有地主，或者地主占有量极小，人们仍然处于贫穷状态，可以说是"平均式贫穷"。其二是剥削率畸高。与世界绝大多数国家不同的是，中国很早就建立起一个皇帝－官僚统治体制。这一体制的运行需要大量的财政支撑。其财政来源主要是农业。一般家户要承受地租和赋税双重剥夺，即使是富户也要承受赋税。特别是这种赋税既沉重又没有额度，很容易超出家户所有承受的限度，从而造成家户的反抗。事实上中国历史的农民起义许多都是由地主领头或者参与的。而每一次起义和反抗在推动社会进步和同时也会造成社会的破坏。其三是财产继承。在

---

① [美]巴林顿·摩尔：《民主和专制的社会起源》，华夏出版社1987年版，第309页。

中国家户体制下，财产继承实行平均主义的分家析产制。前辈积累的田产由于儿子的均分，很快就会重新陷入贫穷状态。

由此可见，中国的贫穷状态与家户体制有一定联系，但不是唯一原因，甚至不是主要原因。进入 20 世纪以后，家户传统受到严峻的挑战。以现代取向的价值观对传统家户给予了尖锐的批判。但即使如此，现实主义的政策也不得不尊重家户传统。孙中山先生提出"耕者有其田"，家户则是"耕者"组织单位。以毛泽东为代表的中国共产党人实行土地革命和土地改革，将土地分给农民，其组织单位仍然是家户。民主革命中实行的减租减息政策目的也是为了调动农民的农户生产积极性。

新中国建立以后，土地改革将农村社会成员变成了平均占有土地的农户。当时的中国共产党人认为，土地改革以后的农民具有两个方面的积极性，一是个体农户发家致富的积极性，一是共同富裕的社会主义积极性。但是，从革命话语看来，个体农户具有私有性和落后性，与社会主义是格格不入的。为此，土地改革后很快进行对农业（主要是个体经济）的社会主义改造。而在中国，从来没有集体经济的传统。因此只能以最早实行社会主义集体化的"老大哥"为榜样，认为只有"社会主义的集体农庄才是完全的社会主义"[1]，将"共同劳动，计工计酬，集中经营"作为改造农村的蓝图。在这一蓝图下形成的人民公社体制与长期历史形成的家户单位传统实行了最彻底的"决裂"。公社体制与俄国的村社制相同。土地等生产资料为公社所

---

[1] 《农业集体化重要文件汇编》（上），中共中央党校出版社 1982 年版，第 98 页。

有，集体劳动，平均分配，公社成为国家的纳税单位，"发家致富"不仅没有可能，更被视为"资本主义道路"而批判。有人认为实行公社制是国家为了更好地从农民手中获得产品。尽管有这种客观后果，但实行公社制的主观目的还是为了社会主义理想目标。因为在历史上，国家的力量远没有 1949 年后强大，照样可以获取大量产品和劳役。公社制在对弱者的保障方面有一定成效，但严重后果是农民个体的自主地位下降了，背离了家户单位传统，压抑了农民的生产积极性。著名的农村政策专家杜润生先生评论人民公社时说："它的体制背离了农业生物学特性，使农民疏远土地，无从建立持久不衰的劳动兴趣和责任感，从而影响他们的生产积极性。"[①] 他还认为，苏俄集体化的设想是针对俄国村社传统提出来的，"把这种长期在村社制度中生活过来的农民重新组织起来……搞集体的耕作，其愿望显然是含有一定的合理性的。但是要把它照搬到中国，就产生了对象上的差异。"[②] 但公社的照搬不可能是全盘照搬。与前苏联的集体农庄有国家保护不同，中国公社的农民生存得依靠自己寻求出路。因此，自人民公社一成立，传统的力量就顽强地表现自己。公社体制不得不后退到"三级所有，队为基础"的经营体制。进一步的是"包产到户"不断兴起，只是未能突破体制框架。直到 1980 年代初，中国实行家庭经营，与家户单位传统相衔接。由此可见，公社制并不是中国固有的传统，恰恰是背离了

---

① 杜润生：《杜润生自述：中国农村体制变革的重大决策纪实》，人民出版社 2005 年版，第 98 页。

② 杜润生序，引自沈志华：《新经济政策与苏联农业社会化道路》，中国社会科学出版社 1994 年版。

中国的本源型传统。家户单位传统不是简单的能够替代，更不是简单能够"消灭"的，即使会有所"中断"，也会再"复活"。

改革开放以来，家户经营体制显示出极大的活力。但是，以家户经营体制为核心的农村发展道路也受到了严重挑战。一是仅仅依靠农业的农民的生活状况未能得到根本改变。其显著标志是作为农村家户承包制改革旗帜的安徽省小岗村。有人认为小岗村是"一夜之间脱贫，30年未能致富。"二是出现社会分化。农村社会由公社体制下的平均状态变为一个有贫富分化的社会。三是保障体系脆弱。对社会弱者的保障和救助因为人民公社体制的废除而受到弱化。正是这一背景下，所谓的传统主义得到复活，这就是要恢复公社体制传统。上文已说，公社并不是中国特有的传统，在相当程度是"舶来品"（毛泽东在兴办人民公社时曾经将三国时代吃饭不要钱作为古已有之的传统资源。其实，这种现象只是道教的一种教义行为，而不是普遍性的制度行为）。更重要的是将现实农村困境完全归之于家户经营体制是不恰当的。因为，造成农村困境的人多地少矛盾没有消除。在人均耕地只数2亩的条件下，依靠农业的家户经营致富是困难的。二是改革开放以来，农民负担一度十分沉重，压抑了农民的农业生产积极性。三是人民公社时期的社会保障依靠的是农业内部建立的，只是一种低水平的保障。这种保障已无法适应社会大环境的变化和农民的需求。由此需要国家给予支持。新世纪以来，国家在农村实行免费义务教育、新型农村医疗、新型农村养老等，就是试图建立以国家为主的社会保障体系。因此，因为农村发展一度出现的困境而简单否定家户体制，并向公社传统回归是缺乏充分根据的。

如果说公社制是以"现代"组织形式对家户经营传统的冲击，而当今的现代农业再次对家户经营传统提出了挑战。家户经营的一个最突出特点就是经营规模太小，即被称之为"小生产"。生产经营规模与经营效益有着天然的联系。没有规模就没有效益，没有效益就没有投入。没有投入也就无法扩大，甚至无法延续再生产。尽管改革开放以来，中国的农业综合生产能力大大提高，但家户的生产能力却相对低下，[①]这必然会影响中国农业的持续发展。正因为如此，家庭经营再次受到质疑。

很显然，现代农业需要现代经营组织单位。家户经营是传统组织形式，能否适应现代农业生产呢？目前有两种不同认识：一是以"公司"替代家户经营，一种是固守家户经营。本文认为，家户经营传统在中国延续已久。家户单位这一组织外壳完全可以继承。这是由于农业生产特性决定的。尽管技术有很大进步，但至今为止，农业生产仍然无法实行工厂化作业，仍然无法超越对自然的依赖。农业生产的自然周期性决定了忙闲不均。它与可以不间断生产工厂作业不同。因此，家户单位是节约型的农业生产组织。它可以根据季节不同，灵活经营。它作为分配单位，可以不需要外部监督及其由此而来的监督成本。因此，即使是现代农业生产也需要从家户单位传统中汲取精华。

当然家户单位传统也需要赋予其新的生命活力。一是创造良好的外部条件，将有能力的农民吸引到农业生产中，提高家庭经营能力。二是家庭单位不再是孤立的生产经营单位，而应

---

① 徐勇：《论农业生产能力与农户生产能力提高的非均衡性》，《江汉论坛》2011 年第 8 期。

该成为整个现代农业生产链条中的一个环节。在这一过程中，家户单位传统获得新生，转换为现代农业生产组织。

由此可见，从中国的过去、当下与未来看，农业生产出现了并将出现家户制、公社制和公司制三种形态。家户制是由来已久的本源传统，是当下中国的基本经营制度。而公社制作为一种"舶来品"在中国存续了20多年，在某些方面仍然产生着一定影响。其集体主义取向作为一种精神仍然成为当时人的美好记忆，但已无法复制和再生，特别是重新替代家户制。随着现代农业发展，公司将成为农业经营的一种重要组织形式。但在农业生产特性的制约下，它也无法替代家户体制。当然，这一切又都取决于家户体制的提升，以适应现代农业的发展和新农村建设。家庭农场可能是将传统家户与现代农业结合起来的最佳选择。

四、农工商结合传统与农工商互补经济

中国是一个农业文明古国。在漫长的农业文明岁月里，中国创造了世界无与伦比的农业文明，同时又伴随着农民的普遍贫穷，存在世界最为突出的农民问题。造成这一历史悖论的原因很多，其中最为重要的原因之一是人多地少。呈几何级增长的庞大人口堆积在有限的土地上，人均占有的土地资源不断细碎化，所获得的产品也十分有限。人们只能在有限的土地空间内寻求生存的可能。由此形成在家户基础上的农工商结合传统。

一家一户为单位、自给自足的生产方式是中国农业的基本生产方式。所谓自给自足，就是农村社会成员的基本生活物品

主要，甚至完全依靠自己。而人们的需求是随着生产的进步和产品的增多而扩大的。最初的需求很简单，主要是吃饭穿衣，即通常所说的温饱生活。要维系简单的温饱生活，除了农业生产以外，还需要手工业劳动。这就有了"男耕女织"。手工劳动是农民得以满足基本生活需要的重要条件。除了家庭内部手工业以外，家户以外的务工并以此获得劳务收益是农民生活的重要条件。特别是在缺乏土地等生产资料的家庭，劳动力处于剩余状态，需要通过出卖劳动寻求生路。首先是在本家户附近为大户帮工，其中有时间较短的"短工"，也有长年累月为他人做工的"长工"。这种务工尽管主要是农业劳动，但不是劳动者为自己的劳动，而是通过为他人劳动交换自己所需的收益。当然，这种劳动收益取决于劳务供给。如果当地不能提供更多的劳务供给，便会出现进城或者到外地务工。如农忙季节专门的从事割麦子的"麦客"。远走他乡寻求生存之道的"走西口"、"闯关东"、"下南洋"等。

除了务工以外，经商也是农民获得收益的活动之一。这种活动最初或者普遍的是简单的产品交换。因为农民的日常生活不可能做到完全自给自足。许多生活物品是本家户难以生产和满足的，如作为生产用品的铁器，作为日常生活必需品的盐等。农民需要通过市场交换，获得必要的生产和生活资料。因此，集市贸易成为农村普遍的经济活动，也是维系农民日常生活的必要条件。为此，有学者认为，中国农村社会又是一个集市社会。[①] 正

---

① ［美］施坚雅：《中国农村的市场和社会结构》，中国社会科学出版社1998年版。

是在这一基础上，使农民萌发了商业意识。一部分人脱离或者半脱离土地专事商业活动，有的甚至远离故乡或故土。如"走西口"、"闯关东"、"下南洋"的相当一部人是从事商业活动。

农业基础上的打工经济和经商活动在中国由来已久，人们并不只是固守土地和固守单一的农业活动。特别是这种农工商结合是建立在家户基础上的，是家户生产经营和生活延续的重要条件。务工经商是对家户农业经济的重要补充。中国的家户实际是一种农工商结合的生产和生活单位。农工商结合是中国家户制的重要特点，维系和推动着中国农业文明。

首先，农工商结合为农民提供了更多的生存机会，维持了家户经济基础。在古代中国，不仅人多地少，而且土地流动率高，人口占有土地极不均衡。除了一部分自耕农可以勉强维持生计以外，相当一部分农民缺乏，甚至没有生产资料。即使是有土地等生产资料的成员，也有可能因为天灾人祸而陷入困境，甚至绝境。务工经商可以为农民提供更多的生存机会。特别是那些人多地少的家户，只有从事务工经商活动才能贴补家用，维持生计，使他们在残酷的生存条件下有一条活路。所以，在中国，愈是人多地少的地方，愈是人多地少的家户，农工商结合，特别是工商活动就愈活跃。如人多地少的中国东南沿海地带便是民间工商活动最活跃的地区。很难想象，如果没有工商活动作为补充，中国的家户制能够长期维系。

其次，农工商结合为农村人口发家致富提供了希望，成为家户发展的动力。一般来讲，以劳务为主的务工活动和简单的经商活动收益十分有限，只能简单贴补家用，维持生计。但是，有些特殊的务工活动，特别是经商活动，可以获得较高的收益，甚至发家致富。在中国，许多地主得以成为地主，是依靠从事工商活动积累的资本。纯粹依靠农业劳动去购买田产几乎是不可能的。而地主又可以分为两类：一类是土地主，即纯粹依靠从土地上获得收益的地主；一类是工商业兼地主，即从事工商业活动并获得收益的地主。前者不仅收益小而且风险大，如果农业生产歉收或者绝收，地主也会陷入破产。后者不仅收益大而且风险相对小，因为有多种收益。因此，工商业地主成为地主经济的发展方向。尽管在古代中国，由于发展空间有限，发家致富的可能和希望并不大，但是它毕竟为人们提供了一种可能。这种可能性为人们的勤奋劳作提供了动力和示范。在中国，一方面是安土重迁，故土难离；另一方面是许多人离土离乡，别妻离家，外出务工经商，一旦成功便可家族兴旺，光宗耀祖。在古代中国，一批批，一代代人"走西口"、"闯关东"、"下南洋"，除了生活所迫外，也不乏发家致富的希望。因此，农工商结合为中国农村发展流入了活力，并进一步巩固了家户传统。

农工商业的分工分业是一般规律，但不同国家有不同表现形式。与人多地少的中国相比，俄罗斯恰恰相反是人少地多。辽阔的土地为人们提供了更多的生存机会。相对中国而言，俄罗斯人的生存压力更小。在俄罗斯农村发展历程中，也存在农业与手工业的结合。但在村社体制下，农业和手工业是在村社单位基础上结合的。在村社劳动组合中，有的人从事农业，有的人从事手工业活动，是一种专业化分工。人们从事农业和非农业活动所获得的收益没有太大差别。而在村社基础上的农奴制下，农奴为主人提供的劳务是无偿的，自然也是被迫的。由于生活相对平均且有一定保障，俄罗斯农民没有外出务工的冲

动。而且，村社制也限制了社会成员外出务工经商。因为一旦
人们离开了村社，就会失去村庄组织的保护。他们"紧抱着村
社不放，甚至不敢想象没有村社自己能否生存。"[①] 村社农奴主
不允许农奴离开村社，否则他就无法生存。"农民的农奴化是通
过剥夺农民的自由迁徙权、将其固着在领地（村社）上来实现
的。"[②] 特别是俄国统治者为了巩固作为统治基础的村社制，从法
律制度上严格限制农民外出。因此，俄罗斯农村犹如静静的顿
河一样，是一个相对静止的社会。

印度农村也存在农工商活动。但在村社种姓制下，村社成
员是按照家庭种姓从事不同产业活动的。高种姓家族的人从事
高级活动，低种姓家庭的人从事的是低级活动，是一种种姓职
业化分工。这种分工由于种姓因素世代传递。本来，职业化分
工有利于产业发展和生活改善。但是，低种姓世世代代从事的
是低级职业，甚至被认为是高种姓不会从事的低贱的活动，所
获得的收益也自然是十分有限的。这就决定了他们无法改变其
世代受穷的悲剧命运。村社种姓制下，高种姓的人不愿意也不
允许低种姓的人离开村社外出务工经商。因此，尽管低种姓的
农民从事的是非农业活动，其生活状态犹如恒河一般是固定不
变的。

农工商结合是中国农村家户制的重要组成部分，也是中国
农业文明不断累积的动力源泉。但是，在古代中国，工商业活
动空间有限，农工商结合毕竟是低层次的，绝大多数农民仍然

---

① ［苏］米罗诺夫：《历史学家和社会学》，华夏出版社1988年版，第64页。

② 罗爱林：《试论村社制度对俄国社会的影响》，《俄罗斯中亚东欧研究》2008
年第4期。

处于贫困状态。正因为如此，进入 20 世纪以后，家户制被视为落后的传统而被抛弃。在中国共产党领导人看来，家户小农经济尽管延续了数千年，但农民依然贫困，为此选择了走集体化道路，其方式是极具俄国特色的公社体制。由于生产和生活的需要，农村也存在农业、手工业和商业活动。但与家户制的农工商结合不同，公社体制下的农工商活动是在公社组织基础上的内部分工，类似于俄国村社的劳动组合的专业分工。无论是从业农业，还是非农业生产活动，都是以工分的方式取得相差不大的报酬。从事非农业生产活动的人与从事农业活动的人一样缺乏生产自主性和积极性。在公社体制下，农村社会成员根本没有自己外出务工的可能。由于国家实行统购统销体制，主要商业活动为国家所控制，家户个体的商业活动受到严格限制。在极左的"文化大革命"年代，集市自由贸易作为"三自一包"的"修正主义路线"受到批判，连农民卖鸡蛋以换日常生活用品的活动都被之为要割掉的"资本主义尾巴"。这极大地影响了农民正常的生活。

但是，传统的力量是无限的，并会自己不断开辟前进的道路。在生存空间有限且有务工经商传统的东南沿海地区，家户个体性的工商活动从来没有停止。许多家庭内的一些成员通过外出务工做小买卖来贴补家用。出于生存压力，基层干部也默认这种活动。这种农工商结合的历史传统随着公社制的废除和家户经营制的兴起而复兴。这就是邓小平所说的：乡镇企业的异军突起。

改革开放以来，农工商结合的传统不仅焕发了历史活力，而且跨越到新的高度，形成农工商互补经济的农村发展道路。

农村实行家庭承包以后，农民摆脱了饥饿状态，过上了梦寐以求的温饱生活，但农民的生活还不宽余。因为要在人均耕地只有 2 亩多的条件下仅仅依靠农业是很难致富的。改革开放以后中国出现的"富裕村"都不是依靠农业而致富的，且这类富裕村人口仅仅占中国农村人口的极少数。外出务工因此成为大多数农民家户的选择，也成为农户的重要收入来源。农村以家庭为单位，适合于外出务工经商的人外出务工经商，或者农忙时务农，农闲时务工。自 1990 年代以来，非农收入开始成为农户收入，特别是家户现金收入的主体部分。这对于巩固家庭经营体制起到了巨大作用。根据马克思主义理论，小农经济由于其脆弱性，在市场经济条件下很难避免破产的命运。因为，市场经济是货币经济，而小农户是最缺钱的。他们在以实物为主的自然经济条件下面临的风险更小，在货币经济条件下面临的风险更大，贫富分化也更突出。这正是马克思主义经典作家希望改造家户小农经济的重要原因所在。改革开放以外，农民通过外出务工经商，进行自我"以工补农"，成功地避免了大量家户陷入困境甚至破产的命运。而改革开放以来的中国农业发展，是以一个个没有破产的家户为重要支撑的。

农工商结合传统不仅巩固了家户经营制，为家户经济带来了活力和动力，而且富裕了农民，促进了农村发展。随着改革开放和工业化、市场化，农民的生存和发展空间迅速扩大。赚钱效应吸引着农民离开土地务工经商，并发家致富。中国数亿农民背井离乡在外务工，经历着千辛万苦，基本动力便是改善家庭经济状况。中国农民不仅进了城，而且出了国。许多农民家庭由地道的农户成为专门从事工商活动的专业户，有的迅速发展成为"农民企业家"。而工商经济活跃的沿海地区也成为中国农村率先进入小康的地区。

与此相应，俄国缺乏家户基础上的农工商结合传统。专事农业的农户由于缺乏工商业收入的补充，农业收入较低，从而缺乏农业生产积极性。尽管俄国实行了比中国更为彻底的土地私有化政策和比中国更高的国家补贴农民政策，但由于农业生产者缺乏以工补农和以工富农的传统和效应，因此农业生产和农村发展并不理想，与其丰厚的自然条件更不成比例。而在印度，尽管大量农民开始脱离土地，但他们进城后仍然从事的是低级工作，收入也有限，并形成了一个个贫困者居住的"贫民窟"。

不容讳言，中国农村和农民仍然处于不发达和不富裕状态，愈来愈多的农民离开土地，农村出现"空心化"趋势。而要稳住农民，必须富裕农民。其中，要弘扬家户基础上的农工商结合传统，形成农工商互补经济。一是家户成员分工分业，一部分适宜非农产业活动的人从农业分离出去，将土地留给愿意从事农业活动的家庭成员种植，以扩大家庭经营规模。二是从各个层次将工商业活动产生的利润尽可能返还农业生产领域，以增加农民收入。

五、家户互助合作传统与农村合作道路

1990年代，曹锦清在其《黄河边的中国》一书中得出一个很重要的结论，认为中国农民"善分不善合"，并由此引起了一场讨论。其实，中国农民并不是天生的"善分不善合"，而是特别地注重互助合作的对象和范围。可以说，家户互助合作的

"合"的传统与家户之间的"分"的传统一样悠久。

中国有着悠久的家户制，一家一户是基本的生产和生活单位。但是，家户并不是完全孤立的，即便是独处一地的单家独户，也会与外界发生联系，不可能"鸡犬之声相闻，老死不相往来。"相反，离开与他人的互助合作，单家独户是很难生存下去的。只是在中国，家户之间的互助合作主要是以家户为单位的家族范围进行的。

家户互助合作的对象主要是家族邻里成员。农业生产是以土地为基础的，人们依土地而居。分散性是其重要特点。家户互助的对象主要是与本家户地域相近的人。农村因此流行着"远亲不如近邻，近邻不如隔壁"的话语。然而，在悠久的农业文明中，中国的村落大多是在亲缘关系的基础上形成的。许多村庄的成员属于同一姓氏，有共同的祖先，村庄的名称都是由某一姓命名的。因此，农村社会实际是亲人社会。地域相近的人更多的是本家族的人，或者沾亲带故的人。

家户互助合作的基础是家族信任。互助合作意味着不同家户之间的共同活动。活动者相互之间信任是互助合作的基础。社会交往的对象可分为陌生人、熟人和亲人。其中，亲人的信任基础最为牢固。家族成员不仅地域相近，更重要的是血缘相同。家族社会除了共同利益以外，还有情感等因素。家户在互助合作中选择的对象首先是与自己血缘和地域相近的"亲戚"，即所谓"亲帮亲，邻帮邻"。这种基于家族信任的互助合作成本是最低的。

家户互助合作的范围很广泛。在生产活动中有换工。农忙时你帮助我，我帮助你。日常生活中的互助更多。农村社会成员每逢生活中的"大事"，如婚丧嫁娶，一家一户都不可能单独完成，需要他人，特别是亲戚的"帮忙"。农村社会成员遇到"天灾人祸"，生计发生困难时，也会找亲戚帮助。家族之间的"帮忙"不会以赤裸裸的利益来算计，而是长期互相帮助的感情积累。即使地主也是族人，也要尽族人的义务，而且要为当地尽更多的道德义务才能建立起社会威望。只有那些城居地主才与农民是赤裸裸的利益交换。

家户互助合作的效果是彼此间能够获得增益。家户互助合作是建立在一家一户难以完成或者完成不好的事情方面。相互之间互助合作的结果必然是彼此间能够增加收益。这种互助合作以家户为基础，以增加收益为目的，因此是一种双方自愿性的互助合作，没有外部的干预和压力。

正因为如此，中国农民有互助合作的积极性和历史传统。可以说，离开了以家户为单位的家族互助合作，中国的家户制是难以维系下来的。孙中山先生因此认为："中国人最崇拜的是家族主义和宗族主义"，"中国人的团结力，只能及于宗族而止"。[1]当然，中国农村的互助合作传统主要还是限于弥补家户制之不足的一种简单地、不持续的互助行为。只是在家户生产和生活困难，或者为了解决一家一户解决不了的公共问题时，才有互助合作的需要。一般情况下，家户能够自我解决的尽可能由本家户自我解决。因此，这种互助合作的成效是十分有限的。

进入20世纪以后，中国实行土地改革，农民普遍分得了属于自己的土地，有了自我生存的基础。但是，相当一部分农户

---

[1] 《孙中山选集》，人民出版社1956年版，第590页。

却缺乏独立生产的能力，久而久之，分给自己的土地也可能因为能力不足而失去，从而再度沦为贫困状态。于是在一些地方开始了农民的生产互助行为。中国共产党领导人从意识形态的角度，高度评价了这种互助是"半社会主义"的，认为互助合作是中国农村发展的方向，并向全国推广。而在这一过程中，家户制互助合作传统被抛弃，走向合作社，直至后来的人民公社制。其原因有三个方面：

一是中国土地改革首先是经济较为贫穷的北方"老区"开始的。北方地区由于战乱频繁，自然条件恶劣，农民的生产能力普遍不高，有超越家户互助合作的积极性。相反，在经济较为发达的"新区"，家户生产能力较强，对于超越家户的互助合作的积极性不高。如位于东南的浙江省成为抵抗合作化运动的重要地区。

二是合作社及后来的人民公社是不同家户之间的劳动合作和土地集体共有。这在中国历史上没有。以合作社和人民公社为载体的集体化在相当程度上借鉴了当时的苏联集体农庄制。而苏联的集体农庄制与其历史上的村社制有共通之处，可以说是俄国历史传统延续的产物，如村社共有土地基础上的共同劳动，这种共同劳动超越了家户单位。因此，由村社共同劳动过渡到集体农庄共同是十分自然的。这正是19世纪马克思认为俄国有可能跳过"资本主义卡夫丁峡谷"直接过渡到社会主义的重要原因。斯大林则将村社劳动组合视为农业集体化的依据。由于村社传统，集体化能够"比较容易和比较迅速地发展"。①

---

① 《斯大林全集》第12卷，人民出版社1955年版，第136页。

而中国恰恰缺乏村社制的历史传统，农民熟悉的是单家独户的"单干"。

三是传统的家户制被视之为与社会主义格格不入的东西被压制。在新中国建立之初的中国共产党领导人看来，中国实行数千年的家户小农经济，农民仍然很穷。中国要发展农业生产，要避免贫富分化，只能走集体化道路。而传统的家户制与集体化是相互排斥的。中国集体化过程中，由互助组到初级合作社，再到高级合作社，最后到人民公社，正是一步步弱化家户制的过程。只有弱化家户制才有可能实行集体共同劳动，共同分配。由于家户制弱化，建立在家户制基础上的互助合作传统也不复存在。

一般而言，共同劳动比单独劳动的效率要高。所有人的共同劳动能够做到所有人的获得大致相同。作为合作化产物的公社制，实行集体共同劳动和共同分配，理论上超越家户制互助合作。在集体合作时期，确实也兴办了许多以往家户制基础上不可能做到的公共工程和公益事业。但是，集体合作的实践并没有完全产生预期成效。一则共同劳动的效率建立在自愿劳动基础上。家户制的一个重要特点是自愿劳动。家户基础上互助合作是一种自愿行为。而集体化进程中的互助合作在相当程度上是外部力量的作用，是农民自愿不自愿的"被合作"行为。二则共同劳动的效率取决于共同分配的合理性。而农业劳动的复杂性决定了分配的复杂性，很难做到真正的按劳分配。相反，家户制不存在分配问题。因此，公社集体劳动只能按照大致平均的方法进行分配。而这种分配方法又会挫伤劳动者的积极性，从而弱化集体合作的积极性。三则集体合作的成效不仅来自于共同劳动，更重要的来自于新的生产要素的增加。公社制的集体合作只是劳动力与劳动力的相加，并没有增加新的生产要素。相反，封闭和平均分配的公社制还妨碍着新的生产要素的进入。在缺乏持续不断的增益的激励下，农民也缺乏集体合作的积极性。

由此可见，公社制的集体合作尽管在形式和规模上超越了家户制互助合作，但却背离了家户制互助合作传统的精髓，这就是自愿合作和增益合作。这也是公社集体合作难以延续的重要原因。

1980年代初，家庭承包经营取代公社体制，公社集体合作也不复存在。公社制废除，国家主张在农村实行家庭承包基础上的统分结合的双层经营体制。"分"主要是家户劳动、家户经营，"统"主要是集体劳动、集体经营。但是，除了非农产业村庄以外，全国农业地区基本上都是分户经营，统一经营基础上集体合作基本不再存在。这正是曹锦清先生得出中国农民"善分不善合"的重要原因。但这并不是农民的"天性"决定的，实在是农业生产劳动的复杂性及其集体合作的困难所然。

尽管公社集体合作不复存在，而农民的专业合作却迅速发展起来。从合作对象和范围来看，农民的专业合作已远远超出公社集体合作。但从合作的基础看仍然是家户制。它继承了家户互助合作的自愿传统，更重要的是能够引入新的生产要素，获得更多收益。

改革开放以来，特别是市场经济向乡土社会的渗透，乡土社会的互助合作基础受到了极大挑战。但是，一家一户不可能完全独立从事生产经营活动，更不可能完全独立满足生活需要。

农村社区建设因此提了出来。社区最早本来就是指的基于信任和合作基础乡村社会共同体。只是这种信任和合作日益为开放的农村社会所冲击。农村社区建设因此成为国家的建设目标。但在实现这一目标中，除了政府支持以外，更重要的还是利用中国家户传统中家族信任与合作的积极因素。这种因素是长期历史自然形成的，是其他因素很难替代的。

六、家国共治传统与农村治理体系

村落是农民生活的基本组织单位，但是否构成基本的治理单位却不相同。俄国和印度的村社制的重要特点，就是村社不仅仅是基本的社会组织单位，同时也是基本的治理单位。俄国地域辽阔，国家统治者鞭长莫及，主要利用农村村社进行治理。"从行政警察的角度来看，村社也更加方便，放一群牲口，总比一头一头地放来得轻松。"[①] 印度长期历史上是松散的帝国，宗教和语言极为多样化，国家统治者不断变更，而唯一不变的是农村村社。因此，在俄国和印度，村社是自治单位，具有高度的自治权。只是这种自治并不是村民平等的自治，而是村社权威人格主导的自治。村社治理不仅包括一般民事，同时还代行政事。村社既是村社内部成员的治理单位，同时也是国家的基本政治单元和负责单位。

与俄国和印度不同，自秦王朝之后，中国就逐步建立起帝

---

① 转引自罗爱林：《试论村社制度对俄国社会的影响》，《俄罗斯中亚东欧研究》2008年第4期。

国官僚统治，代表国家权力的皇权通过不同层级的官僚一直延伸到县域地方，实行郡县制，即所谓"皇权不下乡"。"皇权不下乡"并不是皇权不会影响到乡下。皇权之所以不下乡，除了交通和治理成本的因素以外，很重要的原因有家户制作为支撑。费正清认为，"中国家庭是自成一体的小天地，是个微型的邦国。从前，社会单元是家庭而不是个人，家庭才是当地政治生活中负责的成分。""每个农家既是社会单位，又是经济单位"，①还是"政治责任单位"。国家统治直接面对的是家户。家户是交纳税收和服劳役的对象。社会成员如有违犯国家法律和政府意志的事情，实行家户为单位的"家族连坐"的连带惩罚。与之相反，国家对社会成员的表彰和奖励也是以家户为单位，上可以光宗耀祖，下可以福及子孙。家户作为融社会、经济和政治于一体的单位，具有强大的自组织和自治功能。因为，家庭是一个由于时间序列不同而形成的纵向组织单位。家户是家户成员的代际传递的自组织体系，前辈抚育后辈，后辈赡养前辈，是一种自然生成，天经地义的行为，由此形成家庭内部的老人权威和长幼有序的秩序。这种权威和秩序是内生的，并内化于家庭成员的精神之中，因此具有强大的自治力量。费正清因此认为，在中国式家庭"一个好处是，一个人自动认识到他在家庭或社会中所处的地位。他有一种安全感，因为他知道，如果他履行了指定给他的那部分职责，他可指望这体系内的其他成员反过来也对他履行应尽的职责。"②国家只要稳固了家户，不仅

---

① ［美］费正清：《美国与中国》，世界知识出版社1999年版，第22、25页。
② 同上，第24页。

能够获得财政、兵役，而且能够获得秩序和忠诚。正因为家户是一个经济上自给自足、政治管理上自治自洽的单元，国家统治无须下乡直接管理。郡县制是以家户制作为基础的。

相对国和家而言，村落在农村治理体系中并不具有俄国和印度村社制一般的地位和功能。自秦以后，中国农村的基层组织体系一直处于变动不定的状态，秦汉是乡、亭、里制，唐宋以后是乡里保甲制。总的趋势是基层社会组织的官方色彩愈来愈淡，民间色彩愈来愈浓。重要原因就是农户经济组织日益成熟和发达。[①] 在古代中国，不仅村的边界经常变化，就是村的名称也不断变动。村落主要是由家户扩大而成的自然村，大多以姓氏命名。这种自然村并不具有行政功能，更不是严格的自治单位。村落领袖同时是家族权威。在农村，行政司法权控制在官府。即使是地主，也不允许拥有控制地方行政、司法和支配农民人身的权力。村落的上层人士，如士绅主要是起到一个连通上下、官民的政治沟通作用。"官"事只能由官管。与此同时，官府也不直接插手民间社会事务，民事由民管。民间事务主要通过家户及其扩展的村落社会办理。由此形成家国共治，官事官管，民事民管的农村治理体系。家户既是国家治理的根基，也是社会自治的单元。

家户作为纵向的自组织单元，所形成的权威与秩序更为牢固。与家户不同，村社是一种家户横向的组织单位。这种横向的组织单位不具有历时性自然形成的权威，更需要某种外部性

---

① 徐勇：《非均衡的中国政治：城市与乡村比较》，中国广播电视出版社1992年版。

的制度加以强制。俄国和印度的村社都建立在人身依附关系的农奴制基础上。没有人对人的依附，就无法构建村社整体权威与秩序。因此，村社制与农奴制是相互依赖的。而中国的家户制恰恰与自由小农是相互依存的。

1949年后，特别是人民公社体制造成中国农村基层社会的重大断裂。其基本特点就是公社集体取代家户农民。"公社"而不是家户成为社会、经济和政治组织。它是国家基于对传统家户制改造的产物，在形式上类似于村社集体。公社主要是国家组织而成的，属于家户之间形成的横向组织。这种横向组织需要外部性力量巩固其权威和秩序。尽管在强大的国家力量面前，农民依从了这种横向组织，但显然并不具有对传统家户那样的认同基础。公社组织的离心倾向以无声的力量表达出来。正因为如此，与人民公社相伴随的是不断在农村进行社会主义教育运动，以解决"一小二私"的家户意识之于"一大二公"的集体意识的抗拒。但即使如此，公社体制也不得不向家户治理传统妥协。1960年代初，在经历了严重的经济困难之后，中央制定农村工作60条，明确了公社治理机制为"三级所有，队为基础"。队是生产小队，即原有的家户紧密相连的自然村落。同时仍然将家户作为政治责任单元，以家庭成份作为治理的重要依据。

1980年代初，家庭承包制经历数次崛起，最终突破公社体制。与家庭承包制相伴随的是农村治理体系的变化，即出现村民自治。村民自治与家庭承包一样都是向家户传统的复归，当然不是简单的复归。村民自治实际上是以家户为基础的自治。自治的基本单元是家户。自治的事务是一家一户解决不了的村落公共社会事务。这些民间事务主要发生于传统的地域相近的自然村落。因此，在 1987 年通过的《中华人民共和国村民委员会组织法（试行）》中规定，以自然村为基础建立村民委员会。但是，村民委员会是对公社组织的替代，必须面对公社组织的历史制度遗产。因此，取代公社组织建立的村民委员会，都建立在原公社之下的生产大队基础上，是以生产大队为单位的。村民委员会尽管在法律上属于村民群众自治组织，但事实上属于国家对公社体制后的农村社会的重组，具备国家行政管理的功能。村民委员会管辖地域属于"行政村"，而不是自然村。"行政村"的建立、规模和运行主要是国家组织行为，而不是农民的自组织行为。因此，实行村民自治制度以来，农村治理体系始终存在着两大内在的难以克服的矛盾。一是大量的国家行政事务需要基层组织承担，村民委员会尽管属于法律上的自治组织，但不得不承担行政事务，村民委员会被行政化，连村民委员会的干部也被称之为"村官"。官事"民"办，民事"官"办，官民难分，行政压制自治。二是村民参与管理社会公共事务的制度难以实施而被"悬空"。在实行村民自治过程中，确立了民主选举、民主决策、民主管理和民主监督制度，以发挥群众的参与作用。但这一制定很难从"墙上"落地。重要原因就是，行政村的范围太大，村民直接参与成本太高，效果不好。政治参与建立在政治信任基础上。范围愈大，政治信任建立愈难。正因为如此，许多地方的村民自治仅仅限于三年一次的村干部选举方面，对日常事务的参与很少，村民自治制度被"悬空"。而村干部面对成千农户，也很难处理好村民事务。仅仅依靠村民委员会进行农村治理缺乏稳固的基础，国家治理难以"落地"和入户。

历史总是会在困境中自我寻找出路。面对村民自治制度困境，一些地方开始探索自治单元的下沉。主要特点是将行政和自治分离，行政村主要从事政府委托的行政事务，发挥长期历史形成的自然村的自治功能。而自然村的自治基础又在于家户。首先以一家一户为政治责任单位，提倡各家"管好自家人"，形成基础性秩序。随后以家户为单位建立纯民间性的理事会，共同参与和共同管理村落共同事务。由此可以看出，无论是具备东方俄国村社制特点的公社治理，还是引入西方民主竞争要素的村民自治治理，都不可忽视和回避家户制在农村治理体系中的基础性作用。

从中国农村发展道路，可以看出，与同为东方世界的俄国、印度的村社制不同，家户制才是中国农村发展的基础性制度，属于可以能够不断再生和复制的本源型传统。尽管在历史进程中的表现不一样，但形式和内核相同。尽管一度中断，但总是会顽强地存在和再生。在现代化进程中需要尊重传统，而不是蔑视；完全可以利用传统，而不是简单的"决裂"。相反，不考虑历史延续性的"现代"，很可能是貌似现代，其实很传统。这是因为"制度和文化的持续性曾经产生了体现为气势澎湃和坚守既定方针的惯性，而并非不动的惰性。"① 中国农村发展中的"家户制"的变迁和作用便是鲜明的例证。

---

① ［美］费正清：《美国与中国》，世界知识出版社 1999 年版，第 75 页。

参考文献

1. 罗爱林：《试论村社制度对俄国社会的影响》，《俄罗斯中亚东欧研究》2008 年第 4 期。

2. 赵士国：《论俄罗斯的村社制度》，《湖南师范大学社会科学学报》1991 年第 7 期。

3. 金雁、卞悟：《农村公社、改革与革命——村社传统与俄国现代化之路》，中央编译出版社 1996 年版。

4. 秦晖：《农民中国：历史反思与现实选择》，河南人民出版社 2003 年版。

5. 胡如雷：《中国封建社会形态研究》，三联书店 1979 年版。

6. 孙达人：《中国农民变迁论——试探我国历史发展周期》，中央编译出版社 1996 年版。

7. 张乐天：《告别理想——人民公社制度研究》，东方出版中心 1998 年版。

作者单位　华中师范大学中国农村研究院

发表刊物　《中国社会科学》2013 年第 8 期

（历）（届）

"中国农村发展研究奖"
获奖及提名奖作品名单

第七届"中国农村发展研究奖"专著奖获奖名单

序号	作品名称	姓名	作者单位	出版社及出版时间
1	《不稳定城市化——农村留守和流动儿童视角的城市化质量考察》	檀学文	中国社会科学院农村发展研究所	中国社会科学出版社 2013 年 11 月
2	《农道——没有捷径可走的新农村之路》	孙　君	北京市延庆县绿十字生态文化传播中心	国际中国文化出版社 2011 年 5 月
3	《农民自杀研究》	刘燕舞	武汉大学社会学系	社会科学文献出版社 2014 年 8 月
4	《农村全面建成小康社会之路》	卢　迈	中国发展研究基金会	中国发展出版社 2014 年 12 月

第七届"中国农村发展研究奖"专著提名奖名单

序号	作品名称	姓名	作者单位	出版社及出版时间
1	《排除农牧民的发展障碍——青藏高原东部农牧区案例研究》	杨春学及课题组成员	中国社会科学院	社会科学文献出版社 2014年12月
2	《论大国农业转型——"两型社会"建设中转变农业发展方式研究》	陈文胜	湖南省社会科学院	社会科学文献出版社 2014年12月
3	《中国农业补贴政策的影响研究：宏观效果与微观行为》	彭超	农业部农村经济研究中心	中国农业出版社 2013年9月
4	《城乡发展一体化进程中的苏南样本》	包宗顺	江苏省社会科学院农村发展研究所	南京大学出版社 2014年11月
5	《农村可持续发展的服务创新与动态竞争战略研究》	温涛	西南大学	北京师范大学出版社 2014年4月
6	《二元转型框架下农村正规金融的渗透机制研究》	许月丽	浙江理工大学	经济科学出版社 2014年12月

第七届"中国农村发展研究奖"论文奖获奖名单

序号	作品名称	姓名	作者单位	刊发处及发表时间
1	中国农业转移人口市民化进程研究	魏后凯	中国社会科学院农村发展研究所	《中国人口科学》2013年10月
2	三权分离、多元经营与制度创新	张红宇	农业部农村经济体制与经营管理司	《财经》2013年12月
3	种粮效益：差异化特征与政策意蕴	罗 丹	中央财经领导小组办公室、中央农村工作领导小组办公室	《管理世界》2013年7月
4	中国大豆产业状况和观点思考	杨树果	黑龙江八一农垦大学经济管理学院	《中国农村经济》2014年第4期
5	粮食生产技术效率的空间收敛及功能区差异——兼论技术扩散的空间涟漪效应	高 鸣 宋洪远	中国农业大学中国农村政策研究中心；农业部农村经济研究中心	《管理世界》2014年7月

序号	作品名称	姓名	作者单位	刊发处及发表时间
6	村委会选举中的村民投票行为、投票过程及其决定因素——基于全国 5 省 100 村 2000 户调查数据的实证研究	张同龙 张林秀	天津师范大学；中国科学院地理科学与资源研究所农业政策研究中心	《管理世界》2013 年 4 月
7	资本积累、制度变迁与农业增长	李谷成	华中农业大学	《管理世界》2014 年 5 月
8	排除农牧民发展障碍——康藏农牧区发展政策实施状况调查	朱 玲	中国社会科学院经济研究所	《农业经济研究》2013 年第 9 期
9	农村集体经济组织产权制度改革若干问题	方志权	上海市农业委员会	《中国农村经济》2014 年第 7 期
10	中国家户制传统与农村发展道路——以俄国、印度的村社传统为比较	徐 勇	华中师范大学中国农村研究院	《中国社会科学》2013 年第 8 期

第七届"中国农村发展研究奖"论文提名奖名单

序号	作品名称	姓名	作者单位	刊发处及发表时间
1	农村减贫：应该更关注教育还是健康？	程名望	同济大学	《经济研究》2014年11月
2	市场VS政府，什么力量影响了我国菜农农药用量的选择？	王常伟 顾海英	上海财经大学、上海交通大学	《管理世界》2013年11月
3	合作社的本质规定与现实检视——中国到底有没有真正的农民合作社？	王文烂	福建农林大学经济学院	《中国农村经济》2014年7月
4	中国农民增收现状及其中长期影响因素	姜长云	国家发展和改革委员会产业经济与技术经济研究所	《经济与管理研究》2013年第4期
5	中国农村能源消费的田野调查——以晋黔浙三省2253个农户调查为例	史清华	上海交通大学	《管理世界》2014年5月
6	农业生产方式转变与农户经济激励效应	赵 文	中国社会科学院	《中国农村经济》2014年第2期

续表

序号	作品名称	姓名	作者单位	刊发处及发表时间
7	农产品金融化概念、形成机理及对农产品价格的影响	翟雪玲	农业部农村经济研究中心	《中国农村经济》2013 年 2 月
8	农户存粮行为及其影响因素——基于不同粮食品种的微观数据分析	张瑞娟	中国社会科学院农村发展研究所	《中国农村经济》2014 年 11 月
9	村庄民主能够增加幸福吗?——基于中国中西部 120 个贫困村庄 1800 个农户的调查	陈前恒	中国农业大学经济管理学院	《经济学(季刊)》2014 年 1 月
10	农业废弃物循环利用参与主体的合作博弈及协同创新绩效研究——基于 DEA-HR 模型的 16 省份农业废弃物基质化数据验证	张俊飚	华中农业大学经济管理学院	《管理世界》2014 年第 1 期
11	宗族网络与农村劳动力流动	郭云南 姚 洋	对外经济贸易大学;北京大学	《管理世界》2013 年 3 月
12	农户认知、农药补贴与农户安全生产用药意愿——基于对海南省冬季瓜菜种植农户的问卷调查	李世杰	海南大学经济与管理学院	《中国农村观察》2013 年第 5 期

338   第七届中国农村发展研究奖获奖作品集

第六届"中国农村发展研究奖"专著奖获奖名单

序号	作品名称	姓名	作者单位	出版社及出版时间
1	《土地承包经营权流转法律制度研究》	丁关良	浙江大学中国农村发展研究院	中国人民大学出版社 2011 年 3 月
2	《中国小麦产业发展与政策选择》	韩一军	中国农业大学经济管理学院	中国农业出版社 2012 年 12 月
3	《"谋地型乡村精英"的生成——巨变中的农地产权制度研究》	臧得顺	上海社会科学院	社会科学文献出版社 2011 年 12 月

第六届"中国农村发展研究奖"专著提名奖名单

序号	作品名称	姓名	作者单位	出版社及出版时间
1	《中国食品安全发展报告2012》	吴林海	江南大学	北京大学出版社 2012 年 12 月
2	《草原持续利用经营模式与产业组织优化研究》	张立中	北京林业大学经济管理学院	中国农业出版社 2011 年 5 月
3	《南农实验：农民的民主能力建设》	马 华	许昌学院	中国社会科学出版社 2011 年 6 月
4	《农民公民权研究》	张英洪	北京市农村经济研究中心	九州出版社 2012 年 9 月
5	《南姚家庄村调查：村域经济视角下的农民收入与支出》	王 震	中国社会科学院经济研究所	中国社会科学出版社 2011 年 8 月
6	《新型农村社会养老保险制度适应性的实证研究》	崔红志	中国社会科学院农村发展研究所	社会科学文献出版社 2012 年 12 月
7	《农村金融法律制度改革与创新：基于法经济学的分析范式》	王煜宇	西南政法大学中国农村经济法制创新研究中心	法律出版社 2012 年 12 月

序号	作品名称	姓名	作者单位	出版社及出版时间
8	《中国农村文化市场发展研究》	史清华	上海交通大学	中国农业出版社 2012 年 8 月
9	《新时期农村社会保障改革研究》	刘　峰	湖南省社会科学界联合会	湖南人民出版社 2011 年 12 月
10	《治理基层中国——桥镇信访博弈的叙事，1995 ~ 2009》	田先红	南昌航空大学	社会科学文献出版社 2012 年 5 月
11	《农村中小企业转型发展论——关于政策转型和服务体系建设的研究》	姜长云	国家发展和改革委员会产业经济与技术经济研究所	经济科学出版社 2011 年 7 月
12	《农村金融市场失灵与金融创新研究》	张龙耀	南京农业大学	科学出版社 2012 年 4 月
13	《中国农业税与农业补贴政策及其效应研究》	钟春平	中国社会科学院财经战略研究院	中国社会科学出版社 2011 年 6 月

第六届"中国农村发展研究奖"论文奖获奖名单

序号	作品名称	姓名	作者单位	刊发处及发表时间
1	中国的民工荒与农村剩余劳动力	李 实	北京师范大学经济与工商管理学院	《管理世界》2011年第11期
2	产业组织模式对农产品质量安全的影响：来自奶业的例证	孔祥智	中国人民大学农业与农村发展学院	《管理世界》2012年第1期
3	农民政治参与的行为逻辑	党国英（课题组成员）	中国社会科学院农村发展研究所	《中国农村观察》2011年第3期
4	中国农业劳动力占比变动因素估测：1990～2030年	卢 锋	北京大学国家发展研究院	《中国人口科学》2012年第8期
5	规模经济、规模报酬与农业适度规模经营——基于我国粮食生产的实证研究	许 庆	上海财经大学财经研究所	《经济研究》2011年第3期
6	农村工业化还能走多远？	钟宁桦	同济大学经济与管理学院	《经济研究》2011年第1期
7	合约的不稳定与合约治理——以广东东进农牧股份有限公司的土地承租为例	罗必良	华南农业大学经济管理学院	《中国制度变迁的案例研究》（第8集）中国财政经济出版社2011年10月

第六届"中国农村发展研究奖"论文提名奖名单

序号	作品名称	姓名	作者单位	刊发处及发表时间
1	风险规避与中国棉农的农药施用行为	米建伟	中国再保险集团	《中国农村经济》2012 年第 7 期
2	中国农村人口老龄化对农业产出影响的量化研究	陈锡文	中央农村工作领导小组办公室	《中国人口科学》2011 年第 4 期
3	正式与非正式权威、问责与平滑消费：来自中国村庄的经验数据	郭云南	对外经济贸易大学国际经济贸易学院	《管理世界》2012 年第 1 期
4	程序公正先于货币补偿：农民征地满意度的决定	刘祥琪	天津师范大学	《管理世界》2012 年第 2 期
5	中国的刘易斯转折点是否到来——理论辨析与国际经验	钟笑寒	清华大学经济管理学院	《中国社会科学》2011 年第 5 期
6	基于社会网络视角的农户民间借贷需求行为研究	杨汝岱	北京大学经济学院	《经济研究》2011 年第 11 期
7	中国农村劳动力转移与劳动收入份额变动研究	翁 杰	浙江工业大学经贸管理学院	《中国人口科学》2011 年第 12 期

序号	作品名称	姓名	作者单位	刊发处及发表时间
8	农民专业合作社成员合作意愿及影响因素分析	孙亚范	扬州大学商学院	《中国农村经济》2012年第6期
9	现阶段"新二元结构"问题缓解的制度与政策——基于上海外来农民工的调研	顾海英	上海交通大学安泰经济与管理学院	《管理世界》2011年第11期
10	中国农业全要素生产率的重新考察——对基础数据的修正和两种方法的比较	赵 文	中国社会科学院人口与劳动经济研究所	《中国农村经济》2011年第10期
11	户籍制度改革对中国农村劳动力流动的影响	孙文凯	中国人民大学经济学院	《经济研究》2011年第1期
12	国际农产品价格如何影响了中国农产品价格	王孝松	中国人民大学经济学院	《经济研究》2012年第3期
13	组织化潜在利润对农民专业合作经济组织形成发展的影响	徐志刚	南京农业大学	《经济学（季刊）》2011年第4期
14	林业重点工程对农民收入流动的影响研究	刘 璨	国家林业局经济发展研究中心	《中国软科学》2011年第1期

第五届"中国农村发展研究奖"专著奖获奖名单

序号	作品名称	姓名	作者单位	出版社及出版时间
1	《粮安天下——全球粮食危机与中国粮食安全》	尹成杰	农业部	中国经济出版社 2009年1月
2	《中国工业化、城镇化进程中的农村土地问题研究》	曲福田	南京农业大学	经济科学出版社 2010年12月
3	《合作经济理论与中国农民合作社的实践》	张晓山	中国社会科学院农村发展研究所	首都经济贸易大学出版社 2009年8月
4	《农民家庭内部分工及其专业化演进对农村土地制度变迁的影响研究》	陈会广	南京农业大学	上海人民出版社 2010年10月
5	《农村金融与农村经济协调发展研究》	熊德平	宁波大学商学院	社会科学文献出版社 2009年1月
6	《农民长久合作——万载百年鲤陂水利协会研究》	刘谟炎	中共江西省委农村工作部	中国农业出版社 2010年12月

第五届"中国农村发展研究奖"专著提名奖名单

序号	作品名称	姓名	作者单位	出版社及出版时间
1	《中国农户就业决策与劳动力流动》	王春超	暨南大学经济学院	人民出版社 2010 年 3 月
2	《经济命脉系三农——深化农业结构改革》	李 昕	北京大学国家发展研究院	机械工业出版社 2010 年 7 月
3	《分化与变迁——转型期农民土地意识研究》	陈胜祥	江西师范大学财政金融学院	经济管理出版社 2010 年 10 月
4	《迷局背后的博弈——WTO 新一轮农业谈判问题剖析》	翁 鸣	中国社会科学院农村发展研究所	社会科学文献出版社 2009 年 8 月
5	《转型视角下的中国农业生产率研究》	李谷成	华中农业大学经济管理学院	科学出版社 2010 年 4 月

序号	作品名称	姓名	作者单位	出版社及出版时间
6	《走向新合作——浙江省农民专业合作社发展研究》	徐旭初	杭州电子科技大学人文学院	科学出版社 2009 年 1 月
7	《西部农村经济增长方式变革论纲》	曹 钢	陕西省行政学院	经济科学出版社 2009 年 6 月
8	《新型农村合作医疗制度》	李立清	湖南农业大学	人民出版社 2009 年 5 月
9	《改革与重建——中国乡镇制度研究》	吴理财	华中师范大学政治学研究院	高等教育出版社 2010 年 6 月
10	《中国西部农村教育与经济协调发展问题研究》	温 涛	西南大学	西南师范大学出版社 2009 年 10 月

第五届"中国农村发展研究奖"论文奖获奖名单

序号	作品名称	姓名	作者单位	刊发处及发表时间
1	参保人为何集中在缴费档次中的最低档	蒋中一	农业部农村经济研究中心	《社会公平与社会共享——全国农村老龄问题高峰论坛论文集》中国文联出版社2011年9月
2	优质猪肉供应链合作伙伴竞合关系分析——基于15省（市）的761份问卷调查数据和深度访谈资料	孙世民	山东农业大学经济管理学院	《中国农村观察》2009年第6期
3	中国淡水养殖业的科技瓶颈与突破	陈　洁	农业部农村经济研究中心	《管理世界》2010年第11期
4	2008年中国农村土地使用权调查研究	叶剑平	中国人大公共关管理学院土地管理系	《管理世界》2010年第1期
5	公司农场：中国农业微观组织的未来选择？	何秀荣	中国农业大学经济管理学院	《中国农村经济》2009年第11期

序号	作品名称	姓名	作者单位	刊发处及发表时间
6	贫困地区农户的正规信贷约束：基于配给机制的经验考察	刘西川	浙江理工大学	《中国农村经济》2009年第6期
7	中国建设用地增量时空配置分析——基于耕地资源损失计量反演下的考察	李效顺	中国矿业大学	《中国农村经济》2009年第4期
8	成本快速上升背景下的农业补贴政策研究	方松海	国务院研究室农村司	《管理世界》2009年第9期
9	贸易自由化对中国土地密集型农产品调整成本的影响分析——从边际产业内贸易的角度	朱 晶	南京农业大学经济管理学院	《中国农村经济》2010年第1期
10	农田水利的利益主体及其成本收益分析	贺雪峰	华中科技大学中国乡村治理研究中心	《管理世界》2010年第7期

第五届"中国农村发展研究奖"论文提名奖名单

序号	作品名称	姓名	作者单位	刊发处及 发表时间
1	劳动力流迁就业、资本逆向输出与农地流转分析	曹亚	盐城师范学院	《中国人口科学》 2010年第3期
2	二元金融体制与农户消费信贷选择 ——对合会的解释与分析	朱信凯	中国人民大学农业与农村发展学院	《经济研究》 2009年第2期
3	基于社会成本考虑的农民工市民化：一个转轨中发展大国的视角与政策选择	张国胜	云南大学发展研究院	《中国软科学》 2009年第4期
4	城乡统筹发展评价体系：研究综述和构想	李勤	水利部发展研究中心	《中国农村观察》 2009年第5期
5	近世佃农的经营性质与收益比较	彭波	清华大学人文学院	《经济研究》 2010年第1期
6	公共文化供给的宗教信仰挤出效应检验——基于河南农村调查数据	阮荣平	北京大学国家发展研究院中国经济研究中心	《中国农村观察》 2010年第6期
7	中国人口结构变动对农村居民消费的影响研究	李春琦	上海财经大学	《中国人口科学》 2009年第4期

序号	作品名称	姓名	作者单位	刊发处及发表时间
8	中国农村劳动力的变动及剩余状况分析	钟 钰	中国农业科学院农业经济与发展研究所	《中国人口科学》2009年第6期
9	中国区域农业生产要素的投入产出弹性测算——基于空间计量经济模型的实证	吴玉鸣	华东理工大学商学院经济学系	《中国农村经济》2010年第6期
10	农民的土地调整意愿及其影响因素分析——基于2006年中国综合社会调查数据	张三峰	南京信息工程大学经济管理学院	《中国农村观察》2010年第1期
11	地方政府的介入与农信社信贷资源错配	陈雨露	中国人民大学	《农业经济研究》2010年第8期
12	防范农民道德风险的小额信贷机制研究——基于开发性金融理论的视角	吕 越	南开大学国际经济研究所	《农业经济问题》2010年第8期
13	影响消费者对可追溯食品额外价格支付意愿与支付水平的主要因素——基于Logisitic、Interval Censored的回归分析	吴林海	江南大学商学院	《中国农村经济》2010年第4期
14	不同土地利用模式与管理实践下的土地经济效益响应	王 成	西南大学地理科学学院	《农业工程学报》第25卷第10期（2009年10月）

第四届"中国农村发展研究奖"专著奖获奖名单

序号	作品名称	姓名	作者单位	刊发处及发表时间
1	《共有与私用：中国农地产权制度的经济学分析》	赵 阳	中央农村工作领导小组办公室	三联书店 2007 年 7 月
2	《转型时期的中国农民工——长江三角洲十六城市农民工市民化问题调查》	钱文荣	浙江大学	中国社会科学出版社 2007 年 11 月
3	《农村公共产品供给效率论》	李燕凌	中国社会科学院农村发展研究所	中国社会科学出版社 2007 年 8 月
4	《农地习俗元制度及实施机制研究》	洪名勇	贵州大学	经济科学出版社 2008 年 6 月
5	《现代食品安全与管理》	周应恒	南京农业大学经济管理学院	经济管理出版社 2008 年 10 月
6	中国农村留守人口研究系列《别样童年：中国农村留守儿童》《阡陌独舞：留守妇女》《静寞夕阳：留守老人》	叶敬忠	中国农业大学人文与发展学院	社会科学文献出版社 2008 年 8 月
7	《集体林权制度改革与社会主义新农村建设论丛》（七种）	王新清	中国人民大学	人民大学出版社 2008 年 4 月
8	《国家与家庭的互构——河北翟城村调查》	潘鸿雁	上海市委党校	上海人民出版社 2008 年 2 月

第四届"中国农村发展研究奖"专著提名奖名单

序号	作品名称	姓名	作者单位	刊发处及发表时间
1	《中国贫困地区农村居民家庭食物安全研究》	肖海峰	中国农业大学经济管理学院	中国农业出版社2008年12月
2	《中国工业化和城市化过程中的农民工问题研究》	简新华	武汉大学经济与管理学院	人民出版社2008年10月
3	《吉林省农业产业化龙头企业发展研究》	王爱群	吉林大学管理学院	吉林人民出版社2007年12月
4	《中国农产品市场发育研究》	刘志雄	中国政法大学商学院	中国农业出版社2007年11月

第四届"中国农村发展研究奖"论文奖获奖名单

序号	作品名称	姓名	作者单位	刊发处及发表时间
1	中国农村劳动力外出的影响因素分析	盛来运	国家统计局	《中国农村经济》2007年3期
2	非农就业是否必然导致农地流转—基于家庭内部分工的理论分析及其对中国农户兼业化的解释	钱忠好	扬州大学管理学院	《中国农村经济》2008年10期
3	中国农村贫困的程度、特征与影响因素分析	陈光金	中国社会科学院社会学研究所	《中国农村经济》2008年9期
4	破解农村劳动力之迷	蔡昉	中国社会科学院人口与劳动经济研究所	《中国人口科学》2007年4期
5	中国新时期农村扶贫与村级贫困瞄准	汪三贵等	中国人民大学农业与农村发展学院	《管理世界》2007年4期

序号	作品名称	姓名	作者单位	刊发处及发表时间
6	农村劳动力二次流动的特点、问题与对策——对浙、闽、津三地外来务工者的调查	梁雄军 林云 邵丹萍	台州市打私与海防口岸管理办公室	《中国社会科学》2007年3期
7	合作机理、交易对象与制度绩效——温氏集团与长青水果场的比较研究	罗必良	华南农业大学经济管理学院	中国财经出版社2008年11月
8	三大历史性变迁的交汇与中国小规模农业的前景	黄宗智 彭玉生	中国人民大学农业与农村发展学院	《中国社会科学》2007年4期
9	中国粮食比较优势与政策支持水平实证分析	齐城	河南信阳市农业局	《中国农村经济》2008年12期
10	1985-2002年中国农村地区收入不平等：趋势、起因与政策含义	万广华 张藕香 伏润民	云南财经大学、复旦大学	《中国农村经济》2008年3期

第四届"中国农村发展研究奖"论文提名奖名单

序号	作品名称	姓名	作者单位	刊发处及发表时间
1	乡镇机构改革探索——湖北省改革实践和思考	吕江文	湖北省委财经办、农办	《中国农村改革：过去与未来》2008年5月
2	我国粮食供求与价格走势（1980-2007）—粮价波动、宏观稳定及粮食安全问题探讨	卢　锋谢　亚	北京大学中国经济研究中心	《管理世界》2008年第3期
3	农民工非正式就业的进入条件与效果	万向东	中山大学社会系	《管理世界》2008年第1期
4	农民从土地股份制得到什么——以南海农村股份经济为例	刘　愿	北京大学经济学院	《管理世界》2008年第1期
5	中国农村收入流动分析	孙文凯	中国人民大学经济学院	《经济研究》2007年第8期
6	中国粮食生产的区域变化：人地关系、非农就业与劳动报酬的影响效应	陆文聪	浙江大学农业现代化与农村发展研究中心	《中国人口科学》2008年6期

序号	作品名称	姓名	作者单位	刊发处及发表时间
7	粮食流通体制改革30年：回顾与反思	王双正	国家发展和改革委员会价格监测中心	《财贸经济》2008年11期
8	农村土地产权稳定性与劳动力转移关系分析	刘晓宇	加拿大saskatchewan大学	《中国农村经济》2008年2期
9	农民的文化生活：兴衰与重建——以安徽省为例	吴理财 夏国峰	华中师范大学中国农村问题研究中心	《中国农村经济》2007年2期
10	行动研究：一种新的研究范式？	李小云	中国农业大学人文与发展学院	《中国农村经济》2008年1期
11	经济转型时期中国居民消费与收入关系变迁实证分析	李金昌 窦雪霞	浙江工商大学	《中国农村经济》2007年7期

第三届"中国农村发展研究奖"专著奖获奖名单

序号	作品名称	姓名	作者单位	刊发处及发表时间
1	《农户经济可持续发展研究——浙江十村千户变迁（1986-2002）》	史清华	上海交通大学经济管理学院	中国农业出版社 2005 年 5 月
2	《入世以来中国农业发展与新一轮谈判》	柯炳生 韩一军	中国农业大学	中国农业出版社 2005 年 4 月
3	《扶贫小额信贷与公益信托制度研究》	孙同全	中国社会科学院农村发展研究所	经济科学出版社 2006 年 12 月
4	《中国乡村债务问题研究》	段应碧 宋洪远	中国扶贫基金会	中国财经出版社 2006 年 11 月
5	《均衡浙江—统筹城乡发展新举措》	邵　峰	浙江省农业和农村工作办公室	浙江人民出版社 2006 年 12 月
6	《市场化与基层公共服务——西藏案例研究》	课题组	中国社会科学院	民族出版社 2005 年 5 月

第三届"中国农村发展研究奖"专著提名奖名单

序号	作品名称	姓名	作者单位	刊发处及发表时间
1	《中国草原改良与牧区发展问题研究报告》	课题组	农业部农村经济研究中心	中国财经出版社 2006 年 7 月
2	《农村金融与村庄发展——基本理论国际经验与实证分析》	胡必亮	中国社会科学院农村发展研究所	商务印书馆 2006 年 11 月
3	《水权市场与农用水资源配置研究——兼论水利设施产权及农田灌溉的组织制度》	胡继连	山东农业大学经济管理学院	中国农业出版社 2005 年 3 月
4	《小额信贷与农民收入——理论与来自扶贫合作社的经验数据》	孙若梅	中国社会科学院农村发展研究所	中国经济出版社 2005 年 11 月
5	《农业龙头企业与农户订单安排及履约机制研究》	郭红东	浙江大学农业现代化与农村发展研究中心	中国农业出版社 2005 年 8 月

第三届"中国农村发展研究奖"论文奖获奖名单

序号	作品名称	姓名	作者单位	刊发处及发表时间
1	农地制度：所有权问题还是委托——代理问题	陈剑波	中央财经领导小组办公室	《经济研究》2006年7期
2	中国金融发展与农民收入增长	温涛	西南大学	《经济研究》2005年9期
3	工业化、城镇化和农业现代化对应关系战略研究	赵长保	农业部农村经济研究中心	《新农村建设战略研究》2006年
4	中国农村剩余劳动力转移动因与障碍的一种解释	程名望	同济大学	《经济研究》2006年4期
5	社会主义新农村建设一要大干二要大改——对新一轮城乡配套改革的思考与建议	顾益康	浙江省农业和农村工作办公室	《调研报告》2006年
6	农村公路基础设施对减缓贫困的影响研究	吴国宝	中国社会科学院农村发展研究所	《中国农村发展研究报告》2006年1月
7	给农民专业合作经济组织构建一个发展壮大的制度平台——关于农民专业合作社立法的思考与建议	郑有贵	农业部农村经济研究中心	《农村经营管理》2005年第5期

第三届"中国农村发展研究奖"论文提名奖名单

序号	作品名称	姓名	作者单位	刊发处及发表时间
1	中国农村劳动力转移实证研究	刘建进	中国社会科学院农村发展研究所	《中国劳动经济学》2006年10月
2	村级治理及村庄公益事业发展研究	张晓辉	农业部农村经济研究中心	《农业经济问题》2006年
3	食品加工企业采纳HACCP体系认证的有效性：来自全国482家食品企业的调研	王志刚	中国人民大学农业与农村发展学院	《中国软科学》2006年9月9期
4	村级债务的现状、体制成因及其化解——对223个行政村及三个样本县（市）的调查	陈洁	农业部农村经济研究中心	《管理世界》2006年第5期
5	金融资源的配置与农村信贷资金回流问题研究——基于对冀.晋.内蒙古105个县城为调查对象的实证研究	郭庆平课题组	人民银行天津分行	《调研世界》2006年2月
6	农民心态感知的嬗变与现阶段新农村建设的实践——基于相关问卷调查的思考	于德运	吉林省社科院农村发展研究所	《当代世界与社会主义》2006年第6期
7	西北内陆干旱区环境与贫困关系个案研究	张彦虎	石河子大学新疆屯垦与文化研究院	《中国农业大学学报》2006年1期
8	我国农村脆弱性贫困再解构及其治理	郭劲光	东北财经大学	《改革》2006年11期

第二届"中国农村发展研究奖"专著奖获奖名单

序号	作品名称	姓名	作者单位	发表时间及发刊处
1	《中国农村土地承包制度研究》	廖洪乐 习银生 张照新	农业部农村经济研究中心	中国财政经济出版社 2003年1月
2	《中国农村社区公共产品供给制度变迁研究》	林万龙	中国农业大学经济管理学院	中国财政经济出版社 2003年
3	《"皇粮国税"的终结》	唐仁健	中央财经领导小组办公室	中国财政经济出版社 2004年9月
4	《民营经济与制度创新：台州现象研究》	史晋川	浙江大学经济学院 浙江大学民营经济研究中心	浙江大学出版社 2004年5月

第二届"中国农村发展研究奖"专著提名奖名单

序号	作品名称	姓名	作者单位	发表时间及发刊处
1	《信息、市场与国有粮食企业改革——一个粮食流通体制改革的解决方案》	冀名峰	国务院研究室	中国农业出版社2003年6月
2	《世纪观察——十二个村庄15年发展变化样本分析》	公德俊	辽宁省政府发展研究中心	沈阳出版社2003年
3	《中国肉禽产业发展研究》	邓 蓉	北京农学院经贸系	中国农业出版社2003年11月
4	《解决"三农"问题之路——中国共产党"三农"思想政策史》	武 力	中国社会科学院经济研究所	中国经济出版社2004年1月
5	《中国农产品市场行为研究》	武拉平	中国农业大学经济管理学院	中国农业出版社2002年9月
6	《中国柑橘产业经济分析与政策研究》	祁春节	华中农业大学经济管理学院	中国农业出版社2003年8月
7	《市场结构与农业增长——理论与中国实证研究》	洪民荣	上海社会学院	上海社会科学院2003年5月

363

第二届"中国农村发展研究奖"论文奖获奖名单

序号	作品名称	姓名	作者单位	发表时间及发刊处
1	中国粮价与通货膨胀关系（1987-1999）	卢 锋	北京大学中国经济研究中心	《经济学季刊》2002年7月
2	乡镇企业产权改革、所有制结构及职工参与问题研究	杜志雄	中国社会科学院农村发展研究所	《管理世界》2004年第1期
3	西部地区农户禀赋对农业技术采纳的影响分析	孔祥智	中国人民大学农业与农村发展学院	《经济研究》2004年12月
4	食品安全：消费者态度、购买意愿及信息的影响	周应恒	南京农业大学经济管理学院	《中国农村经济》2004年11月
5	农村合作基金会的行为与政府干预——两类农村合作基金会的比较研究	李 静	中国社会科学院农村发展研究所	《中国农村发展研究报告》2004年9月
6	农地制度与农业绩效的实证研究	姚 洋	北京大学中国经济研究中心	《中国农村观察》1998年6月
7	农业公共投资、竞争力与粮食安全	朱 晶	南京农业大学经济管理学院	《经济研究》2003年1月

第二届"中国农村发展研究奖"论文提名奖名单

序号	作品名称	姓名	作者单位	发表时间及发刊处
1	化解西北地区水资源短缺的对策研究	李周等	中国社会科学院农村发展研究所	《中国农村观察》2003 年 3 月
2	四川省农村劳动力流动与教育在其中的作用	赵耀辉	北京大学中国经济研究中心	《中国经济学》1997 年
3	县乡财政困难及对财政支农能力的影响	姜长云	国家发改委产业所	《管理世界》2004 年 7 期
4	乡镇财政制度缺陷与农民负担	张 军	中国社会科学院农村发展研究所	《中国农村发展研究报告 N04》2004 年
5	农业税收比较研究	洪 凯温思美孙良媛	华南农业大学经济管理学院	《管理世界》2004 年第 1 期
6	村民自治与广东农村治理模式的发展	王金红	广东华南师范大学政治与行政学院	《中国农村观察》2004 年第 1 期
7	减轻、规范、稳定、深化：对农村税费改革的析评	吴仲斌	农业部农村经济研究中心	《中国农村研究》2004 年 9 月 29 日

第一届"中国农村发展研究奖"专著奖获奖名单

序号	作品名称	作者	作者单位	出版社及出版时间
1	《回乡还是进城：中国农村外出劳动力回流研究》	白南生 宋洪远	中国人民大学农业与农村发展学院 农业部农村经济研究中心	中国财经出版社 2002 年
2	《陇中黄土丘陵沟壑区生态环境建设与农业可持续发展研究》	高世铭	甘肃省农业科学院	黄河水利出版社 2003 年 4 月
3	《中国农村发展：理论与实践》	程漱兰	中国人民大学农业与农村发展学院	中国人民大学出版社 1999 年 2 月
4	《中国农村的土地制度变迁》	张红宇	农业部产业政策与法规司	中国农业出版社 2002 年 5 月
5	《中国农村改革决策纪实》	课题组	广东省委	珠海出版社 2001 年 3 月
6	《黄河边的中国》	曹锦清	华东理工大学社会学院	上海文艺出版社 2000 年 12 月
7	《城市化进程中的土地制度研究》	黄祖辉 汪 晖	浙江大学	中国社会出版社 2002 年 11 月

第一届"中国农村发展研究奖"专著提名奖名单

序号	作品名称	作者	作者单位	出版社及出版时间
1	《常平仓：美国制度中的中国思想》	李超民	上海财经大学区域经济研究中心	上海远东出版社2002 年
2	《中国主要农产品市场分析》	谭向勇	中国农业大学	中国农业出版社2001 年 12 月
3	《中国农业政策与涉农部门行为》	宋洪远	农业部农村经济研究中心	中国财经出版社1998 年
4	《岳村政治——转型期中国乡村政治结构的变迁》	于建嵘	中国社会科学院农村发展研究所	商务印书馆2001 年 12 月
5	《中国肉类产品国际竞争力研究》	乔娟	中国农业大学经管学院	中国农业出版社2002 年 11 月
6	《文化贫困与贫困文化》	辛秋水	安徽省社会科学院	陕西人民教育出版社2001 年
7	《聚焦中国农村财政：格局、机理与政策选择》	朱钢等	中国社会科学院农村发展研究所	山西经济出版社2000 年 4 月
8	《市场化进程中的组织制度创新——"布吉模式"》	罗必良	华南农业大学经贸学院	广东经济出版社1999 年 9 月
9	《农业产业化经营的组织方式和运行机制》	牛若峰夏英	中国农业科学院农业经济研究所	北京大学出版社2000 年 12 月

第一届"中国农村发展研究奖"论文奖获奖名单

序号	作品名称	作者	作者单位	刊发处及发表时间
1	土地资本的增值收益及其分配问题	温铁军 朱守银	中国人民大学 农业部农村经济研究中心	《管理世界》 1996年第5期
2	中国农村信用合作体制改革的争论	谢 平	中国人民银行 金融稳定局	《金融研究》 2001年第1期
3	取消农业税,改征增值税——关于进一步深化农村税费改革的思考	课题组	国家税务总局	《宏观经济研究》 2003年7期 《国税总局科研报告》 2002年1期
4	中国农村城镇化进程中的改革问题研究	朱守银	农业部农村经济研究中心	《中国农村观察》 2000年第6期
5	农地分配中的性别不平等	朱 玲	中国社会科学院经济研究所	《经济研究》 2000年9期
6	农村劳动力转移、市场就业的趋势和对策	崔传义	国务院发展研究中心	《中国农村经济》 1995年6期
7	历史在这里拐了个弯	吴 象	农业部 老干部局	《改革理论20年》 1999年3月
8	中日农产品贸易战的政治经济学分析	何秀荣 陈永福	中国农业大学经济管理学院	《农业经济导报》 2002年第7期

序号	作品名称	作者	作者单位	刊发处及发表时间
9	社区型农村股份合作制产权制度研究	傅 晨	华南农业大学经贸学院	《改革》2001 年 5 期
10	"民工潮"的形成、趋势与对策	宋林飞	江苏省社科院	《中国社会科学》1995 年 4 期
11	从家庭承包制的土地经营权到股份合作制的"准土地股权"	黄少安	山东大学	《经济研究》1995 年第 7 期
12	中国农业增长（1981—1995）需求角度的分析	王秀清	中国农业大学经济管理学院	《中国农村经济》1999 年第 5 期
13	当前我国农村金融市场主体行为研究	曹力群	农业部农村经济研究中心	《金融论坛》2001 年 5 期
14	乡镇企业是国民经济发展的推动力量	黄守宏	国务院研究室农村司	《经济研究》1990 年第 5 期
15	农民交易条件波动的影响与成因	胡文政	中国政法大学商学院	《农业经济问题》杂志1994 年第 7 期
16	"转型期乡村社会性质研究"系列论文	仝志辉贺雪峰董磊明冯小双	清华大学公共管理学院华中师范大学中国农村问题研究中心华中师范大学中国农村问题研究中心中国社会科学杂志社	《中国社会科学》、《社会学研究》2002 年

第一届"中国农村发展研究奖"论文提名奖名单

序号	作品名称	作者	作者单位	刊发处及发表时间
1	农业发展类型变化的经济学分析	李周	中国社科院农村发展研究所	《中国农村观察》2001年3月2期
2	制度变迁与乡村非正规制度	陈剑波	国务院发展研究中心	《经济研究》2000年1期《中国制度变迁案例研究》第三集2002年12月
3	农村社会保障的若干问题	刘书鹤	山东社会科学院	《人口研究》2001年5期
4	不充分就业及其社会影响——成都平原及周边地区农村劳动力利用研究	何景熙	四川大学人口研究所	《中国社会科学》1999年第2期
5	乡镇企业就业增长趋缓是缘于其资本密集化倾向吗？	范剑勇	杭州商学院	《中国农村经济》2002年第8期
6	浙江农民分层：现状分析与对策建议	邵峰	浙江省农业和农村办公室	《浙江蓝皮书》（社会卷）2002年
7	保障粮食稳定增长的投入战略	陈家骥	山西省社会科学院	《中国粮食发展战略对策》1990年9月

序号	作品名称	作者	作者单位	刊发处及发表时间
8	浙江农村劳动力转移的前景预测和战略选择	顾益康	浙江省农业和农村工作办公室	《中国农村经济》1994 年 3 月
9	必须坚持农户土地承包权的永久化	蒋中一	农业部农研中心	《经济研究参考》2001 年 2 月
10	走出"剪刀差"的误区	王忠海	农业部产业政策与法规司	《经济研究》1993 年第 1 期
11	中国农村居民收入分配实证描述及变化分析	张晓辉	农业部农村经济研究中心	《中国农村经济》2001 年 6 月
12	传统农业大省在新形势下的功能定位	刘漠炎	江西省委农村工作部	《中国农村经济》2002 年 9 期
13	中国农业利用外资的前景及农业开放的战略转变	熊启泉	华南农业大学	《中国农村经济》2000 年第 12 期
14	以农民合作的名义：1986—1999 四川省农村合作基金会的存亡里程	郭晓鸣	四川省社科院农经所	香港亚太研究所2000 年 7 月
15	我国农业集约经营的历史现状和发展	黄小虎	中国土地勘测规划院	《经济工作者学习资料》1991 年 13 期
16	农业政策目标的多重性及其在现实中的矛盾	卫龙宝	浙江大学	《经济研究》1990 年第 1 期

序号	作品名称	作者	作者单位	刊发处及发表时间
17	对外来工的政策歧视：效果评价与根源探讨	张兴华	中国社科院农村发展研究所	《中国农村经济》2000 年 11 月
18	中国农民的负担问题	宋圭武	甘肃省委党校经济学部	《战略与管理》2000 年第 1 期
19	新中国土地改革研究	郑有贵	农业部农村经济研究中心	《中国土地改革研究》2000 年
20	合作化集体化产业化——比较、借鉴与思考	阮文彪 杨名远	安徽农业大学 华中农业大学	《中国农村观察》1998 年第 1 期
21	走出"城乡分治，一国两策"的困境	陆学艺	中国社科院社会学研究所	《读书》杂志 2000 年 5 期
22	关于农村劳动力流动的研究	莫荣	劳动和社会保障部劳动科学研究所	《管理世界》1993 年 2 期
23	江苏近两千年来水灾史概与分析	王永作	江苏省农林厅科教处	《中国历史》1992 年第 3 期
24	农赋之变	任波	《财经》杂志社	《财经》2002 年 8 月 5 日 15 期